江苏省
公路甩挂运输发展
典型案例汇编

Jiangsu Sheng
Gonglu Shuaigua Yunshu Fazhan
Dianxing Anli Huibian

本书编写组　编著

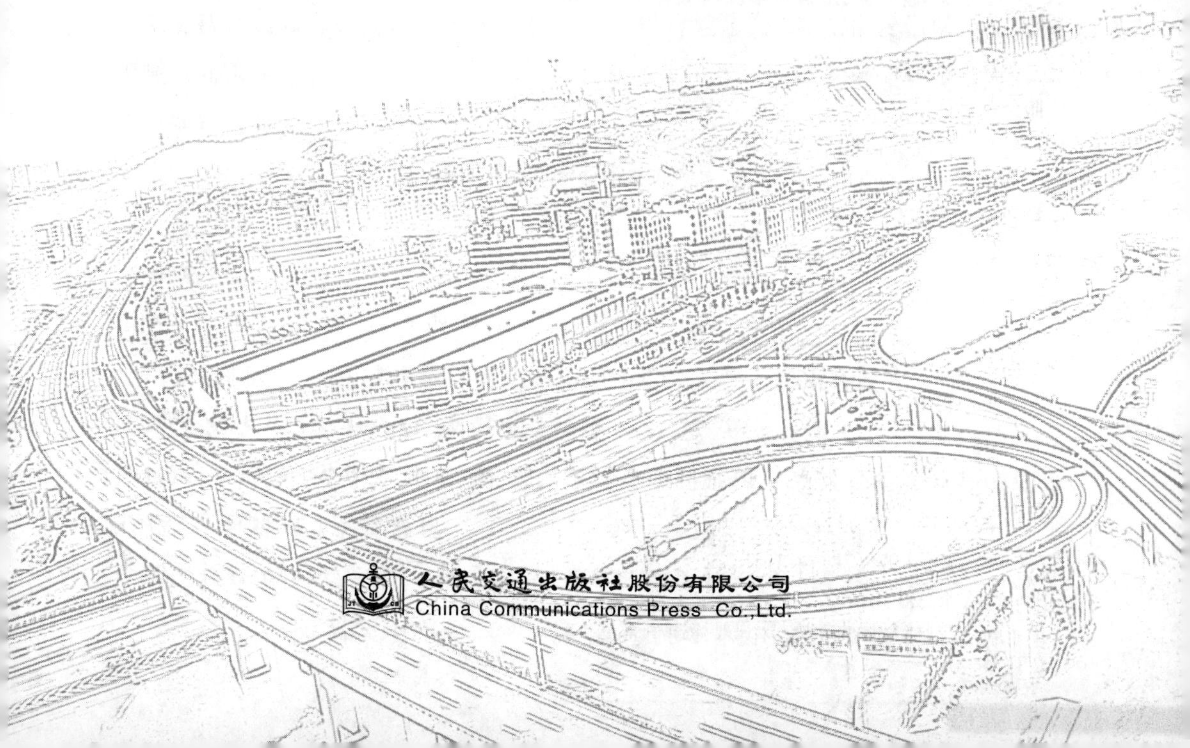

人民交通出版社股份有限公司
China Communications Press Co.,Ltd.

内 容 提 要

本书总结了江苏省23家典型甩挂运输试点企业的发展概况、甩挂运输的发展历程、发展模式和特点、取得的成效以及发展思路。按照试点企业的甩挂运输发展模式和特点，本书分为综合型甩挂、网络型甩挂、多式联运甩挂、企业联盟甩挂和干支衔接甩挂等五章内容，并对每类甩挂运输模式进行了综合评析。

本书可供道路运输管理机构工作人员、货运与物流企业管理人员、运输与物流研究人员和相关专业大中专师生学习参考。

图书在版编目(CIP)数据

江苏省公路甩挂运输发展典型案例汇编 /《江苏省公路甩挂运输发展典型案例汇编》编写组编著. — 北京 : 人民交通出版社股份有限公司, 2016.8

ISBN 978-7-114-13302-2

Ⅰ. ①江… Ⅱ. ①江… Ⅲ. ①公路运输—拖挂运输—案例—江苏 Ⅳ. ①U492.3

中国版本图书馆 CIP 数据核字(2016)第 208121 号

Jiangsu Sheng Gonglu Shuaigua Yunshu Fazhan Dianxing Anli Huibian

书　　名：江苏省公路甩挂运输发展典型案例汇编
著 作 者：本书编写组
责任编辑：钟　伟　董　倩
出版发行：人民交通出版社股份有限公司
地　　址：(100011)北京市朝阳区安定门外外馆斜街 3 号
网　　址：http://www.ccpress.com.cn
销售电话：(010)59757973
总 经 销：人民交通出版社股份有限公司发行部
经　　销：各地新华书店
印　　刷：北京鑫正大印刷有限公司
开　　本：720×960　1/16
印　　张：18
字　　数：300 千
版　　次：2016 年 8 月　第 1 版
印　　次：2016 年 8 月　第 1 次印刷
书　　号：ISBN 978-7-114-13302-2
定　　价：45.00 元

编 写 组

主　　编：汪祝君

副 主 编：蒋振雄　殷国祥

主要成员：杜　彬　郝忠娜　龚　晨　刘柏平　闫相宇
　　　　　汪学君　封学军　王　伟

前言

Qianyan

道路货运业是国民经济发展的基础性服务行业，肩负着支撑经济发展、服务百姓民生的重要使命，其服务质量和发展水平，关系着全社会的物流成本和运行效率。发展甩挂运输是优化道路货物运输组织方式的重要举措，对降低物流成本，提高运行效率，促进节能减排，提高经济运行质量意义重大。

近年来，江苏省高度重视甩挂运输的发展，通过设立专项引导资金，培育了45个省级甩挂运输试点项目，其中14个项目被列入部级试点；发展了综合型甩挂、网络型甩挂、多式联运甩挂、企业联盟甩挂以及干支衔接甩挂等多种先进模式，试点企业的社会经济效益明显提高，甩挂运输车辆平均里程利用率达84%，节能减排效果明显。但与发达国家相比，我省甩挂运输发展的总体水平仍然不高，道路货物运输仍以单车运输为主，与现代物流业和综合交通的快速发展要求不相适应。

为引导和推动甩挂运输的发展，补齐道路货运业发展短板，推动道路货运业供给侧结构性改革，促进现代物流业的快速发展，发挥甩挂运输试点企业示范引领作用，本书编写组从试点企业中挖掘和提炼了23家典型甩挂运输试点企业的经验做法，编写了《江苏省公路甩挂运输发展典型案例汇编》一书。本书分析总结了试点企业的发展概况、甩挂运输的发展历程、发展模式和特点、取得的成效以及发展思路，并按照企业的甩挂运输模式及特点进行了分类和综合评析。希望本书的出版发行，能够为我国广大道路货运企业发展甩挂运输开拓思路，提供借鉴,促进企业创新运输组织模式和经营模式,提升其业务能力和市场竞争力;同时,也可为交通运输管理部门促进甩挂运输发展、完善相关政策提供参考。

本书在编写过程中,各试点企业提供了丰富的原始材料,对此表示感谢。由于编写时间仓促和水平有限,不足之处在所难免,恳请读者给予批评指正。

本书编写组
2016 年 7 月

目录
Mulu

第一章　综合型甩挂 …… 1

案例1：林森物流集团有限公司 …… 3

案例2：江苏飞力达国际物流股份有限公司 …… 16

案例3：江苏政成物流股份有限公司 …… 31

案例4：江苏金陵交运集团 …… 45

案例点评 …… 57

第二章　网络型甩挂 …… 59

案例5：镇江兴港国际物流有限公司 …… 61

案例6：扬州三笑物流有限公司 …… 72

案例7：南京福车物流有限公司 …… 82

案例8：苏州盛丰物流有限公司 …… 93

案例9：南京捷顺达物流集团 …… 104

案例10：南京浩宇物流有限公司 …… 112

案例11：金南物流集团股份有限公司 …… 123

案例12：淮安市吉安物流有限公司 …… 133

案例点评 …… 142

第三章　多式联运甩挂 …… 145

案例13：连云港港口集团有限公司 …… 147

案例14：江苏一联物流有限公司 …… 165

案例点评 …… 172

第四章　企业联盟甩挂 …… 173

案例15：无锡众盟物流有限公司 …… 175

案例16：丹阳飓风物流股份有限公司 …… 186

案例17：江苏铭源物流有限公司 …… 201

案例18:江苏安邦物流有限公司 …… 213
案例19:连云港吉安物流有限公司 …… 227
案例点评 …… 237
第五章　干支衔接甩挂 …… 239
案例20:苏州康诚仓储有限公司 …… 241
案例21:江苏苏汽国际物流集团 …… 246
案例22:昆山市建伟物流有限公司 …… 254
案例23:南京远方物流集团有限公司 …… 265
案例点评 …… 279

第一章

综合型甩挂

作为一种先进的运输组织方式，甩挂运输组织模式的创新至关重要。常见的组织模式包括：一线两点甩挂、网络型甩挂、多式联运甩挂、企业联盟甩挂、干支衔接甩挂等，各类组织模式的甩挂形态、优缺点各异，其适用领域也不同。我国道路货物运输行业不断拓展甩挂运输组织新模式，探索集成了多类甩挂运输组织的综合型甩挂运输模式，发挥多类甩挂运输模式自身的优势及其组合优势，引领了道路货物运输行业甩挂运输发展的新趋势。

案例1:林森物流集团有限公司

一、总经理致辞

林森物流集团有限公司甩挂运输项目为江苏省首批甩挂运输试点项目,是对新型运输模式的探索。甩挂运输不仅提高了运输效率、周转量,而且推动了绿色低碳运输的发展。林森物流集团有限公司甩挂运输项目以全国117个营业网点为依托,以货源稳定、运量较大且具备一定条件的零担线路作为试点线路,以专业的甩挂运输作业站场作为物流资源和信息资源集聚的中枢,依托企业的联营合作实现资源(站场、货源、车辆)的共享,最终构建覆盖全国的专线网络化甩挂运输作业模式。

二、企业发展概况

(一)企业简介

林森物流集团有限公司(以下简称"林森物流集团")成立于1951年3月,历经60多年的风雨兼程,实现了自身的结构调整和转型升级,由传统运输企业蜕变为集普货运输、大件运输、仓储、配送、包装、信息处理等为一体的现代综合物流企业。公司注册资本7493万元,总资产近10亿元,下设11个总公司、38个分公司、117个驻外分支机构,公司现有员工2200多名,80%以上中高层及管理人员具有大专以上学历,相关岗位人员均通过培训、考试合格后持证上岗。公司自建林森物流中心、林野物流中心,现有站场面积超500亩,仓储面积超15万平方米。公司自有各类牵引车、槽罐、平板、栏板挂车,以及栏板、厢式等中小型营运车辆800辆。林森物流集团相关情况如图1~图4所示。

(二)发展历程

1951年3月,南通搬运协会、南通运输公司正式成立,1996年,更名为南通汽车运输有限公司,2007年,组建南通交运物流集团有限公司,2012年8月,更名为林森物流集团有限公司。

图1　林森物流集团综合办公大楼

图2　林森物流集团办公大厅

图3　林森物流集团甩挂运输站场

图4　林森物流集团部分仓库

在林森物流集团总裁室的引领下，林森物流集团从濒临倒闭的企业，逐步成为领军江苏省的第三方物流企业。2015年林森物流集团营业收入29.53亿元，比2014年增长21.77%，全年运输总量1850万吨。根据五年发展规划，林森物流集团在"十三五"期间将实现30%的年度增长率，2020年营业收入突破100亿元，努力打造"百亿林森、安全林森、人文林森、效益林森"。

依托"打造品牌经营，做精做优服务"的经营理念，林森物流集团赢得了政府、主管部门及广大客户的高度认可，各项殊荣纷至沓来，获得了"国家道路货物运输一级企业、全国综合服务型AAAAA级物流企业、交通部首批甩挂运输试点企业、全国道路运输百强诚信企业、国家第一批制造业与物流业联动示范企业、交通运输部重点联系道路运输企业、江苏省交通物流龙头企业、江苏省物流示范企业、江苏省名牌企业、江苏省企业创新先进单位、江苏省第一批物流企业技术中心、江苏省质量奖、江苏省创新百企"等荣誉称号。

（三）主营业务

在专业物流领域，林森物流集团依托"立足于传统运输业，实现结构调整和转型升级”的目标定位，始终追求与众不同的服务品质，力争提供最优的物流解决方案，成功转型为集普货运输、大件运输、冷链运输、仓储、配送、分拣、包装、信息处理等为一体的现代综合物流企业。60 多年的潜心打造，成就了一大批知名物流项目，刷新了一个又一个历史记录，形成了普货运输、危货运输、大件运输、冷链运输、仓储配送、多式联运、驾培服务等板块整体联动的发展格局。

普货物流是林森物流集团的核心业务项目，专注于为大型制造企业提供专业服务，涉及快速消费品、粮食、机械设备、纺织、光电缆、原材料等各个行业。2012 年，林森物流集团投资近 1000 万元购置专用运输车辆从事家禽物流一体化运作，美国泰森禽业、镇江嘉吉饲料、南京邦基农牧等项目的成功合作，为林森物流集团带来了新的业绩增长点。

林森物流集团大件运输起步早，服务于众多国际著名的风电设备制造商，塑造了国内大件运输优质品牌。随着公司实力的不断增强，业务范围已逐步向钢结构、锅炉等其他大件类产业延伸。

2013 年下半年，林森物流集团开始进军冷链运输领域，先后与安井、双汇、海霸王等知名企业达成合作。伴随着林森物流园区冷库的规划建设，林森物流集团将实现冷链仓储、配送一体化运作。

林森仓储，其设施和技术条件在南通市首屈一指，本着“以干线运输延伸辅助业务，以仓储配送整合物流供应链”的经营宗旨，实现了与可口可乐、中国移动、美国陶氏等客户仓储物流一体化的成功合作。

依托南通得天独厚的地理优势，借助林森物流中心一期项目的投入运营，林森物流集团成功构筑了公、铁、水多式联运的综合交通网络，2014 年交通运输部“无船承运人”资质的成功申请，助推了水运业务的跨越发展，2014 年联运业务营业收入突破 6 亿元。

三、甩挂运输发展情况

(一)推进甩挂运输的历程

林森物流集团从 2008 年开始探索甩挂运输，目前已成功开通上海、广州、北京等甩挂运输专线，在整合内部资源、降低运行成本的同时，实现了向绿色物流的转型。截至 2015 年年底，林森物流集团共计投入自有甩挂运输牵引车 80 辆，挂车 160 辆，牵引车与挂车比例达 1：2，所有投入运力均符合国家甩挂运输统一车型标准。林森物流集团部分甩挂运输车辆及甩挂运输站场如图5所示。

a)甩挂运输车辆

b)甩挂运输站场

图5 林森物流集团部分甩挂运输车辆及甩挂运输站场

林森物流中心项目是林森物流集团作为国家首批甩挂运输试点企业的甩挂运输专用站场,2013年被成功纳入交通运输部"十二五"期间公路货运枢纽投资补助项目。该中心位于南通火车站站北物流园区,占地近500亩,分三期建设,5年完工,拟建成集仓储、快货专线、甩挂运输、分拣包装、城市配送、信息办公等为一体的南通市规模最大、功能最全的综合物流中心。项目一期工程3.6万平方米高标准库房、12层的综合信息办公大楼均已投入使用,二期钢材物流中心已于2013年年底开工建设,三期项目也在全面规划筹建中。

(二)甩挂运输项目管理组织机构及流程

1.项目目标

林森物流集团甩挂运输项目的目标是以江苏省省内甩挂平台为起点,构建甩挂运输合作联盟,推进网络型甩挂发展。林森物流集团借助江苏省省内的甩挂平台,最大限度地聚集多家企业优势,整合甩挂企业的站场、车辆、客户、货源、信息、人才等方面的资源,完善内部物流系统,在开展循环甩挂、网络甩挂运输的基础上,逐步向全国范围延伸。这样不仅可以实现站场、运力资源的共享和整合,降低企业间的重复投资建设,还将充分发挥甩挂运输试点企业"社会化公共站场"的社会责任功能,提升企业的资源利用效率。

2.项目组织机构

为保证试点工作的顺利开展,企业内部需成立专门的组织领导机构,一方面保证企业对外与市场和其他企业的充分对接,从而为甩挂运输提供良好的外部保障,另一方面保证企业内部各相关资源能够得到有效整合,为甩挂运输发展提供有效的基础支撑。为此,林森物流集团需构建"统一领导、分工协作"的甩挂运输试点组织机构(图6)。

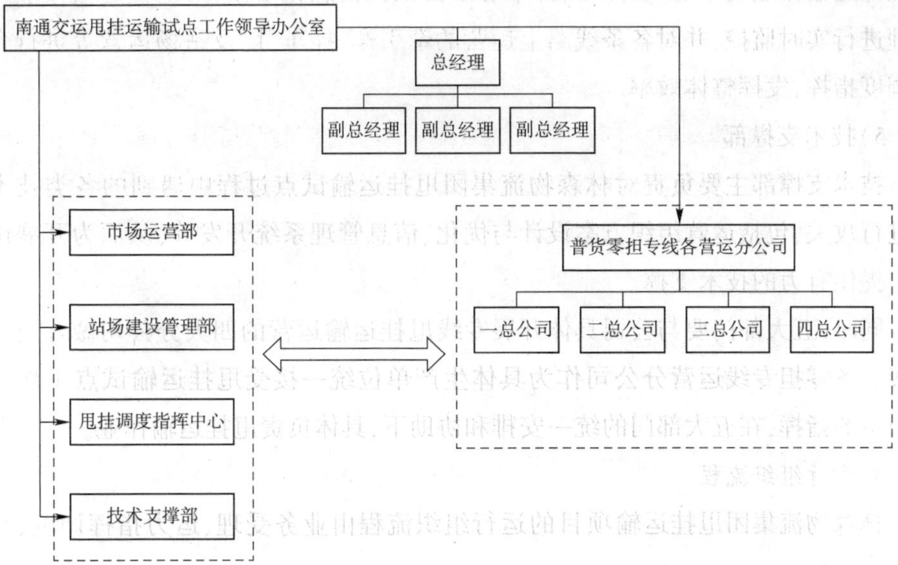

图6　林森物流集团甩挂运输试点组织机构图

1)试点工作领导办公室

试点工作领导办公室由林森物流集团总经理负责,与其他相关业务副总经理共同成立。办公室具体负责确定企业甩挂运输发展的总体战略、具体实施步骤及其他相关政策,领导下设各部门工作,做好各部门间的协调工作。

2)市场运营部

市场运营部负责林森物流集团甩挂运输对外协调工作,主要包括与客户的沟通、与其他运输企业的协调,以及与政府相关部门的衔接等,为试点工作的开展营造良好的外部环境,并提供充足的货源支撑、网络支撑和政策支撑。

3)站场建设管理部

站场建设管理部负责林森物流集团甩挂运输专业作业站场的新建和更新改造,以及站场的运营管理。站场建设是甩挂运输发展的重要基础支撑,站场建设管理部需要按照企业甩挂运输发展的实际需求,对甩挂运输站场进行统一规划,科学设计,以保障甩挂运输作业的有序开展。

4)甩挂调度指挥中心

甩挂调度指挥中心负责林森物流集团甩挂运输的总体指挥调度。指挥中心是林森物流集团甩挂运输的中枢,是保证车辆、站场、货源之间有序衔接,最大程度发挥甩挂运输作业效率的关键。指挥中心主要依托信息化手段,对甩挂运输作业运营管理进行实时监控,并对各条线路上运营的牵引车、挂车,以及站场运营等进行合理的调度指挥,发挥整体效率。

5)技术支撑部

技术支撑部主要负责对林森物流集团甩挂运输试点过程中遇到的各类技术问题进行攻关,包括运营组织方案设计与优化、信息管理系统开发等,从而为开展试点工作提供有力的技术支撑。

同时,五大部门要与公司具体开展专线甩挂运输运营的四大分公司做好充分地对接。各零担专线运营分公司作为具体生产单位统一接受甩挂运输试点工作领导办公室的指挥,在五大部门的统一安排和协助下,具体负责甩挂运输作业。

3. 运行组织流程

林森物流集团甩挂运输项目的运行组织流程由业务受理、运力指挥调度、车辆进入站场并进行甩挂运输作业、在途控制、货物交接及甩挂运输作业、结算处理 6 个部分构成,其甩挂运输作业组织流程如图 7 所示。

1)业务受理

项目调度员负责通过电子邮件、传真、平台接单等方式,接收顾客运输计划,接到指示后及时做好确认回复。

2)运力指挥调度

根据发运计划及到达的牵引车辆,配备半挂车,并按照顾客的发车要求,在规定时间内派车到达指定地点装货。根据货物发运要求,可以由指定的短驳运输车辆负责货物由客户场地至甩挂站场的短驳,此后,再根据到达的牵引车给予安排,减少货物装运等待时间。

3)车辆进入站场并进行甩挂运输作业

车辆进入站场后,停靠在不同线路的作业区,由工作人员进行相关运输单证的查验,并对货物进行初步查验,履行相关手续。

在完成查验后,将半挂车摘下并停放在装卸作业区,准备进行卸货作业。

按照甩挂信息调度和指挥中心的指示,在甩挂运输作业区与甩挂管理人员完成相关单证的交接(包括半挂车的相关证件、下一次运输的货运单证等)。

随后牵引车进入停车场,在重车甩挂停车场挂上已经装载好的半挂车出场。

在难以及时完成牵引车和挂车的衔接时，牵引车可进入停车场，驾乘人员进入生活配套服务区休息和等待。甩挂运输站场内部作业流程如图 8 所示。

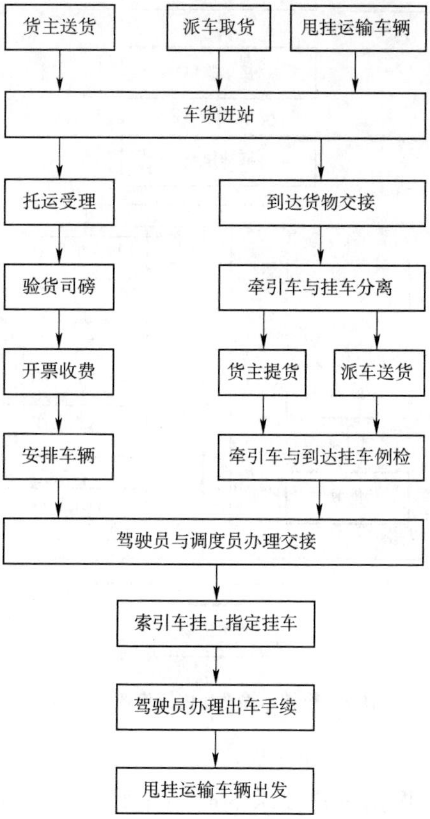

图 7　甩挂运输作业组织流程图

4）在途控制

项目部跟单员负责通过电话跟踪方式，实施对装运货物的途中监控，并及时向顾客进行真实的信息反馈，及时与客户沟通，确保顾客随时掌握货物的在途信息。同时，根据在途信息，调度员做好站场物资的装运和调拨。

5）货物交接及甩挂运输作业

驾驶员提前通知收货方，以便及时组织卸货，如途中发生意外，第一时间通知公司相关部门及收货方，并积极组织应急处理，随时向顾客报备处理情况。卸货时，驾驶员将严格遵守收货方的管理制度，听从收货人的指挥协调。卸货完毕后，由对方库管人员对该批货物进行验收，并在送货单上签字认可后方可返回，并移交指定人员。按照指挥中心指令完成甩挂运输作业,程序如上所述。

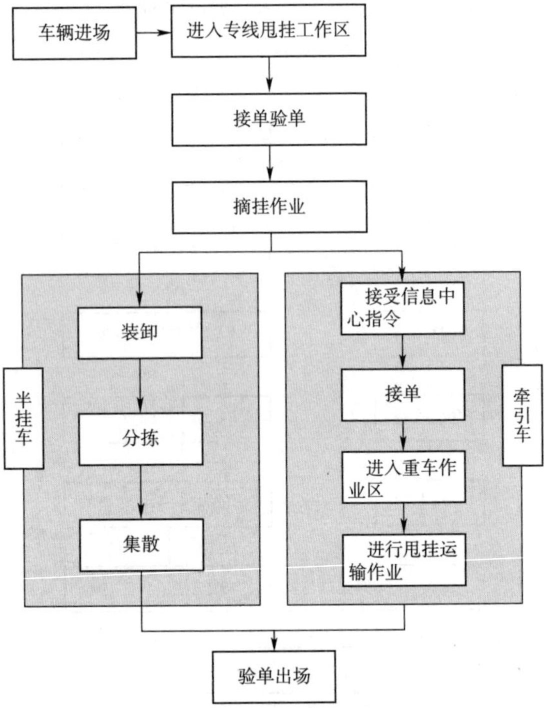

图8 甩挂运输站场内部作业流程图

6)结算处理

货物送达目的地后,根据客户要求的时间做好回单返回,并按照相关顾客合同的结算周期做好开票结算。

(三)甩挂运输作业的特点

1.运作模式

林森物流集团甩挂运输作业主要为依托零担专线的网络型甩挂,甩挂运输的模式是“专线网络化甩挂运输作业模式”:以全国117个营业网点为依托,以货源稳定、运量较大且具备一定条件的零担线路为主,以专业的甩挂运输作业站场作为物流资源和信息资源集聚的中枢,依托企业的联营合作实现资源(站场、货源、车辆)的共享,最终构建覆盖全国的专线网络化甩挂运输作业模式(图9)。

为构建完善的“专线网络化甩挂运输作业模式”,林森物流集团将实施“三步走”战略,逐步将企业的专线甩挂从“一线两点”的专线甩挂过渡到“网络型的甩挂”。

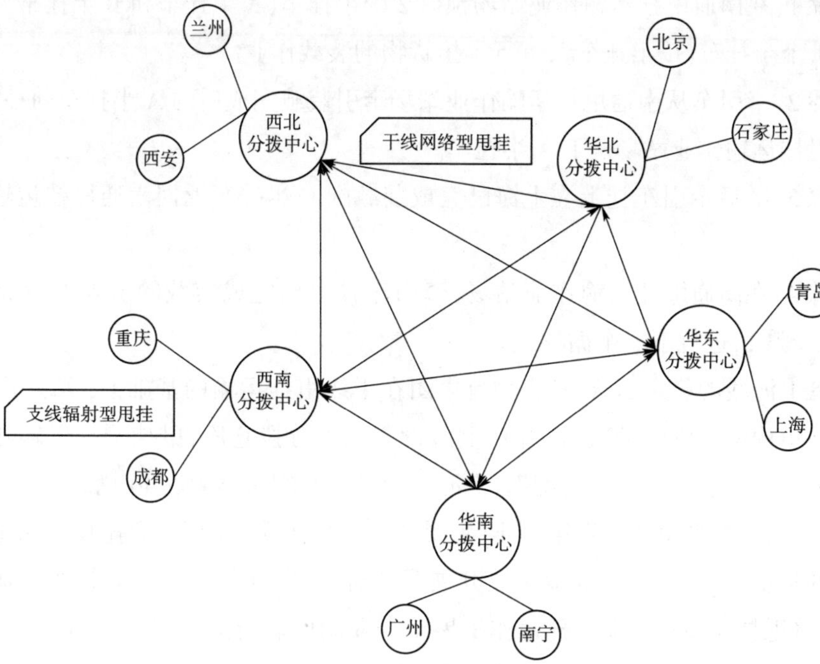

图 9　林森物流集团网络型甩挂运输模式示意图

第一步，“一线两点”双重甩挂。依托南通为中心的零担专线网络，选择部分运量较大、货源稳定、平均装卸等待时间较长的 7 条零担线路（包括南通—上海、天津、广州、宁波、北京、河南、青岛），开展第一步甩挂运输试点，实施“一线两点”双重甩挂。以南通—上海专线甩挂运输为例，其基本的甩挂运输作业模式如图 10 所示。

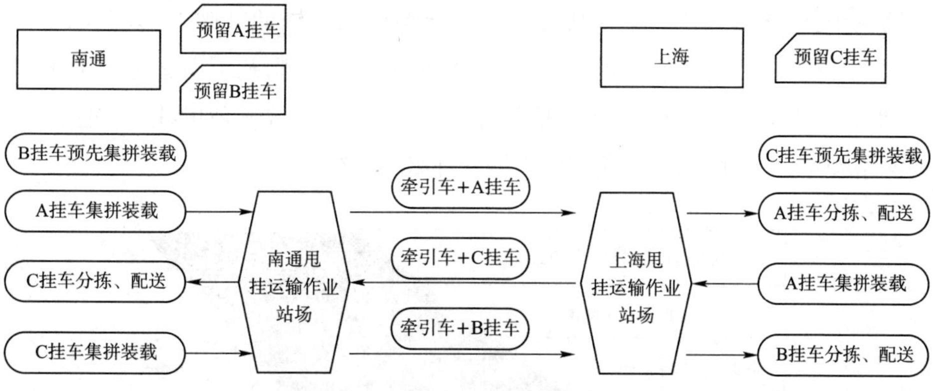

图 10　南通—上海专线甩挂运输运营组织流程图

步骤1:在南通甩挂运输作业站场预留2个半挂车(A半挂车和B半挂车),在上海预留1个半挂车(C半挂车),进行零担货物的装载作业。

步骤2:牵引车从南通甩挂运输作业站场牵引装载完成后的A半挂车前往上海,在上海甩挂运输作业站场摘下A半挂车。

步骤3:随后牵引车挂上在上海已完成装载的C半挂车返回南通甩挂运输作业站场。

步骤4:在南通甩挂运输作业站场,牵引车挂上已完成装载的B半挂车前往上海,重复步骤1,进行下一个循环。

凭借上海线的稳定运营,林森物流集团在干线甩挂运输的基础上,实现了南通、上海两地市内配送资源的整合,并在上海设立三个分拨仓库,甩挂干线运输送达站场后,实施资源整合,进行市内配送,上海市内已自有配送车辆近40辆。

第二步,区域型甩挂。在第一步"一线两点"甩挂的基础上,依托长三角地区的网络化的货源优势,通过与其他企业开展联营合作,实现货源、站场、挂车资源的共享,逐步将甩挂运输从企业内部运作扩展至企业间的联合运作,从"一线两点"的甩挂扩展至区域循环式甩挂,提高区域整体运输作业效率。

首先,凭借"一线两点"甩挂线路运量的日渐稳定,在此基础上规划区域型甩挂运输,如南通—南京—宁波,南通—扬州—上海、山东—南通、浙江等三点区域循环甩挂运输。

其次,借助全国甩挂运输试点企业的资源,与江苏、浙江、山东等地的甩挂运输企业成立甩挂联盟,实施资源共享。

第三步,网络型甩挂。在总结长三角区域型甩挂运输的基础上,以全国甩挂运输试点为契机,依托遍布全国的零担专线网络,实现与全国范围内运输企业的联营合作,促进各类运输资源在全国范围内的互换共享,将区域循环甩挂扩展至全国范围的网络型甩挂,全面提升行业整体运输作业效率(图11)。

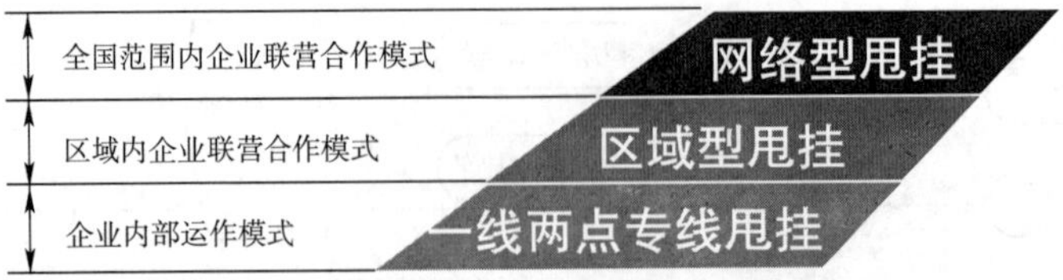

图11 企业运作模式与甩挂运输模式关系图

2. 运作特点

(1)在"一线两点"的基础上,逐步拓展区域型甩挂,并向网络型甩挂运输模式发展。分步运行的发展思路,为甩挂运输提供了较为稳定的货源保障和站场资源保障。

(2)借助信息化建设,通过"林森物流信息交易平台",实现全国范围内货源信息的及时共享,能最大限度地整合、调配运力资源,提高车辆实载率,积极发挥甩挂的作业优势。

(3)在单一公路甩挂运输作业的基础上,有效衔接城市配送、公铁、公水等联运资源,设置甩挂运输作业的一级节点、二级节点,实现干线、联运、配送等多式联运甩挂运输作业模式。

(4)构建甩挂运输合作联盟——苏盟物流股份有限公司(以下简称"苏萌物流"),苏盟物流由江苏金陵交运物流集团、江苏苏汽国际物流集团、林森物流集团有限公司、金南物流科技股份有限公司四家江苏物流业领军企业共同组建,四家成员单位均为部级甩挂运输试点企业。在最大限度地聚集四家企业优势,整合甩挂企业的站场、车辆、客户、货源、信息、人才等方面的资源,完善内部物流系统,开展循环甩挂、网络甩挂运输的基础上,逐步向全国范围延伸。这样不仅可以实现站场、运力资源的共享和整合,降低企业间的重复投资建设,还将充分发挥甩挂运输试点企业"社会化公共站场"的社会责任功能,提升企业的资源利用效率。具体运行模式如图 12 所示。

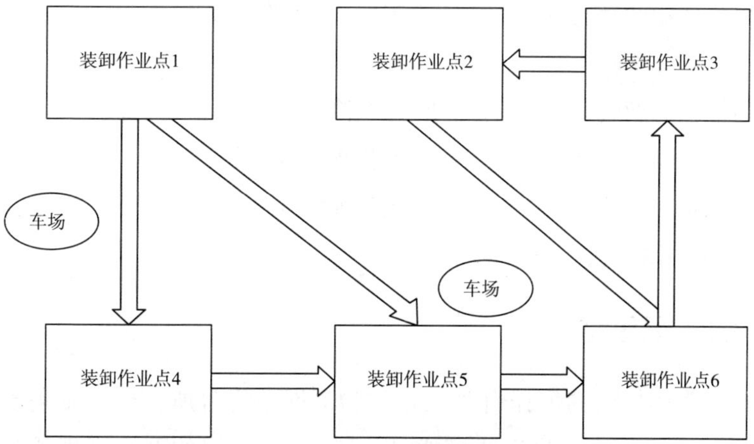

图 12　企业联盟甩挂运输模式流程图

装卸作业点由苏盟物流成员单位的场地构成,因网络中的各个装卸作业点可能对任何其他作业点产生货运需求,故网络型甩挂可将整个运输线路有机结合起来,适合多个装卸作业点的长途运输。车场之间的牵引车和挂车可资源共享,即服务点有足够数量的空挂车,而这些挂车可以通用。各成员单位之间的信息共享,使得牵引车到达下一个装卸作业点时可在短时间内将安排好的挂车拉至下一个作业点,提高作业效率。各甩挂运输线路灵活机动,可随时调整变动,很大程度上满足了货物运输需求。

(四)甩挂运输取得的成效

1. 经济效益分析

1)提高周转量

根据现有线路的甩挂运输情况分析,在传统运输模式下,单车完成的年周转量为315万吨公里/年,甩挂运输模式下单车完成的年周转量为506万吨公里/年,因此,甩挂运输模式下单车年周转量比传统运输模式提高了近61%。

2)降低油耗

在甩挂运输模式下,单车年周转量为506万吨公里,年行驶里程为168636公里,年消耗的柴油量为60709升,百吨公里油耗为1.2升。在传统运输模式下,单车年周转量为315万吨公里,年行驶里程为134909公里,年消耗的柴油量为47218升,百吨公里油耗为1.5升。采用甩挂运输单车百吨公里油耗下降0.3升/百吨公里,节油率为20%。按照单车年均完成周转量50590百吨公里,项目投入80辆牵引车计算,本项目采用甩挂运输共节省燃油1214160升,折合标准煤1521吨。

2. 社会效益分析

甩挂运输模式通过减少车辆空驶,有效降低运输的平均能耗,从而带来单位周转量能耗的下降,80辆牵引车共减少二氧化碳排放量超3302吨。

甩挂运输项目的实施,尤其是甩挂专用站场的投入运营,促进了地方就业,截至2015年年底,已新增就业人员280人。

四、企业发展思路

林森物流集团提出的依托自身发达的物流网络优势所构建的辐射长三角和华东地区的零担专线甩挂运输作业模式,以及远期所设想的网络型甩挂运输作业模式,在技术上、经济上及社会效益上具有较强的可行性,对于提升工业制成品零担运输效率,促进行业节能减排具有重要意义。

(一)存在的不足和困难

(1)全面营改增后,即便路桥费纳入增值税,但交通物流企业税负远大于营业税的3%,物流企业的生存和发展面临较大挑战。税负高、进项少、抵扣不足,成为遏制物流企业发展的重大障碍。

(2)站场、运力等基础设施投入较大,物流企业融资受限,项目投入回收期较长。因此,基础项目建设面临较大的资金压力,需要主管部门加大对龙头企业、甩挂企业的扶持力度,帮助企业做大做强。

(3)发展物流甩挂联盟平台,单一通过企业自身很难做大,恳请主管部门牵头,搭建物流甩挂联盟平台,在挂车互换、货源共享、站场租用等方面制定标准和规范,各地甩挂物流企业积极参与,推动联盟甩挂的实质性发展。

(二)企业发展思路

1. 加快优化网络型甩挂运输模式

零担专线甩挂是林森物流集团主要的甩挂运输作业模式,依靠20条线路,采用"一线两点"的甩挂运输作业模式,难以发挥网络化运作的效益。林森物流集团将立足现有的区域型、网络型甩挂运输平台,通过与企业联营合作的模式,逐步扩大企业甩挂运输的辐射范围,通过资源(站场、线路、车辆)的整合,构建起全国区域的网络型零担甩挂运输体系,优化网络型甩挂的资源和组织结构,全面提升整体的运作效率。

2. 引导和整合社会运力资源

作为国家甩挂运输试点企业,林森物流集团不仅要关注企业自身的发展,还应该关注对道路运输行业的引导和带动,利用自身的网络优势和信息化优势,整合社会运输资源,并引导其他道路运输企业向集约化、网络化方向发展,有效促进道路运输行业的转型发展。

案例2：江苏飞力达国际物流股份有限公司

一、总经理致辞

江苏飞力达国际物流股份有限公司昆山综合保税区物流园甩挂运输站场建设项目，于2013年8月由交通运输部和国家发展和改革委员会联合发文，入选成为“2013年度甩挂运输试点项目”。为保证甩挂运输试点工作的顺利开展，公司在企业内部成立专门的组织领导机构，一方面保证企业对外与市场及其他企业的充分对接，从而为甩挂运输提供良好的外部保障；另一方面保证企业内部各相关资源能够得到有效整合，为甩挂运输发展提供有效的基础支撑。公司的甩挂运输工作致力于推动现代物流和综合运输发展，促进节能减排和环境保护，从而提升经济运行整体质量。

二、企业发展概况

（一）企业简介

江苏飞力达国际物流股份有限公司（以下简称“飞力达”）成立于1993年，注册资本2.44亿元人民币，现有员工2900余人，2011年7月在创业板上市，股票代码为300240。经过近20多年的发展，飞力达在区域化、综合化、现代化等方面都取得了长足的发展，从事业务涉及国际货运代理、供应链管理服务、第三方仓储物流、贸易物流、逆向物流、备件分拨、电子商务、品质管理等多方面，合并报表50家企业。公司网点遍及华东（上海、昆山、苏州、吴江、无锡、常州、南京）、华南（深圳）、西南（重庆、成都）、华北（天津、呼和浩特），香港、台湾地区，新加坡、美国等国家；海外代理广泛分布于亚洲、欧洲、美洲、大洋洲。截至2015年年底，拥有总资产16.9亿元人民币，净资产8.71亿元人民币，年货运量114.24万吨，年营业收入22.3亿元。20年来，公司一直秉承“以卓越的供应链管理和服务，提升客户的竞争力”的使命，将“诚信、成长、关爱、创新、共赢”的核心价值观贯穿于物流服务中，立志成为持续创新的物流产业的引领者。企业外景如图1所示。

图1　飞力达站场

飞力达秉承“飞越无限,力求完美”的企业精神、“想得更多,做得更好”的服务理念、“每天进一步”的员工精神和“诚信、成长、关爱、创新、共赢”的价值观,持续致力于服务能力的提升和服务品质的改善,获得各方认可和多项荣誉。2001年通过ISO 9001(2000版)国际质量体系认证,2007年通过美国SGS的TAPA-FSR运输资产保障协会A级安全认证,2010年被评为“江苏省交通物流龙头企业”和“全国先进物流企业”,2013年获评为中国物流与采购联合会AAAAA级综合型物流企业,2013年被评为高新技术企业、中质协江苏质量诚信监督委员会江苏质量诚信AAAA级品牌企业、江苏省交通运输厅全省道路运输节能减排示范企业、江苏省经济和信息化委员会江苏省物流创新示范企业。

(二)发展历程

江苏飞力达国际物流股份有限公司(成立于2008年7月)是由昆山飞力国际货运有限公司(成立于1993年4月)依法整体变更设立的民营股份制有限公司,其发展历程主要分为4个阶段(图2)。

创办飞力达的初衷,是因为20世纪90年代初昆山的外向型经济刚起步不久,一些中小日、韩、台企业落户昆山,这些企业进出口业务都要依赖上海口岸的国际货运代理公司完成。速度慢、成本高、服务差、不确定因素多,成为政府招商的“痛”。当时企业的三个创办人看到了这个“痛”,更看到了创业的机会,于是飞力达诞生了,并成为江苏省第一家服务内陆地区的国际货运代理企业,第一家可以在上海提供异地报关的企业,也是第一家在上海虹桥机场拥有海关监管仓库的企业。公司投资的第一辆海关监管车,率先为本地区进出口企业提供转关业务,通关时间从至少一周缩短到2~3天,投资华东物流后更是将这个时间缩短到1~2天,这些举措初步解决了企业的“痛”,得到了客户的信赖,飞力达也从此进入成长期。

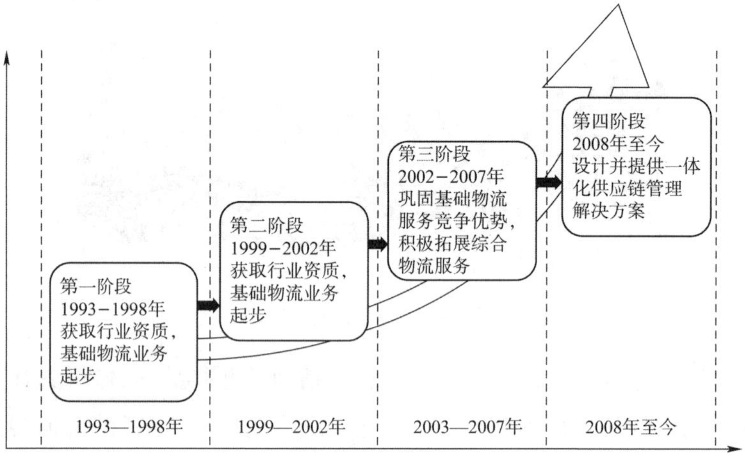

图2　公司发展历程

2000年,昆山在全国率先成立出口加工区,而飞力达又有幸成为第一个探路者。为满足大型出口型高端制造企业的物流和通关需求,帮助企业实现快进快出、大进大出和全天候24小时365天不间断生产,飞力达成为第一家在全国出口加工区注册的物流公司及报关公司,也成为第一家投资出口加工区海关监管站场及海关辅助信息平台的企业。

随着飞力达不断发展,为提供更优质服务,公司网点及国外代理遍布世界各地。如今,飞力达服务的客户已近5000家,其中世界500强企业100多家,服务区域也不断扩大,建立了以香港、深圳为核心区域的华南基地,以重庆、成都为核心的西南基地,以及上海、昆山为核心并延伸苏、锡、常至南京的华东服务链,并在天津、宁波、内蒙古、西安等地提供物流服务。

飞力达过往的20年,是在不断满足客户需求、让客户满意的过程中成长的,也是一段不断追求服务链的整体优势,让客户、客户的客户、客户的供应商整体满意的成长史。

展望未来充满机会与挑战。首先,客户的需求正在发生巨大变化,把握这种变化,贴近这些变化,跟得上这些变化,与客户一起成长,成为客户的战略合作伙伴,是飞力达让战略落地的关键阶段和冲刺阶段。其次,互联网正在加速影响整个行业,标准化、可视化、精益化、平台化成为创新主题,线上与线下相结合成为必然趋势。

再次，互联互通成为未来企业参与竞争的必备条件。

（三）主营业务

作为专注于国内高端制造业、汽车制造及零部件行业、通信电信行业、精密仪器及高端制造业的现代物流及供应链管理解决方案服务商，飞力达将开发品牌商客户、产业链客户作为核心战略之一，重点开发目标行业及相关领域具有全球影响力的品牌商及产业链客户。

飞力达目前采用陆港集装箱联运甩挂运输模式，并坚持不懈地整合物流资源，为客户提供现代物流服务，使制造商最大限度地降低整个商品的流通成本。主要运行的线路有：六合轻合金（昆山）有限公司—太仓港、启佳通讯—昆山综保区海关监管站场—洋山港、仁宝电子—昆山综保区海关监管站场—外高桥港区、友达光电—昆山综合保税区物流园、昆山综合保税区物流园—重庆飞力达物流仓库及昆山—新疆。公司具有专业集装箱物流综合服务优势，采用甩挂运输的特殊物流服务模式，使客户实现产品的零库存管理，在物流供应链上实现资源互补与资源整合。2015年，甩挂运输总运量为111.24万吨，线路共有牵引车61辆、挂车99辆，牵引车与挂车比例达到1∶1.6。2016年预计新增牵引车10辆，挂车10辆。实际运输网络，（专线/零担）按每月至少出货2次的标准，目前运输网络覆盖全国29个省份（除西藏、内蒙古、宁夏、澳门特区、台湾地区外）；自由资源车辆总计120辆，海关监管车辆54辆，集装箱运输车辆51辆，中港运输车辆15辆；外部资源车辆总计460辆，海关监管车辆300辆，集装箱运输车辆100辆，中港运输车辆60辆。

飞力达凭借自身创新服务优势，成功打造属于自己的高端客户群。目前世界500强企业中有近200家成为飞力达的重要客户，与全球知名品牌商宏碁电脑、华硕电脑、华硕制造（PEGA）、仁宝、纬创、纬创力、松下、三星、LG、爱立信、吉利汽车、通用五菱、柯马机器人、中国移动通信等建立了良好的合作关系，成功融入品牌制造商的一体化产业链管理体系，部分客户群体如图3所示。

同时，飞力达协同品牌制造商实现“零库存”、“零距离”、“零障碍”管理，是其有效降低运营成本、提高产品竞争力、实现价值最大化的重要环节和有力保障，提供了多种形式的专业物流及供应链解决方案，例如供应链金融服务、报关报检通关服务、分拨中心、即时配送、循环取货、喂料上线、产线外包、维修检测、全球备件分拨中心、中国区备件分拨中心、工业包装解决方案、循环周转器具方案、信息及软件技术研发等方面的运营与管理方案。

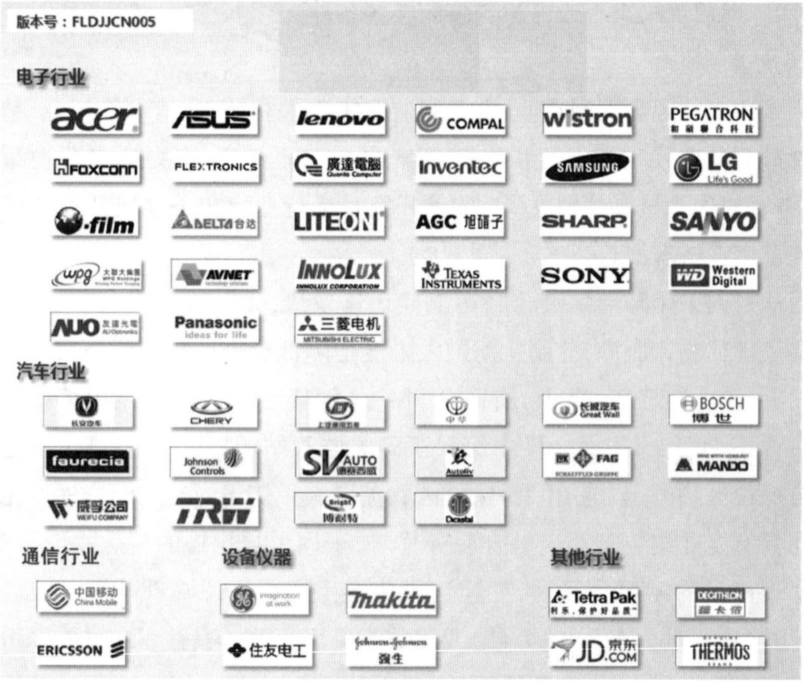

图3　部分客户群体

三、甩挂运输发展情况

（一）推进甩挂运输的历程

为保证甩挂运输试点工作的顺利开展，2012 年飞力达成立专门的组织领导机构。一方面保证企业对外与市场和其他企业的充分对接，从而为甩挂运输提供良好的外部保障；另一方面保证企业内部各相关资源能够得到有效整合，为甩挂运输发展提供有效的基础支撑。飞力达甩挂运输组织机构如图 4 所示。

2013 年，飞力达被交通运输部评为江苏省甩挂运输试点企业，通过多年的项目开展，深刻体会到提高运输效率、降低运输成本、达到节能减排目的的重要性。目前已形成基于仓储物流的综合物流体系、基于货运代理的基础物流体系和开发延伸的特色物流体系联动发展的业务模式，分别在昆山、上海、深圳、南京、重庆、成都、香港、苏州、无锡、常州、天津、淮安、太仓等地设有运营机构，并在亚洲、欧洲、美洲、大洋洲等 36 个国家和地区拥有广泛的海外代理体系。飞力达业务组织如图 5 所示。

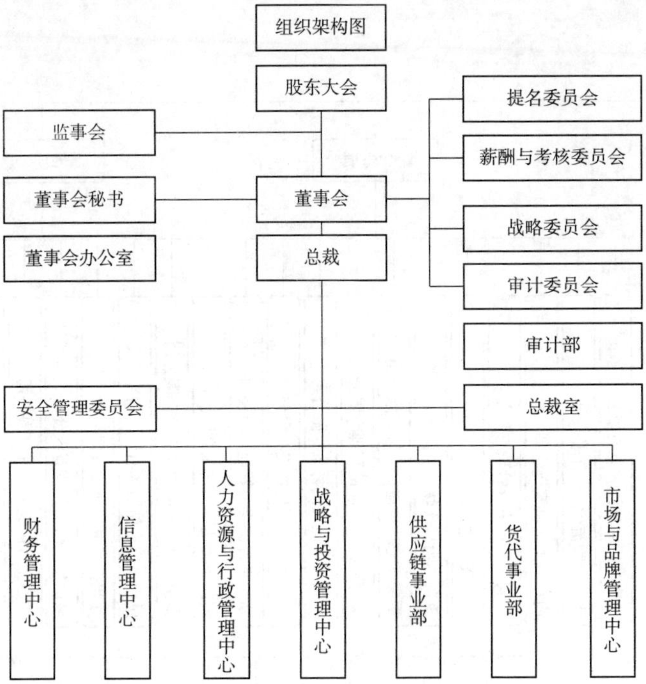

图4　飞力达甩挂运输组织机构图

飞力达主要服务对象是江苏昆山开发区周边的IT产品制造企业和轻工业制造企业，与六合轻、启佳通讯、仁宝电子、友达光电等公司签有长期运输合同。这些企业在国内生产的产品出口量大，基本无成品库房，集装箱装箱量多，产品装箱后需及时出口，需要为其提供先进的现代物流服务。

飞力达以自身优化的运力结构和甩挂运输发展基础，逐步扩大甩挂运输的范围和规模，其建设和发展在一定程度上承担了社会公益职能。它的建设作为国家道路甩挂运输作业试点项目，一方面有利于推动国家交通运输业转变发展方式、优化交通运输结构、提高综合运输效率，另一方面还可以推动昆山市物流园区的建设和发展，满足区域完善综合物流体系的基本需求，构建政府规范物流市场的有形载体，向社会提供更加全面的物流服务功能。

（二）开展甩挂运输的特点

飞力达主要经营IT产业相关硬件设备和零部件的进出口通关、货运代理、运输配送、仓储服务、流通加工、产线喂料、组装出货。此次作为试点项目的5条线路主要分布在江沪地区，运输货物主要为IT产品和轮胎等，这些运输产品均采用甩挂“一线两点、一线三点，公铁联运、苏浙沪车队联盟、甩挂甩箱相结合”运输模式。

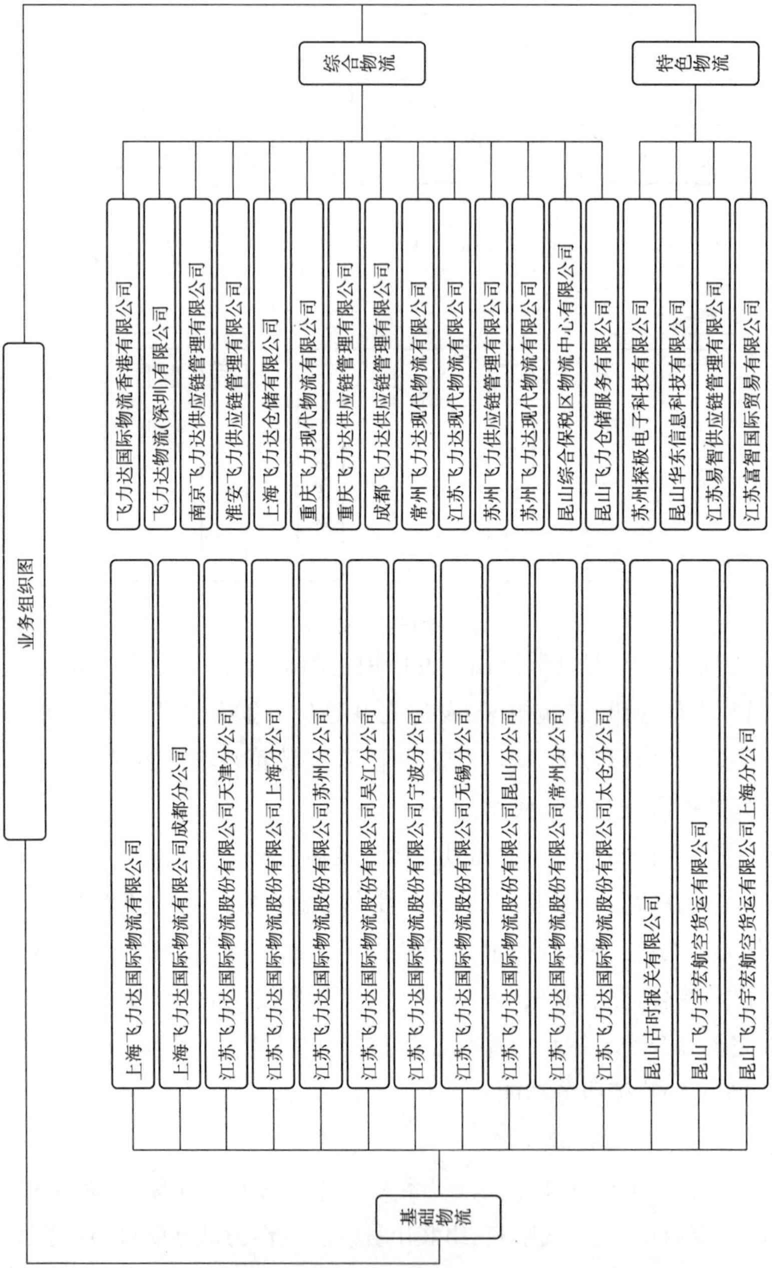
业务组织图
综合物流
特色物流
基础物流
飞力达国际物流香港有限公司
飞力达物流(深圳)有限公司
南京飞力达供应链管理有限公司
淮安飞力供应链管理有限公司
上海飞力达仓储有限公司
重庆飞力现代物流有限公司
重庆飞力达供应链管理有限公司
成都飞力达供应链管理有限公司
常州飞力达现代物流有限公司
江苏飞力达现代物流有限公司
苏州飞力供应链管理有限公司
苏州飞力达现代物流有限公司
昆山综合保税区物流中心有限公司
昆山飞力仓储服务有限公司
苏州探极电子科技有限公司
昆山华东信息科技有限公司
江苏易智供应链管理有限公司
江苏富智国际贸易有限公司
上海飞力达国际物流有限公司
上海飞力达国际物流有限公司成都分公司
江苏飞力达国际物流股份有限公司天津分公司
江苏飞力达国际物流股份有限公司上海分公司
江苏飞力达国际物流股份有限公司苏州分公司
江苏飞力达国际物流股份有限公司吴江分公司
江苏飞力达国际物流股份有限公司宁波分公司
江苏飞力达国际物流股份有限公司无锡分公司
江苏飞力达国际物流股份有限公司昆山分公司
江苏飞力达国际物流股份有限公司常州分公司
江苏飞力达国际物流股份有限公司太仓分公司
昆山古时报关有限公司
昆山飞力宇宏航空货运有限公司
昆山飞力宇宏航空货运有限公司上海分公司

图5　飞力达业务组织图

1. 主要业务运营模式

飞力达业务主要以"一线两点、一线三点,公铁联运、苏浙沪车队联盟、甩挂甩箱相结合"运输模式进行业务开展,如图6所示。

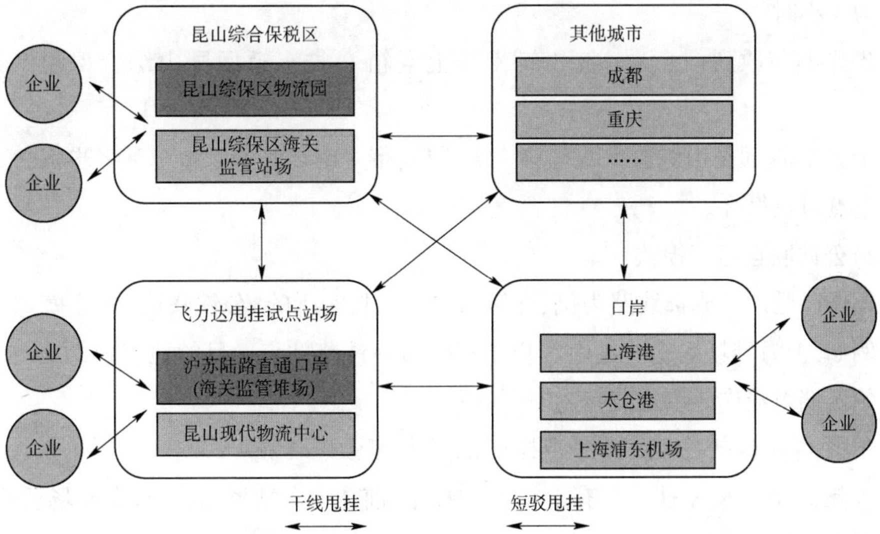

图6　业务开展模式示意图

1)甩挂运输运营模式

具体以昆山—重庆线路为例,介绍通过本项目实行的"一线三点,两端甩挂"作业模式如图7所示。

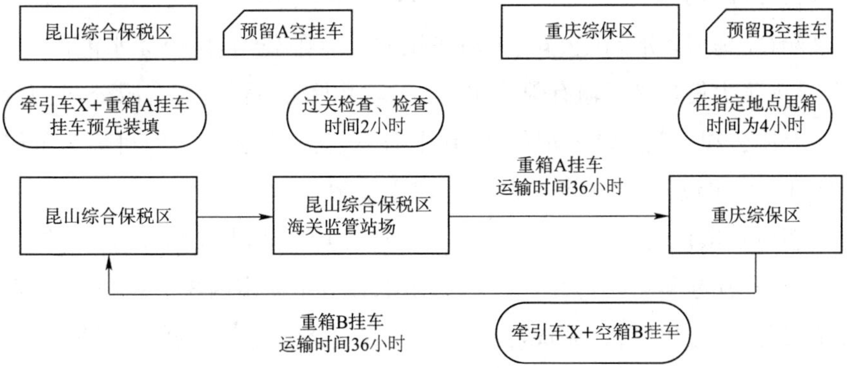

图7　一线三点甩箱作业模式流程图

例如,经过海关监管站场,昆山综合保税区—重庆综保区的"一线三点"甩箱作业模式流程,步骤如下。

步骤1:在昆山综合保税区第一大道预留A半挂车,A半挂车预先装好。

步骤2:牵引车X挂上装有重箱A的挂车,前往监管站场,到达监管站场后进行过关检查,检查时间为2小时。在收到信息系统的指令后前往重庆综保区。

步骤3:到达重庆综保区后,采用甩挂或甩箱的形式将出口重箱放至基地,甩箱时间为4小时。

步骤4:待收到信息后,牵引车X挂上空箱B挂车返回昆山综合保税区第一大道。

步骤5:返回昆山综合保税区第一大道后,带上已装好的重挂车重复步骤2,进行下一个点对点循环。

2)公铁联运运营模式

具体以昆山—成都线路为例,介绍通过本项目实行的“公铁联运”作业模式。

例如,上海堆场提箱—昆山客户工厂装货—铁路站点—目的地客户站场—客户工厂的两端甩箱作业模式流程,步骤如下。

步骤1:在客户工厂预留A半挂车,A半挂车预先装好。

步骤2:牵引车X挂上装有重箱A的挂车,前往火车站场,到达火车站场后落箱,空板再进行提箱甩到客户工厂拖B挂车。

步骤3:火车到达目的地后,采用提箱甩挂或甩箱的形式将重箱放至客户工厂,进行下一个点对点循环。

3)苏浙沪车队联盟模式

本联盟以苏浙沪集装箱甩挂联盟为主体,具体承担单位为联盟的6家企业,即苏浙沪集装箱(上海)股份有限公司、上海华敏储运有限公司、昆山无水港国际物流有限公司、昆山飞力集装箱运输有限公司、振石集团浙江宇石物流有限公司、上海康芸物流发展有限公司。其中苏浙沪集装箱(上海)股份有限公司为项目牵头单位,另外5家为项目支撑单位,联盟其余4家企业为项目辅助单位,如图8所示。

本联盟试点项目的甩挂线路贯穿江苏、浙江、上海,其中江苏省内2条线路、浙江省内2条线路、江苏和浙江到上海各1条线路,以及上海市内3条线路。以信息化建设为核心,通过联盟化经营,完成苏浙沪三地的线路连接(图9)。上海区域联盟甩挂、江苏—上海联盟甩挂、浙江—上海联盟甩挂3个子项目相互独立又互相连接,达到3地集装箱运输的集约化发展。江浙沪九家联盟企业中多数企业经营的是干线运输,具有量大、线多的特点。

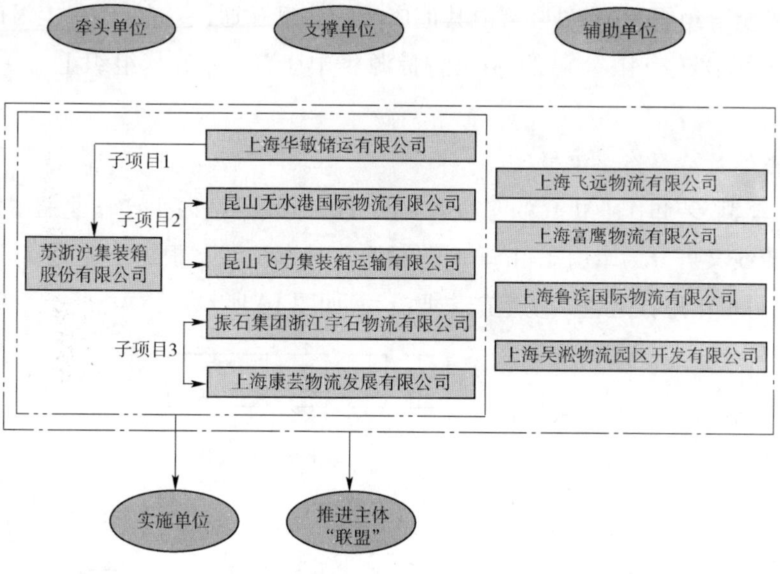

图8　项目承担企业

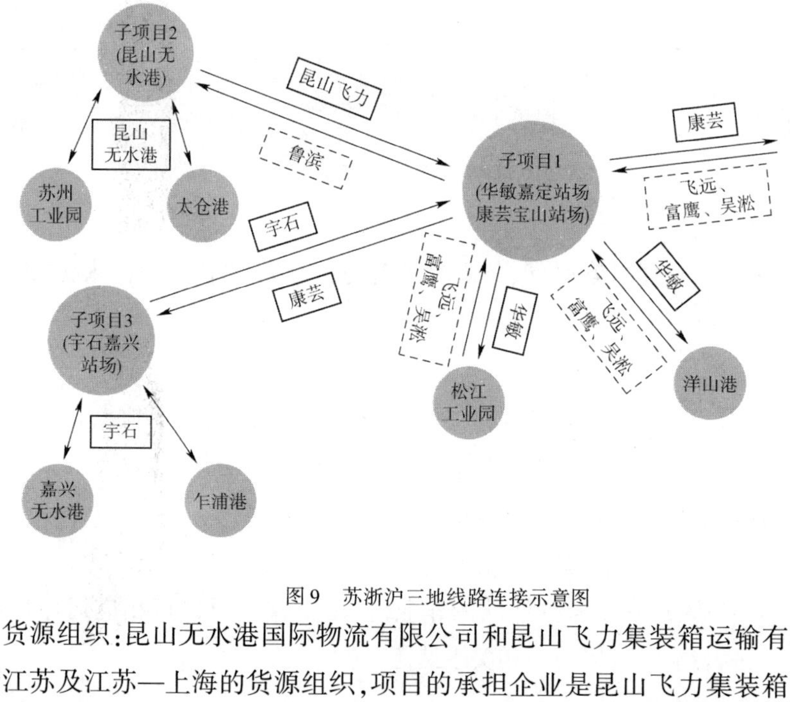

图9　苏浙沪三地线路连接示意图

货源组织：昆山无水港国际物流有限公司和昆山飞力集装箱运输有限公司主要负责江苏及江苏—上海的货源组织，项目的承担企业是昆山飞力集装箱运输有限公司。货源基本集中于江苏地区,因此由昆山飞力集装箱运输有限公司负责江苏省内两条线路的货源组织,并通过联盟内其他成员的信息互通,掌握江苏—上海的货源,上海鲁滨国际物流有限公司的60%的货源集中于江苏,由其组织上海—江苏的货源。

2. 作业站场生产作业流程

货物、车辆、装卸作业机具的有序运动形成的流线是站内生产作业的主体流线,站内车辆流线又可分为牵引车、挂车与普通厢式货车流线。根据上述甩挂运输组织流程分析,可得出甩挂运输站场生产作业流程,如图10所示。

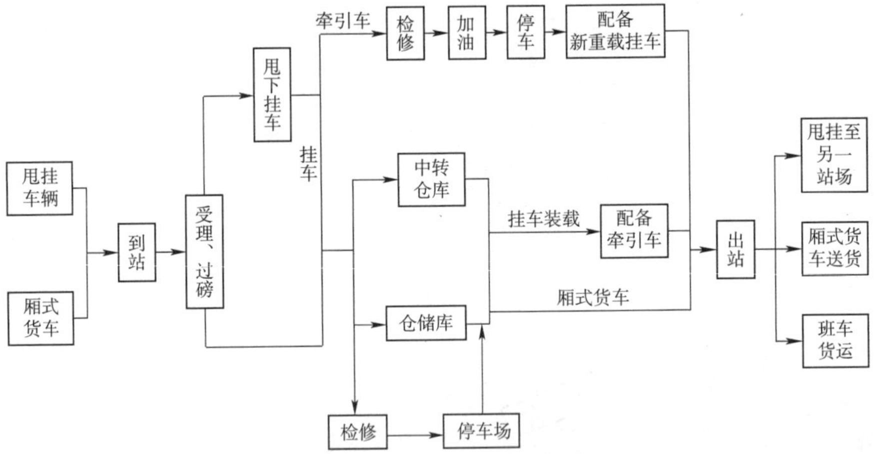

图10 运输站场生产作业流程

1)业务受理

项目调度中心负责通过互联网、传真软件等方式接收顾客运输需求,及时进行回复并进行全面分析。

2)指挥调度

根据运营需求和顾客的发车要求,在规定派车时间内到达指定地点装货。由指定的专业甩挂运输车辆负责货物由客户场地至甩挂站场的运营,此后在根据到达的牵引车给予安排,减少货物装运等待时间。

3)车辆进入站场并进行甩挂运输作业。

车辆进入站场后,停靠在不同线路的作业区,由工作人员进行相应运输证照的查验,并对货物进行初步查验,履行相关手续。

4)途中管理

调度中心 GPS 核算和监控部门负责通过车辆卫星定位、电话跟踪，时时对货物进行途中监控，对车辆进行指导纠偏等工作，并及时向客户进行真实的信息反馈，客户也可以通过 XRWL 办公协同软件，经过授权，自己查看货物信息，确保信息及时畅通。同时根据在途信息，调度员做好货运站场物资的装运、调拨。

5）货物交接及甩挂运输作业

车辆即将到达目的地前，调度中心已经与最近的分公司进行联系，该车辆所有货物信息已经进行了科学的系统测算及卸货安排，在到达分公司的货运站场后，将挂车甩下执行下一趟任务（程序如前所述）。

6）结算处理

货物到达目的地后，根据客户要求的回单返回时间，做好回单返回工作，及时根据规定程序进行衔接，按照相关客户合同的结算周期，做好开票结算。

3. 信息系统建设

为了给甩挂运输试点提供信息化支撑，保证各类运输资源的有效整合，飞力达在既有的物流信息管理系统的基础上，进行业务作业信息系统的升级改造以及相关软件的开发工作，主要包括 GPS 调度管理系统、站场视频监控系统、手机远程监控管理、仓库管理、订单管理、运输管理系统等，各个系统的功能如下。

1）GPS 调度管理系统

调度管理是运输信息管理模块的核心功能之一。其主要操作是将物流订单进行运输任务分派，并结合 GPS 辅助系统，合理安排牵引车和挂车，并计算出最佳行走路线，做好调度计划。具体包括：GPS 车辆管理、轮胎管理、车辆保险、年检、二维台账记录管理、实时跟踪管理、油控检测管理、油耗模拟管理、里程测算、最长 3 个月的历史记录回放、短信通知、异常状态实时监控。

2）站场视频监控系统

视频监控管理系统（图 11），配置防雷装置，全仓库无缝监控，支持远程手机或电脑终端登录监控。通过对中心内各个库区和站场实施 24 小时监控，尤其是对停车场内重载半挂车区域以及仓储区、专线作业进行监控，有效增强中心各单体建筑内的安全防范能力。

3）手机远程监控管理

全程透明化手机远程在途定位管理，支持官网终端实时查询。

4）仓库管理、订单管理、运输管理系统

四、企业发展思路

1. 加快甩挂运输信息系统相关设备研发

目前,飞力达已形成较成熟的甩挂运作模式,但辅助甩挂运输的信息系统相关软件设备运用稍显落后。随着新建站场的正式投入运营,公司甩挂运输的运输量越来越大,这就需要借助信息系统做好数据的归档和整理,做到各类数据分类存储,以便对数据进行处理分析。信息平台要为各地的道路运政信息网提供甩挂运输车辆的基本数据,运管部门可以联网查询,为行政许可、安全监管、运政稽查等提供重要信息。

2. 加强对从业人员的培训,提高整体素质

甩挂运输作业需要专业化的管理与操作,因此飞力达员工的专业素质对于甩挂运输作业的顺利进行十分重要。针对飞力达的现况,企业将积极开展相关工作人员的业务培训,提高员工的业务水平,对员工进行精细化管理,组织员工部门间互动,掌握部门业务上下游相关业务知识,并到对应岗位进行适当实习与培训,提升人员整体素质。

3. 积极引导和整合社会运力资源

作为国家甩挂运输试点企业,不仅要关注企业自身的发展,还应该关注对道路运输行业的引导和带动,利用自身的网络优势、信息化优势,整合社会运输资源,引导其他道路运输企业向集约化、网络化方向发展,有效促进道路运输行业的转型发展。

案例3:江苏政成物流股份有限公司

一、总经理致辞

江苏政成物流股份有限公司(以下简称“政成物流”)于2011年被省发展和改革委员会和交通运输厅列为省甩挂运输试点企业。作为省级甩挂运输试点企业,政成物流在购置牵引车和挂车的基础上,整合自有及联盟的甩挂运输资源和合作伙伴,创建了物流信息、物流设计、物流技术和物流管理四大物流系统,为客户提供全新的一站式“保姆管家”物流服务。政成物流甩挂运输的成功实施,不但实现绿色、高效、减少排放的特点,为客户节约了成本,提高了货物周转速度,还为公司赢得了经济效益和社会效益。据初步统计,政成物流甩挂运输节约车辆配置成本40%,月单车毛利增加2万多元,月节约燃料30%,车辆利用率提高了50%,货物周转率提高了52%,月减少尾气排放10多万升,大幅减少碳排放,大幅降低了能源消耗,真正体现出了节能降耗、保护环境的优势。2014年上半年在江苏省交通运输厅进行的甩挂运输试点企业评比中,政成物流位列第一。

二、企业发展概况

(一)企业简介

政成物流是江苏省重点物流企业和省甩挂运输试点企业,位于常州市东郊,南邻312国道、沿江高速,北接沪蓉高速,交通网络发达。公司创建于1983年,系股份制性质,现已拥有20家联盟成员,41个网点,30多条物流专线,2000多家客户和百家合作伙伴。建有以长三角、珠三角、西南地区为核心,向全国辐射的公路运输网络。服务领域涉及电机电器、机械设备、纺织服装等。其中珠三角物流占整体业务的55%以上,年货运量8.5亿吨公里。

政成物流是中国物流与采购联合会AAAA级物流企业,目前拥有4项注册商标权和8项软件著作权,并于2009年9月通过ISO 9001质量体系认证。被江苏省评为

"省重点物流企业"、"省级物流企业技术中心"、"省甩挂运输试点企业"、"省品牌线路"、"省道路运输五十佳企业"、"省民营科技企业"。特别是2016年被江苏省评为江苏省甩挂运输示范企业(2016年全省唯一一家甩挂运输示范企业)。近年来,政成物流获得"常州市知名商标"、"市名牌服务企业"、"市重合同守信用AAA级企业"等荣誉称号。

(二)发展历程

1986年,政成运输站成立;

1997年,收购红梅东郊联运站;

2002年,成立常州政成物流有限公司,由个体运输站变成拥有18位股东的运输公司;

2008年,开始进行甩挂运输模式,处于全国领先水平;

2011年,并购常州金城物流有限公司,开启整合物流资源的多种模式;

2012年,并购常州春城物流有限公司,信息化团队建立,成立企业技术中心;

2013年,并购常州天宇物流有限公司,与沃尔沃公司合作成立常武维修点;

2014年,并购常州金采物流有限公司,对华达公司进行业务重组,共同投资组建华纳物流纳入联盟平台,常州政成更名为江苏政成物流股份有限公司;

2015年,并购安徽鑫阳光物流有限公司、江西南昌物流公司,开通铁路专线运输班列、公路货运班车。

(三)主营业务

政成物流经营范围包括:普通货运、货物专用运输(集装箱)、综合货运站(场)、仓储、搬运装卸、货运配载、二类汽车维修(大型货车),承办海运、陆运、空运、快递进出口货物的国际运输代理业务。

政成物流精心设计甩挂运输线路。首先,组织人员,加大业务开发力度,积极拓展大宗客户;其次,利用网络布局优势,优先保证甩挂运输车辆的配货需求,要求下属公司向片区总部集货或与兄弟公司合作联合发车;最后,对于货源不对等的线路,在确保运输时效的前提下,实施单向增设途经点、"捎带"途经货物的方式,确保按时发车,准点到达。通过三方面的努力,待线路货源稳定后,逐步予以剥离,实现定时、定线、定班运作。根据季节变化、各网点货量的变化,在长三角—珠三角—西南区域之间循环发车,保证车辆运行效率。政成物流在2015年成功开创甩挂运输示范线路20条,年货运量达56.59万吨,年周转量达62846万吨公里。

三、甩挂运输发展情况

(一)推进甩挂运输的历程

政成物流于2008年开展甩挂运输,是江苏省甩挂运输首批试点企业。2008年,政成物流率先在广州、中山、深圳、东莞开设网点,配备管理团队,开通常州—珠三角甩挂运输线路,大胆摸索组织经验,此举得到了各级领导的充分肯定,2011年被省发展和改革委员会、交通运输厅列为省甩挂运输试点企业。在此基础上,政成物流结合其发展战略,开通长三角—珠三角—成都、重庆甩挂运输线路,甩挂运输规模得到迅速发展。

2013年常州总部站场新增租场50亩,且在广东、成都、重庆等地租用近100亩场地,重点进行网点站场建设,并配备技术管理高管赴现场实地考察,重点开展流程规划,加强员工培训,培养了业务精良的专业团队,努力壮大了甩挂运输网络。

2014年政成物流把原来"一线两点"的甩挂运输模式真正转变成为常州、珠三角、长三角、西南区域之间的区域联合甩挂运输。甩挂运输真正体现了绿色、高效、保护环境的特点,凭借甩挂运输,政成物流以效率、质量、安全的甩挂运输线路取胜,走出了一条自己的特色之路。

政成物流以多年的甩挂运输发展基础,带动联盟平台合作车辆,共同推动甩挂运输的规模化、区域化发展,优化运力结构,促进道路货运业从传统、粗放、外延的发展模式,向现代、精细、内涵的发展模式转变。

(二)甩挂运输组织的特点

政成物流甩挂运输始终围绕试点—扩线—扩建示范运营来进行,在长三角、珠三角、西南地区之间实施甩挂运输,不断创新甩挂运输模式,形成"一线两点"、企业联盟甩挂、网络型甩挂、多式联运甩挂、干支衔接甩挂等多种形式、灵活组合的组织模式,进一步扩大甩挂运输的示范效应,引导货运物流业高效绿色发展,真正体现了绿色、高效、保护环境的特点,凭借甩挂运输,政成物流专线以效率、质量、安全取胜,走出了一条自己的特色之路。

1."一线两点"甩挂

政成物流当前货源稳定,货运量较大,装卸货地点固定,运输距离恒定,这种"一线两点"之间的货物运输非常适用两端甩挂运输模式,即装货点和卸货点两端都进行甩挂运输作业,在装货点和卸货点都配备周转挂车。公司在甩挂两端场地各配牵引拖头专门从事场内挂车在场区内装车、卸车的牵引作业。采用“一线两点、两端甩挂”的模式后，提高了牵引车的使用效率。原来“常州—广州专线”运输业务的实际操作中，平均装车、卸车时间为 8 小时，每一班次从装车至目的地卸完货，全程大约需要 36 小时，3 天 2 个班次，平均每天 0.67 个班次。采用甩挂运输后，节省了牵引车装车、卸车等待时间，平均每天 0.86 个班次，使用效率显著提升(图 1)。

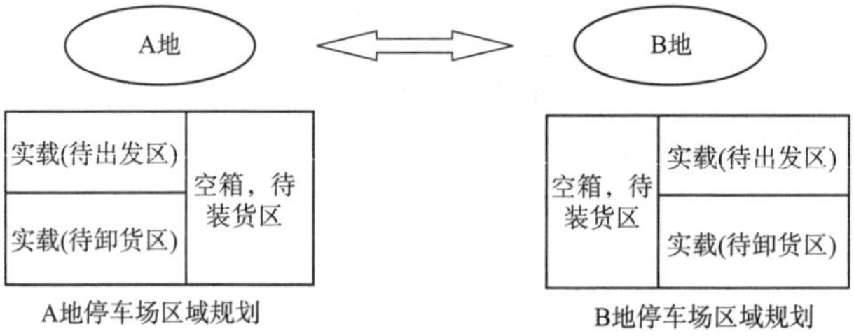

图 1　政成物流甩挂运输作业示意图

2. 企业联盟甩挂

政成物流联盟是以联盟成员为节点，以信息网络和运输网络为支撑，结合虚拟平台与实体运营，实现集约化发展。联盟平台建设内容主要包括：物流信息化平台建设、物流网络建设、流程与标准化建设以及资源整合、模式复制(图 2 和图 3)。政成物流联盟平台凭借资源广、成本低、质量高、速度快的优势，形成了常州市公路物流板块的规模化效应和品牌影响，联盟成员也由此获得更大的市场空间和利润空间。平台还将充分发挥核心企业的创新辐射作用，带动更多的中小企业共同转型升级，共同组织甩挂运输，为物流的集约化发展和绿色低碳发展做出积极的贡献。

图 2　政成物流联盟平台微信建设截图

图3　政成物流联盟建设系统操作截图

目前联盟单位有：东莞喜百年物流、重庆喜百年物流、合肥鑫阳光物流、金坛天捷一物流、东莞华纳物流、苏州华纳物流、重庆华南物流、成都三喜物流、东莞今朝物流、广州邦富物流、深圳睿邦物流、常州赛通等。加盟方式：华纳物流是注资重组的，其他为入驻加盟。据统计，2015 年通过平台整合联盟企业，使甩挂运输业务收入占比超过 50%。

3. 网络型甩挂

政成物流在传统“一线两点”甩挂的基础上，不断扩大甩挂区域，在长三角—珠三角—西南地区区域之间循环发车，开拓三大区域间网络型甩挂运输组织模式。此外，政成物流深圳至常州甩挂运输线路将长途线路“分割”成多段，设计了一张以南昌为中心节点，深圳布吉、深圳宝安、常州、苏州为区域节点的放射型甩挂运输干线网络，结合以深圳、常州为区域节点的短途甩挂运输网络，形成长三角—珠三角分段网络型甩挂运输网络。

4. 多式联运甩挂

政成物流将铁路运输与自身物流运输相结合，2015 年 8 月 1 日，政成物流与无锡企业联合，首发“常州—广州”、“常州—东莞”公铁联运班列，拓展长三角—珠三角的多式联运甩挂运输业务，平均每天发送 4 节列车，月均发货 800 吨，开展多式联运甩挂运输服务，做出了积极的探索，实现公铁联运无缝衔接，促进甩挂运输的集约化和标准化。

5. 干支衔接甩挂

政成物流在发展自身专线公司和车队的同时，运用“互联网＋”技术助推货运物流的创新转型，集中优势资源，围绕干支结合甩挂运输主题，大力发展干支衔接甩挂运输。在干支衔接甩挂中，干线甩挂（长途）负责点到点，支线运输（短途）负责点到门或门到点，各网点之间通过专业化的分工，锁定服务范围、行车路线与工作流程，使得员工的技能更熟练，服务更高效（图4）。如政成物流结合深圳—常州干线甩挂线路，结合深圳、常州区域节点的短途甩挂运输网络，形成干支衔接甩挂运输模式。

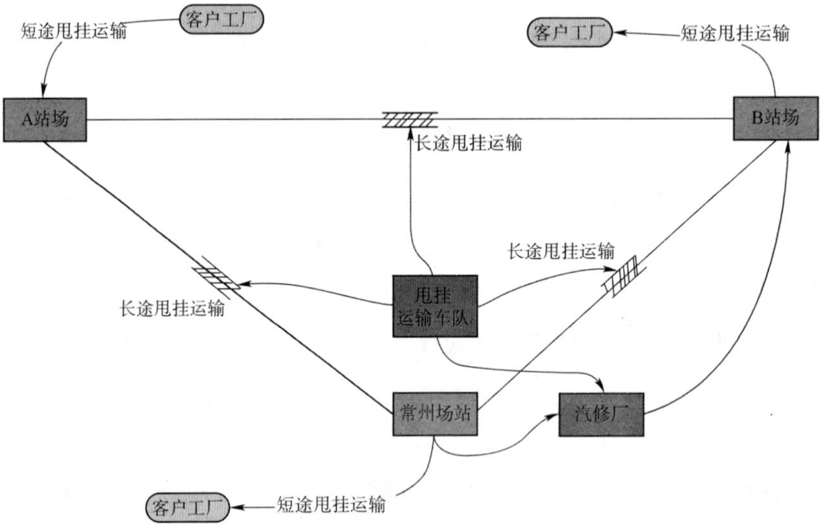

图4　政成物流干支衔接甩挂运输组织示意图

（三）甩挂运输取得的成效

2008年以来，政成物流通过甩挂站场建设、车辆更新、信息化创新等建设项目，现有甩挂示范路线20条，网点37个，主要分布在长三角—珠三角—成都、重庆之间，构成了完善的甩挂运输网络。甩挂运输车辆189辆，其中牵引车50辆、挂车101辆、单车38辆，并组建成立了政成甩挂运输车队，大大提高了运输的准确性、安全性与时效性。其取得的成就主要有：

1. 减少牵引车数

甩挂运输采用一车多挂模式，相对一车一挂而言，在完成相同运输周转量时，所需牵引车总量减少，相应道路的占用量降低，从而减少车辆能耗和尾气排放。

2. 提高运输效率

甩挂运输模式消除了牵引车等待装卸的时间，最大限度地消除了不同站场装卸效率的差异，现有运力全部用于甩挂运输，可提高效率30%～50%，降低成本30%～40%，降低油耗20%～30%，提高运输能力40%以上。这大大提高了牵引车的工作效率和挂车的吨位利用率，降低吨公里油耗，减少温室气体排放。

3. 降低车辆空驶率

甩挂运输按预定计划，在货物装卸作业点甩下所拖的挂车，换上其他挂车继续运行，这样可以最大限度减少空载行驶和无效运输，降低车辆能耗和废气排放。

4. 促进多式联运

甩挂运输可以促进以汽车甩挂运输为基础的铁路驮背运输、水运滚装运输等方式的多式联运，发挥铁路车辆和轮船长距离低排放的优势，减少温室气体排放。

四、企业发展思路

（一）总体发展思路

1. 加大对甩挂运输车辆的投入

政成物流总投入5000万元以选择适合甩挂运输的车辆，加快了现代物流设备的更新换代。大吨位、厢式化、轻量化、性能好、速度快、运量大、安全系数高、驾驶操作方便舒适，并且符合环保和节能要求的沃尔沃牵引车与天龙、东风厢式车，全部更新替代老车型。现有牵引车50辆、挂车101辆，且继续保持双向货运量充足且匹配，甩挂运输合理，牵引车和挂车以1∶2的比例配备。政成物流甩挂车队的车辆实景如图5～图8所示。

图5　沃尔沃甩挂牵引车实拍图

图6　车队车辆实拍图

图7　部分厢式车实拍图

图8　挂车车厢实拍图

2. 重视建设甩挂站场

政成物流用于甩挂运输的牵引车与挂车，需要相当大的甩挂运输站场，否则，将无法实现甩挂运输作业。因此，政成物流抽调专人，实地考察和督促指导有条件的片区和网点加紧场地改建工作，克服站场用地给甩挂运输作业带来的困难，至今已在长三角、珠三角、西南地区建立18个站场，占地260余亩，仓储面积达8万平方米。通过建设站场进一步扩展甩挂网络组织，政成物流支持一点对多点、多点之间的联合甩挂运输。政成部分甩挂运输站场实景如图9～图14所示。

图9　分拨场地实拍图

图10　分拨仓库外貌图

图11　货运操作平台图

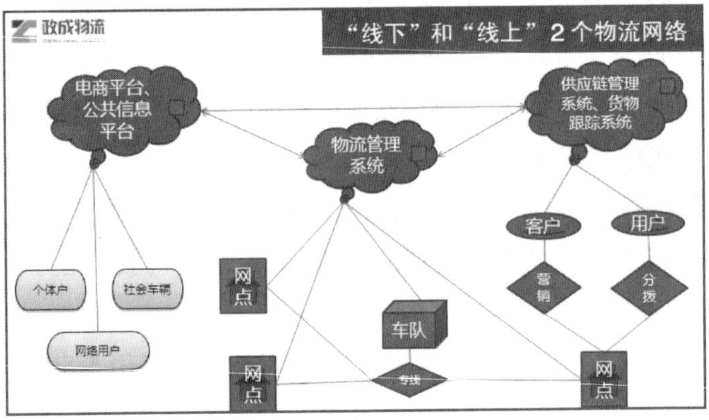

图 17 “线下”和“线上”2 个物流网络示意图

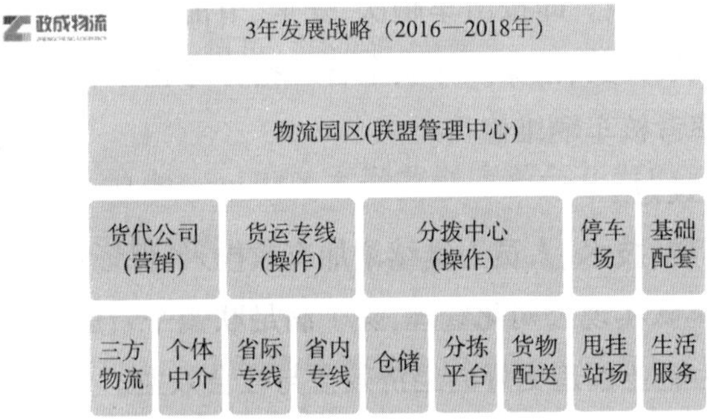

图 18 政成物流 3 年发展战略规划

案例4:江苏金陵交运集团

一、总经理致辞

2010年,江苏金陵交运集团(以下简称"金陵交运")被列为全国首批甩挂运输试点企业。集团甩挂运输试点主要有3种模式:一是以中长途干线运输为依托的专线甩挂,二是以大客户为依托的客户端甩挂,三是以港口集散为依托的短驳甩挂。同时,金陵交运在日常业务调度中,大量使用不同种类挂车互换、长短板互换,以适应不同业务类型的需求。项目以集装箱(罐)甩挂运输为主营业务,以营业网点、港区优势、客户业务资源等为依托,运作至今,已经在降低物流成本、提高运输效率、提升集约化水平、实现节能减排等方面取得了良好成效。

二、企业发展概况

(一)企业简介

金陵交运始建于1949年,在计划经济时期,是全国重点骨干交通运输企业,历史上承担着国家重点物资和疏港运输任务,抢险救灾应急保障任务。近年来,公司已发展形成集货运物流、客运旅游、商贸物业为一体的综合型交通企业集团,集团公司总资产7.13亿元,下辖30余个全资和控股子公司,在册员工2283人。

金陵交运于2005年12月完成ISO 9001质量管理体系认证,且通过历年复审认证;2014年12月通过了OHSAS 18001职业健康安全管理体系认证;为进一步检验和提高自身的管理水平,从2008年开始每两年接受一次RSQAS体系评估审核。

近年来,企业社会品牌形象与经营发展同步得到提升。金陵交运是国家道路货运一级经营资质企业、全国物流运输行业先进集体、交通运输部全国道路运输重点联系企业、AAAAA级综合物流企业、交通运输部首批节能示范企业、交通运输部甩挂运输试点企业、中国道路运输百强诚信企业、中国物流百强企业、中国优秀诚信企业、中国百佳创新示范企业、江苏省和南京市重点物流企业、江苏省和南京市道路货物运输质量信誉五十佳和二十佳企业。

金陵交运的发展战略以国家产业振兴规划为指导，顺应交通运输行业的政策导向和市场发展趋势，把握新一轮货运物流业转型升级发展的难得机遇，加快传统货运向多式联运企业转型、向现代物流服务型企业转型、向物流服务商转型，努力打造成为规模化、网络化、品牌化运作的省内龙头、国内先进的现代交通物流企业。

（二）发展历程

1949 年，交通部公路总局第一汽车运输处；

1954 年，国营江苏汽车运输公司南京分公司；

1956 年，江苏省公路运输管理局；

1957 年，南京市汽车运输公司；

1962 年，江苏省交通运输厅南京汽车运输处；

1975 年，江苏省第一汽车运输处；

1984 年，江苏省金陵汽车运输公司；

2004 年至今，整体改制为江苏金陵交运集团有限公司。

（三）主营业务

货运物流作为集团第一主业，下辖 14 个集团控股的独立法人子公司，经营车辆 1600 余辆，按区域化经营和专业化分工从事普货、集装箱（罐）运输、城市配送、零担专线快运、国际货代、水运船务代理及仓储等。

金陵交运每年融资数千万元，不断发展新型专业化大吨位车辆，保持运力在行业中的规模和专业化优势，并坚持将最新的信息技术融合到人员、车辆、线路、配送等物流的各个环节，使物流业务操作过程实时、准确、透明和可控，切实提高物流作业效率以及客户满意度。通过多年的规模化运作，金陵交运已经建立起了一个庞大、完善的覆盖全中国的物流服务营运网络，尤其在华东地区，更是拥有了一般物流公司所无法比拟的物流日常专线服务。

三、甩挂运输发展情况

（一）推进甩挂运输的历程

2007 年，交通部首次提出在全国开展甩挂运输试点工作，金陵交运派专人赴德国学习考察欧洲甩挂运输。

2010 年 11 月，金陵交运被批准为首批全国道路甩挂运输试点企业。

2012年7月,金陵交运的甩挂运输项目在北京顺利通过了由国家交通运输部、国家财政部、国家发展和改革委员会、国家行业内专家等组成的专家组考察。由于汇报材料把关严格,内容翔实、清晰,甩挂运输申报材料还被作为今后交通运输部项目申报的样本材料。

甩挂运输作业模式在金陵交运的应用已经从项目试点向货运物流调度和项目运作全面普及和发展,且在省市交通部门的支持下配套完成了两大甩挂运输作业站场的建设。

(二)甩挂运输组织的特点

1. 甩挂运输模式

1)"一线两点"专线甩挂

(1)需求分析。金陵交运的主要客户包括大型食品、电子、制造企业等,货源相对充足、稳定,运输货物种类以食品、百货、电子产品、机械设备为主,具有批量小、批次多等特点,主要采用零担专线的方式进行运输。但是传统的零担运输方式时间效率和经济效益较差,难以充分发挥规模经济效益,与金陵交运公司的高效、节能的发展战略不相符。

零担运输一般提供的是门到门的运输服务,不仅提供长途干线服务,而且要提供末端的分拣、集拼服务,其运作模式如图1所示。

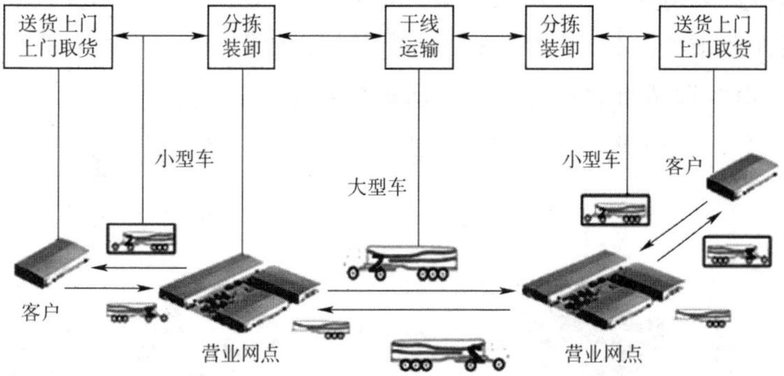

图1　零担专线运输服务模式

在零担专线运作模式中,专线两端的运作是保障干线运输开展的基础,不仅为其提供充足的货源保障,而且通过末端网络实现货物最终的"门到门"配送。相对干线运输的时间,在专线两端完成货物的集拼、分拣、装卸的时间则相对较长,因此,车辆在完成一次干线运输后,往往需要花费大量的等待时间,直至装满回程车辆,从而极大地降低了牵引车运作效率。

以南京—上海专线线路为例，去程主要货类为大型机电设备和化工产品，回程主要货类为纺织产品及饮料，运输距离为370公里，其干线运输的时间约为7小时，而平均完成一次装车和卸车需要花费4～6小时，两端各完成一次装卸则需花费8～12小时，加上两端完成货物集拼所需的时间，则牵引车完成一次运输作业需要花费56～60小时的等待时间。

如果采用甩挂运输的运作模式，在专线两端事先预留若干半挂车，在牵引车到达之前完成预留的半挂车的集拼和装载，则牵引车在到达之后，直接卸下拖带的半挂车，牵引上已经完成装载作业的半挂车，直接上路运行，则可以极大地节省牵引车的等待时间，提高运输效率。

(2)运营组织流程。以营业网点和"江苏快货"品牌线路为依托，结合货运专线的货源组织、站场装卸力量等运作特点，金陵交运已经开通8条甩挂运输试点专线，以南京为核心节点，主要货类为工业品、食品、百货、电子产品、机械设备等，辐射区域集中在华东及华北，分别为南京—天津、南京—北京、南京—上海、南京—成都、南京—厦门、南京—乐清、南京—台州和南京—淄博，在终端城市设立办事处，租借场地。

"一线两点"专线甩挂以南京为节点向外辐射，干线运输采取甩挂方式，两端由配送车辆进行揽货衔接、短途配送。先由厢式货车将零担货物分别集货至两端城市的甩挂运输作业站场，再将货物集拼装载于甩挂运输车辆，然后开展干线甩挂运输作业，最终再由两端城市的厢式货车对运至各自甩挂运输作业站场的货物进行分拣配送。以南京至上海专线运作为例，其基本的甩挂运输作业步骤如图2所示。

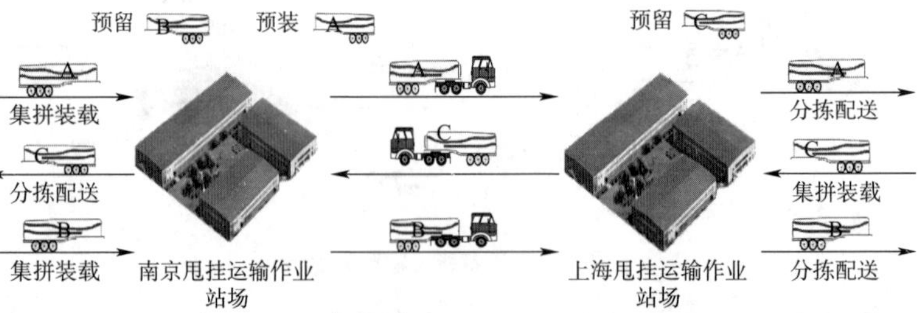

图2 金陵交运干线甩挂运输运营组织示意图

步骤1：在南京甩挂运输作业站场预留2辆挂车（A挂车和B挂车），在上海预留1辆半挂车（C挂车），进行零担货物的装载作业。

步骤2:牵引车从南京甩挂运输作业站场牵引完成装载的A挂车前往上海,在上海甩挂运输作业站场摘下A挂车。

步骤3:随后牵引车在上海挂上已完成货物装载的C挂车,返回南京甩挂运输作业站场。

步骤4:在南京甩挂运输作业站场,牵引车摘下C挂车,挂上已完成装载的B挂车前往上海,重复步骤1,进行下一个循环。

2)客户端甩挂

(1)需求分析。随着甩挂运输的不断发展,集装箱甩挂也将成为金陵物流客户端甩挂运输的重要业务之一。依托南京独特的经济、区位优势以及龙潭港物流基地的重要枢纽作用,金陵交运需要甩挂运输来提供支撑。

南京产业结构与交通区位优势为开展甩挂运输提供稳定、充足的货源保障:

首先,便利的港区条件为集装箱进出口创造了条件。南京港是长江三角洲地区的主枢纽港,是我国内河专业化程度较高的集装箱港口,依托经济发展以及港口集疏运条件的改善,进出口港集装箱的运输量将会进一步扩大。

其次,主要客户的产品运输特性,需要通过甩挂运输提升运输效率和经营效益。

普通的罐式集装箱运输需要花费大量的等待时间,使得牵引车的运作效率较低。而在港口进行的集装箱拼箱拆箱业务、保税、仓储等业务,也需要花费一定的等待时间。

同时,也是生产企业的高效率物流运作的要求。生产企业实行"零库存"管理,采用即时生产方式,要求工厂内不设仓库,将集装箱挂车作为流动仓库,产品自生产线下线后直接装卸到集装箱挂车上,挂车在生产企业停留的情况也较多。因此采用甩挂运输能消除节点上时间过多所带来的效率损失。

(2)运营组织流程。金陵交运目前已经开通南京化学园—南京龙潭港的往返客户端甩挂运输。南京化学工业园距离龙潭港物流基地70公里,线路上双向年完成货运量达到1.2万标准箱,主要运输化学品,货源相对稳定,大部分需要用罐式集装箱运输,并通过龙潭港进出口。由于装卸等待时间较长,如部分货物需要分装灌桶等,且有些特殊的化学品还需要加温,因此迫切需要提高运输组织效率和经济效益,这均为甩挂运输创造了有利前提条件。

客户端甩挂以龙潭港国际集装箱物流基地为节点,形成一点多线辐射状甩挂运输组织模式。以在工厂和龙潭港集装箱物流基地各预留2辆挂车作为流动仓储为例,其基本的甩挂运输作业步骤如图3所示,甩挂运输车辆装备如图4所示。

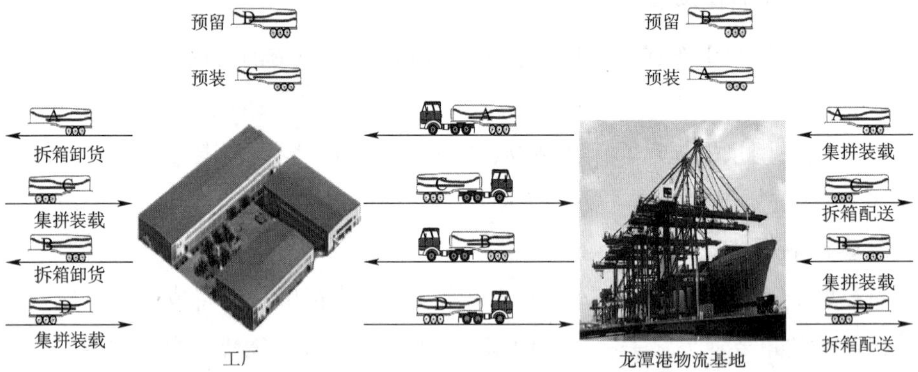

图3　金陵交运客户端甩挂运输运营组织示意图

步骤1:在龙潭港物流基地预留2个挂车(A挂车和B挂车),在工厂预留2个挂车(C挂车和D挂车),进行集装箱、罐货物的装载作业。

步骤2:牵引车从龙潭港物流基地牵引完成装载的A挂车前往工厂,在工厂摘下A挂车,挂上已装载货物的C挂车返回龙潭港物流基地。

步骤3:牵引车在龙潭港物流基地摘下C挂车,挂上已完成货物装载的B挂车前往工厂。

步骤4:在工厂,牵引车摘下B挂车,挂上已装载货物的D挂车返回龙潭港物流基地。重复步骤2,进行下一个循环。

图4　甩挂运输车辆装备

3)网络甩挂

随着甩挂运输的深入开展,金陵交运开始在长三角地区中短距"一线两点"的传统专线甩挂运输发展的基础上,探索网络型甩挂,进而建立全国网络型甩挂运输模式(图5~图6)。

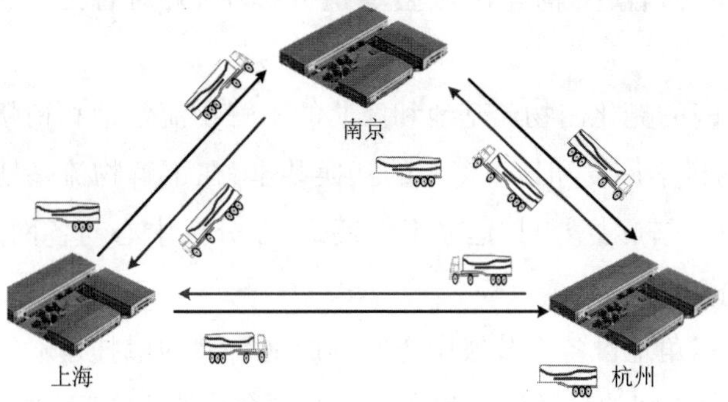

图5 长三角循环甩挂运输示意图

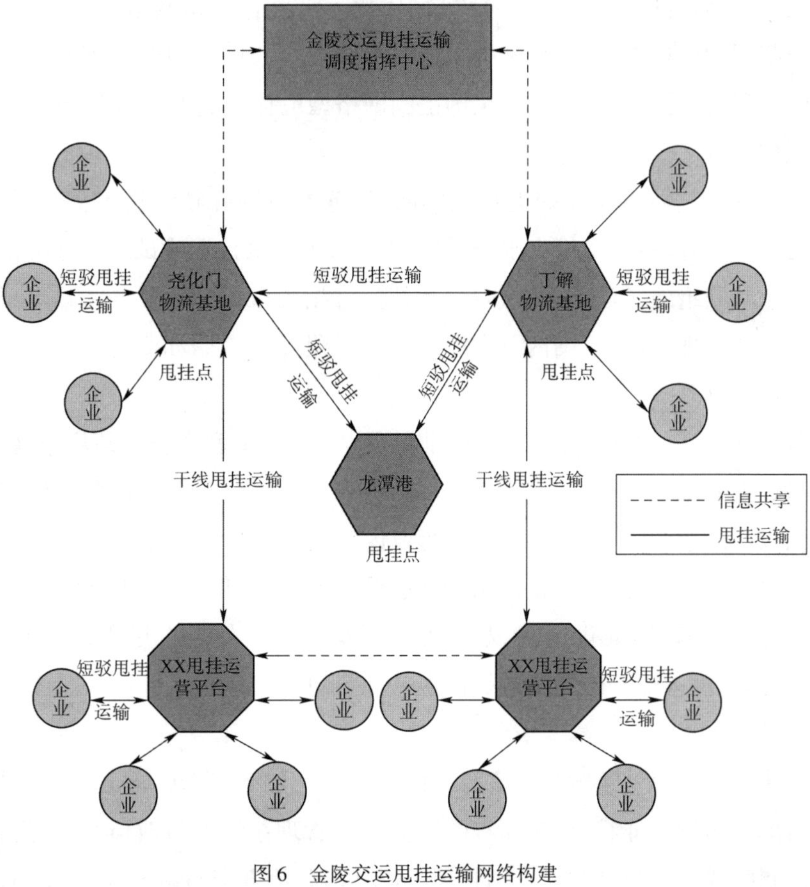

图6 金陵交运甩挂运输网络构建

步骤1:整合江北地区运输需求,并通过与江北运输企业的联营合作,构建江北甩挂运输物流基地(丁解物流基地);整合分布于长三角地区的零担专线,并通过与其他运输企业的联营合作,构建区域型零担分拨中心,对各区域的专线线路进行优化。

步骤2:将江南的尧化门物流基地和江北的丁解物流基地相衔接,实现牵引车在各江南、江北间的科学调度和挂车资源的互换共享;在丁解物流基地、尧化门物流基地与各自网点间形成辐射型甩挂运输组织模式;在分拨中心与各网点间形成辐射型的甩挂运输组织模式。

步骤3:在长三角地区各个分拨中心间形成网络型的甩挂运输组织模式,实现牵引车在各个分拨中心间的科学调度和半挂车在各个分拨中心间的互换共享。

步骤4:整合全国的零担专线,并通过与其他运输企业的联营合作,构建区域型零担分拨中心,对各区域的专线线路进行优化。借鉴长三角网络型甩挂组织模式,建立全国范围的甩挂网络,实现牵引车在各个分拨中心间的科学调度和半挂车在各个分拨中心间的互换共享,形成在全国范围网络型甩挂运输模式。

4)联盟甩挂

2012年12月,江苏金陵交运物流集团、江苏苏汽国际物流集团、林森物流集团有限公司、金南物流科技股份有限公司,4家均为部级甩挂运输试点企业的江苏物流业领军企业共同组建了江苏省甩挂运输联盟,将相关甩挂运输业务和物流项目纳入联盟统一经营管理,成立了国内首家甩挂运输联盟实体企业苏盟物流股份有限公司(以下简称“苏盟”)。

苏盟成立后,最大限度聚集4家企业的优势,整合4家企业的站场、车辆、客户、货源、信息、人才等方面的资源,完善内部物流系统,在全国多地开展循环甩挂业务,从而消除以往的业内无序竞争,转变为行业内部的整合壮大,实现1+1+1+1>4的资源整合效应。苏盟的成立,将4家甩挂运输企业在更高的起点和更广的范围内实现规模化、网络化和标准化运营,对江苏省甩挂运输工作具有里程碑式的意义,同时,也为全国甩挂运输工作的推进提供了一种新的模式和经验。

2. 信息化支撑

信息化是保证甩挂运输各类资源有效调度和运输各环节高效运作的重要支撑,集团针对甩挂运输作业特点,对原有的物流信息管理系统升级改造,包括运输管理、GPS监控调度、站场视频监控、仓储管理、订单管理、信息交易系统,如图7所示。

a)

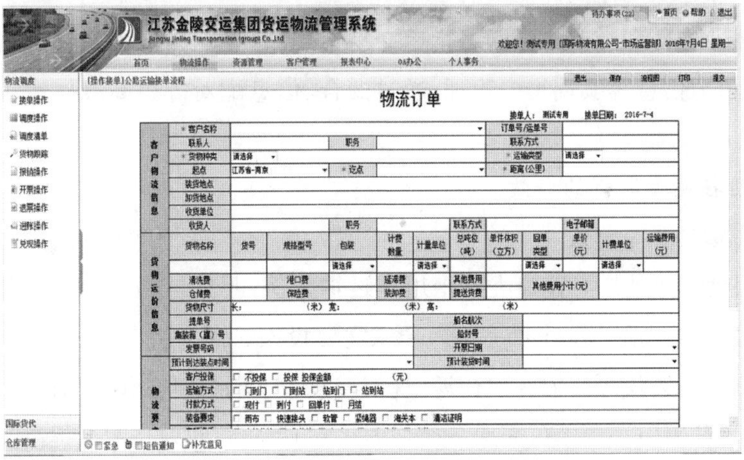

b)

图 7　集团信息化系统

1）运输管理及订单管理

对运输过程中所有运输单证流转进行信息化管理，包括签发、查验、查询、统计分析等；通过信息系统查询到货情况，做好相关回单签收、返回，为客户及时结算提供保障；对所有牵引车、半挂车运力统一调度；采用多种信息化技术手段（如 GPS、移动应用、短信等），与上下游企业进行多方位的协同，并对业务进行适当的优化组合，提高运营效率，降低物流成本。

2)仓储管理

包括仓储基本信息管理;库位和订单管理、仓储设施、仓储货物和进出库流程管理;合同管理、客户管理、结算管理、客户查询、统计分析等功能。

3)北斗调度管理

所有甩挂运输车辆安装北斗终端并与运输管理系统对接,甩挂运输信息指挥中心可利用语音、短信等互通系统与牵引车互动,指挥调度牵引车,实现货物的实时跟踪。部分甩挂运输车辆还加装了视频监控系统和主动防御系统,以满足业务和安全需要。

4)站场视频监控

通过视频监控系统,对物流基地内各个库区和站场实施24小时监控,重点加强停车场内重载半挂车区域以及仓储区、专线作业区监控,增强安全防范能力。

5)货运信息交易平台

构建企业内部和外部平台网络货运交易市场,将企业内部和各物流结点分散的货源信息、运力信息等实现集中管理,通过撮合、信息配对等提高甩挂运输作业的组织化程度。

(三)甩挂运输取得的成效

1.提高车辆营业收入

以南京化学工业园—南京龙潭港甩挂运输为例,距离70公里,每2天一个批次6个集装罐,并要求在当天全部完成。原来需要投入6辆牵引车和6辆挂车,每台牵引车与挂车在当天仅可运输一次往返,现仅需投入3辆牵引车和6辆挂车,通过甩挂运输模式,每辆牵引车当天可完成2次往返运输,单车营收效益明显提高(表1)。

单车甩挂运输收益对比 表1

运输形式	牵引车(辆)	挂车(辆)	批次营业总收入(元)	批次单车营收(元)
甩挂前	6	6	13800	2300
甩挂后	3	6	13800	4600
牵引车甩挂前甩挂后营收比				1:2

以南京六合—浙江乐清甩挂运输为例,距离600公里,传统运输模式下,包含配货、提货在内,往返时间为4天,通过甩挂运输,将挂车提前放置在两端,减少配货、提货等待时间,运作时间由4天减少为3天,运输效率明显提高(表2)。

运输模式对比　　表2

衡量指标	传统运输模式	甩挂运输模式
往返运作天数(天)	4	3
单车一次往返营收(元)	10000	10000
单车一次单日营收(元)	2500	3300
效率提升(%)	32	

2. 提高运输效率

试点项目采用甩挂运输之后,其运输效率得到相应的提升,一方面缩短了牵引车的装卸等待时间,单位时间内的货运周转量得到有效提升;另一方面由于甩挂运输的运营组织的合理性,将有效提高牵引车的载重行驶里程,提升物流的整体运行效率。

通过对比分析甩挂运输前后的数据,甩挂运输模式比传统运输模式完成单位周转量所需时间降低 33%,单车总行驶里程提高 28%,单车年载重行驶里程提高 71%,单车完成的周转量提高 71%。从企业运营成本的角度来看,采用甩挂运输能够有效减少企业的运营成本,增加企业的经济效益,见表 3。

运营成本对比　　表3

运输组织方式	车辆平均吨位	单车年总行驶里程(车公里)	单车年载重行驶里程(重车公里)	单车年完成周转量(吨公里)	完成单位周转量所需时间(小时)
传统运输模式	33	134400	80640	2261952	0.0003
甩挂运输模式	33	172800	138240	3877632	0.0001
对比分析(%)		28	71	71	-33

传统运输模式:按照平均运距 800 公里计算,单车平均每月往返约 7 趟,单车年总行驶里程 $=800\times2\times7\times12=134400$ 公里;以传统运输实载率一般为 0.85,里程利用率按照 0.6 计算,单车年周转量 $=33$ 吨 $\times134400$ 公里 $\times0.85\times0.6=2261952$ 吨公里。

甩挂运输模式:单车平均每月往返约 9 趟,单车年总行驶里程 $=800\times2\times9\times12=172800$ 公里;以甩挂运输实载率一般为 0.85,里程利用率按照 0.8 计算,单车年周转量 $=33$ 吨 $\times172800$ 公里 $\times0.8\times0.85=3877632$ 吨公里。

采用甩挂运输模式,牵引车单车年总行驶里程提高了 28%,单车完成周转量上升了 71%。

3. 节能减排效果明显

采用甩挂运输模式能够有效降低运输的平均能耗,主要体现在通过集约化的组织模式,提高车辆的里程利用率,降低单位周转量能耗消耗。

采用传统运输模式下,由于缺乏集约化、网络化、信息化的组织,车辆在运营中难以保证及时的回程货源,从而造成车辆的空驶,带来较大的能源浪费。而采用甩挂运输作业模式,通过在各个节点上的集约化组织,除保证稳定的货源供给外,还可在运营网络内根据需要合理调度牵引车,以保证牵引车的重载运输,减少车辆空驶,提高牵引车利用率,满足不同业务需要。

如前所述,金陵交运采用甩挂运输模式,单车的平均的里程利用率由以往的60%提升到80%,按照单车传统运输模式每百公里消耗38升燃油;甩挂运输模式燃油消耗40升/百公里,单车总油耗由于总行驶里程增加造成了69120 - 51072 = 18048升油耗的增加,但是由于里程利用率的提升,单车百吨公里油耗下降0.47升/百吨公里,按照目前单车年3877632吨公里的周转量测算,单车每年可以节约燃油18224升。根据国家折算标准规定,按照每吨柴油换算成标准煤的折算系数1.4571(每吨),则金陵交运采用甩挂运输每辆牵引车每年可以节约标准煤22.3吨。

四、企业发展思路

传统的运输方式效率低、能耗高、开支大,发展甩挂运输后,可以提高道路货运的集约化水平,降低空车率,有效提高车辆和能源的使用效率,大幅降低全行业的单位能耗强度和二氧化碳排放强度。因此,从某种程度上来说,发展甩挂运输已经成为国家节能减排的重点战略之一。2014年国务院印发了物流业发展的中长期规划(2014—2020年),规划中明确提出,要大力发展甩挂运输、共同配送、统一配送等先进的物流组织模式,提高储运工具的信息化水平,减少返空、迂回运输。

(一)项目运行存在的问题

(1)项目运行受货源影响因素较大。例如2014年金陵交运投入龙潭港—合肥、连云港甩挂运输项目车辆,受港区箱量影响,业务不饱和,部分车辆停驶,造成LNG燃气浪费,无法发挥甩挂运输的效率优势。因此,货源结构和运量的变动对项目运行影响较大。

(2)客户接受程度还待提高。部分客户因货物安全等因素,需要加强对车辆运输过程中的监控，不同意更换牵引车，因此对甩挂运输不能够完全接受，一定程度上限制了甩挂运输的发展，因此还需要继续加大宣传力度。

（二）项目发展思路

金陵交运将结合企业转型发展及业务需求，整合社会资源，采取联营、合作、参股、控股等经营方式扩大甩挂运输规模，加大对甩挂运输的投入，在更多的物流供应链项目中引入甩挂运输，优化甩挂运输经营组织结构。

1. 坚持强化集约化经营，不断整合资源，优化经营结构

进一步加快推进临港物流基地建设和甩挂站场建设，为扩大集约化经营规模、推进网络化运输、专线运输和储运结合的第三方物流提供有力支撑。同时积极整合资源，逐步扩大和完善连云港、上海和杭州地区的网络节点，逐步形成以长三角为中心辐射华东及全国大中节点城市的对流甩挂运输和城市一体化运输配送体系。

2. 大力构建和完善现代企业信息系统

充分利用现代信息手段，大力发展和完善金陵交运的信息系统，加强基础数据的收集、整理、统计和分析，加强单车核算和成本控制，提高信息的统计、分析以及智能调度水平，通过分析和监控车辆运行技术指标，有效提升车辆运行效率；同时扩展功能，逐步与长三角、珠三角、京津塘区域物流信息平台对接，实现信息共享，扩大辐射范围，提升甩挂运输发展空间。

作为国家甩挂运输试点企业，金陵交运不仅要关注企业自身的发展，还应该关注对道路运输行业的引导和带动，利用自身的网络优势、信息化优势，整合社会运输资源，并引导其他道路运输企业向集约化、网络化方向发展，有效促进道路运输行业的转型发展。

案例点评

江苏省国家级、省级甩挂运输企业在传统的“一线两点、两端甩挂”模式的基础上，创新甩挂运输组织模式，发挥网络型甩挂、多式联运甩挂、甩挂联盟、干支衔接甩挂等多种模式的集成优势，在甩挂运输领域做出了卓有成效的尝试。

林森物流有限公司作为试点企业之一，主要致力于提升甩挂运输的组织化程度、效率和盈利水平，构建甩挂运输合作联盟——苏盟物流股份有限公司，最大限度地聚集联盟企业优势，整合甩挂企业的站场、车辆、客户、货源、信息、人才等方面的资源，最终构建覆盖全国的专线网络化甩挂运输作业模式。江苏飞力达国际物流股份有限公司采用甩挂"一线两点、一线三点，公铁联运、苏浙沪车队联盟、甩挂甩箱相结合"运输模式，坚持不懈地整合物流资源，为客户提供现代物流服务，使制造商最大限度地降低整个商品的流通成本。江苏政成物流股份有限公司整合自有及联盟的甩挂运输资源和合作伙伴，在长三角、珠三角、西南地区之间实施甩挂运输，不断创新甩挂运输模式，形成"一线两点"、企业联盟甩挂、网络型甩挂、多式联运甩挂、干支衔接甩挂等多种形式、灵活组合的组织模式，进一步扩大甩挂运输的示范效应，引导货运物流业高效绿色发展，真正体现了绿色、高效、保护环境的特点，凭借甩挂运输，政成专线以效率、质量、安全取胜，走出了一条自己的特色之路。江苏金陵交运集团积极探索先进甩挂运输组织模式，在网络型甩挂运输、甩挂联盟、干支衔接等领域开展了一系列具有创新性和示范意义的甩挂运输试点工作，在降低物流成本、提高运输效率、提升集约化水平、实现节能减排等方面取得了较好成效。

第二章

网络型甩挂

随着经济全球化和区域物流一体化，物流网络化的概念正受到越来越多的关注。网络型甩挂运输模式是物流网络化的重要表现，是指通过甩挂的运输组织模式实现区域内性质相似、经济关系密切、相互之间存在较大货流量的多个节点之间的区域内配送，并形成高效的区域物流网络的甩挂运输模式。货运量大和覆盖范围广是网络型甩挂运作模式的最大特点，其路线不一定是线性的，而是将连接区域内各节点的整个运输线路有机地结合起来，网络中的各个装卸作业点可能对任何其他作业点产生货运需求。网络型甩挂运输是一种组织化程度很高的运作模式，甩挂运输作业站场采用“平台开放、信息共享、资源优化、网络甩挂”的运输组织模式，牵引车和挂车根据需要在整个网络中调度使用。网络型甩挂运输模式中的客户点一般都具有较大的货物量，或具有较强的集货能力，如大型物流中心、港口、铁路中转站、航空中转站等，且各客户点之间距离较大。由于网络具有规模效应，并能突破区域性的政策壁垒，加强各方之间的互利合作，以实现网络中各种资源的共享，因此具有较大的经济优势。

案例5:镇江兴港国际物流有限公司

一、总经理致辞

镇江兴港国际物流有限公司甩挂与网络化运输试点项目于2012年9月入选为“公路甩挂运输第二批试点项目”。试点期间,项目共开通6条甩挂运输线路,主要分布在华中及华东地区,运输货物以塑料粒子、电子产品、纸类、机械设备、农产品等为主,均采用甩挂或甩箱运输方式。项目凭借甩挂与网络化运输的运营模式优势和网络信息优势,整合社会运输资源,扩展企业的服务范围,有效地促进了企业的转型发展。

二、企业发展概况

(一)企业简介

镇江兴港国际物流有限公司(以下简称“兴港物流”)成立于1998年,注册资金1242.5万元,公司成立至今,通过不断的努力、创新和发展,现已成为一家集公路运输、市区短驳、堆场、仓储、理货及国际货运代理、海关报关等于一体的跨区域规模化、集约化、网络化、信息化运营的大型货运企业。为大力发展甩挂与网络化运输项目,公司旗下的全资子公司镇江兴港网络信息技术有限公司创建了中国国际物流运输网(www.8656e.com),作为甩挂运输的网络平台,公司旗下的全资子公司镇江兴港国际物流报关有限公司提供国际货运代理、海关报关于一体的物流报关服务。公司在宁波设立了全资子公司华祥物流有限公司,在南京、无锡设立了配载中心,运营网络辐射全国。

兴港物流与众多大中型国有、中外合资企业形成了长期良好的战略合作关系,货源充足稳定。在全国各大城市建立了良好的联运运营网络,范围包括镇江至华东、华南、华北、华中及西部地区,辐射全国,为客户带来直接的陆路运输门到门的便利服务。2015年,公司完成营业收入1.2亿元,其中甩挂运输营业收入占货运主营收的30%。

(二)发展历程

兴港物流创建初期仅有5名员工、8辆运输车辆。发展至今,公司已拥有驾驶员及员工200余名,自有及长期合作车辆300多辆,从最先仅供停几辆车的公司场地到现在占地60亩的甩挂运输站场,从最先仅有几家合作单位提供少量的货源到现在公司承接镇江、宁波等众多国有大中型企业及中外合资企业的大量运输任务。通过不断的努力、创新和发展,取得了从无到有、从小到大、从弱到强的成绩。企业在钻研经营的同时,加强学习国外先进的物流方式,对国家政策进行深入研究,率先在镇江开展了"甩挂与网络化运输"这一先进运输方式,在提高能源利用率和节能减排方面做出了突出的贡献。

(三)主营业务

兴港物流的业务遍布全国,主要服务范围包含公路运输、市区短驳、堆场、仓储、理货及国际货运代理、海关报关等,核心业务为公路运输、仓储、海关报关等。

兴港物流甩挂运输试点项目的6条线路主要分布在华中及华东地区。2012年,公司首先开通4条甩挂运输专线,2条为宁波奇美电子—北仑港和镇江奇美化工—镇江港的港口甩挂运输,2条为宁波—苏州—镇江、宁波—南京—镇江的陆运甩挂运输。2014年,公司增加了宁波—上海、镇江—青岛2条线路,并逐渐把甩挂运输的网络遍布全国,具体如图1所示。

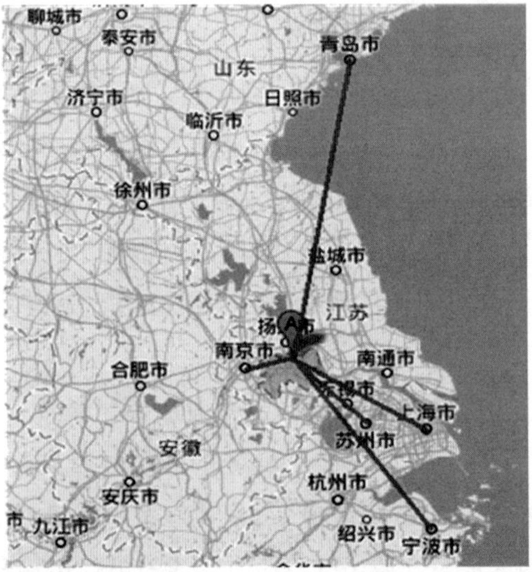

图1 兴港物流的甩挂运输线路分布图

兴港物流运输的货物主要是普货，如塑料粒子、电子成品（导光板）、液晶显示器、纸类、机械设备、汽车零部件、电子产品、农产品等，这些运输产品均采用甩挂或甩箱方式运输。主要运输货物种类如图2所示。

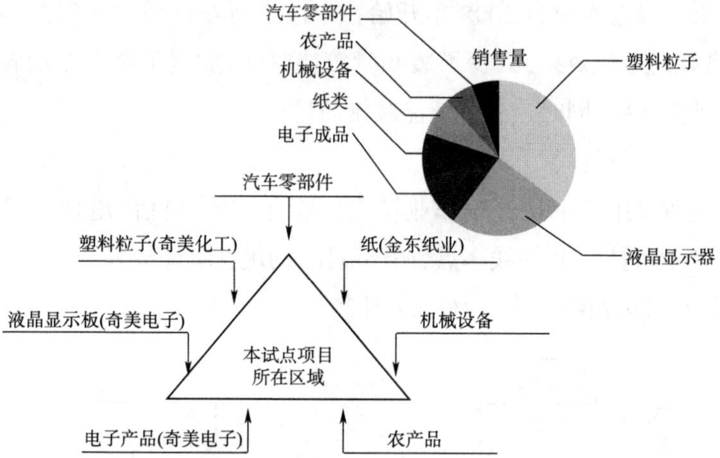

图2　兴港物流主要运输货物种类

三、甩挂运输发展情况

（一）推进甩挂运输的历程

兴港物流的甩挂运输自2005年开始，当时因客户（台资企业宁波奇美电子公司）生产的液晶显示屏产量大、附加值高、周转需求快，一头一尾的待装待卸时间严重影响车辆应用。在此情况下，公司提出以"一头三尾"的形式投入车辆，在生产转库过程中作为平台使用，这样循环周转就充分地将待装待卸时间省下来，节省了大量人力、物力、动力和成本，既满足了厂方的需求，同时也取得了运输成本下降30%、人员劳动成本下降50%、仓储费用成本下降60%、其他费用下降30%的绩效。

2008年，由美国引发的全球金融危机而造成的后延现象在我国已十分明显，期间我国国内部分产业一度也出现了危机现象，而兴港物流由于使用了"甩挂"方式进行运作，降低了大量的物流成本，公司的业务不降反增，效益明显。随后，公司又推出了宁波北仑—苏州—上海—大港—浙江线的循环运输模式，以及奇美厂内短驳、集装箱出港等甩挂运输试点运营，都取得了一定的业绩。

（二）开展甩挂运输的特点

通过多年的运营经验可发现，现有传统运输的各个环节还存在着很多有待改进的地方,在从原材料到生产制造再到市场销售,最后到用户的物流供应链中还有大量的产品、原材料、零部件的库存和积压等现象,运行效率亟待提高。传统运输方式已难以适应不断提高的物流市场需求,也抑制了企业服务能力的进一步提高与经营规模不断扩大。兴港物流自2005年开始在宁波实行场内甩挂,经过多年的运营经验,得到了良好的运作效果,减少了装卸货等待时间,加速了牵引车周转,提高了运输效率和劳动生产率,同时达到了节能减排的目标。

1. 甩挂运输组织模式

兴港物流所采用的甩挂运输作业模式主要有3种,包括"甩挂与甩箱相结合""一线两点,两端甩挂"和"一线多点,循环甩挂"的甩挂运输模式。

1)"甩挂与甩箱相结合"作业模式(图3)

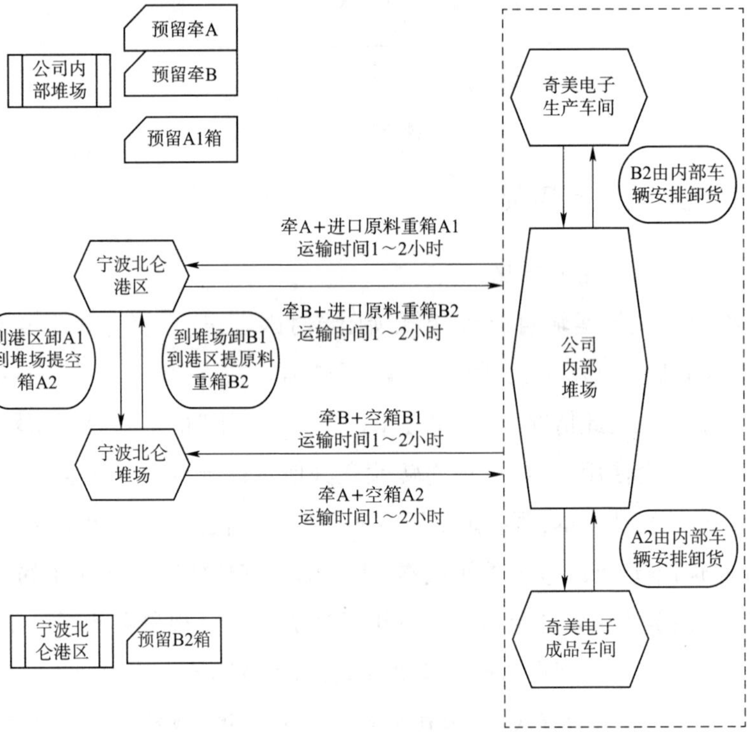

图3 "甩挂与甩箱相结合"作业模式组织流程图

"甩挂与甩箱相结合"模式即在生产车间和成品仓库采用场内短驳甩挂运输,在公司内部堆场、港口及港口堆场之间进行甩箱运输,宁波奇美电子—北仑港、镇江奇美化工—镇江港是采用的这种模式。以宁波奇美电子—北仑港为例,场内短驳运输甩挂运输作业模式的步骤如下：

步骤1：在奇美电子内部堆场预留空箱A1，需预先装好电子成品，装卸时间1～2小时。牵引车A从内部堆场挂电子成品重箱A1到北仑港口。运输距离为20～30公里，时间为1～2小时。

步骤2：到达北仑港口后卸下重箱A1，然后去北仑堆场提空箱A2回奇美电子内部堆场，距离为20～30公里，时间为1～2小时。

步骤3：吊机将空箱A2吊下暂存于宁波奇美电子内部堆场，吊上已装货完成的电子成品重箱A3进港。重复步骤2，循环。吊下暂存的集装箱A2由场内车队进行安排装柜。

步骤4：在宁波北仑港区预留重箱B2，B车从内部堆场挂空箱集装箱B1到北仑堆场还空箱。运输距离为20～30公里，时间为1～2小时。

步骤5：到达北仑堆场后，卸下空箱B1，到北仑港口提电子原料重箱B2到内部堆场。运输距离为20～30公里，时间为1～2小时。

步骤6：到达内部堆场后，吊机卸下重箱B2，挂空箱B3，由牵引车B运向北仑堆场，重复步骤5，循环。吊下的重箱B2由场内车队进行安排卸货。

2)“一线两点，两端甩挂”作业模式（图4）

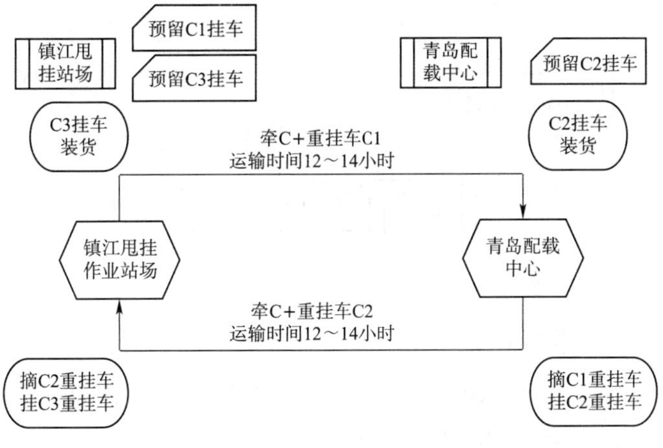

图4 “一线两点、两端甩挂”作业模式组织流程图

“一线两点，两端甩挂”模式是指在两个地区之间进行甩挂运输作业，宁波—上海、镇江—青岛两条线是这种模式。以镇江—青岛为例，步骤如下。

步骤1：在镇江甩挂运输作业站场预留挂车C1、C3，C1预先装好电子成品或纸制品，在青岛配载中心预留挂车 C2。

步骤 2：牵引车 C 从镇江甩挂运输作业站场挂重挂车 C1 运往青岛，距离为 400 公里，运输时间为 12 ~ 14 小时。

步骤 3：到达青岛后，卸下重挂车 C1，装上装载完成的重挂车 C2，返回镇江。运输时间为 12 ~ 14 小时。

步骤 4：牵引车到达宁波奇美电子后，卸下 C2，挂上成品重挂车 C3，重复步骤 1，进行循环。

3）“一线多点，循环甩挂”作业模式（图 5）

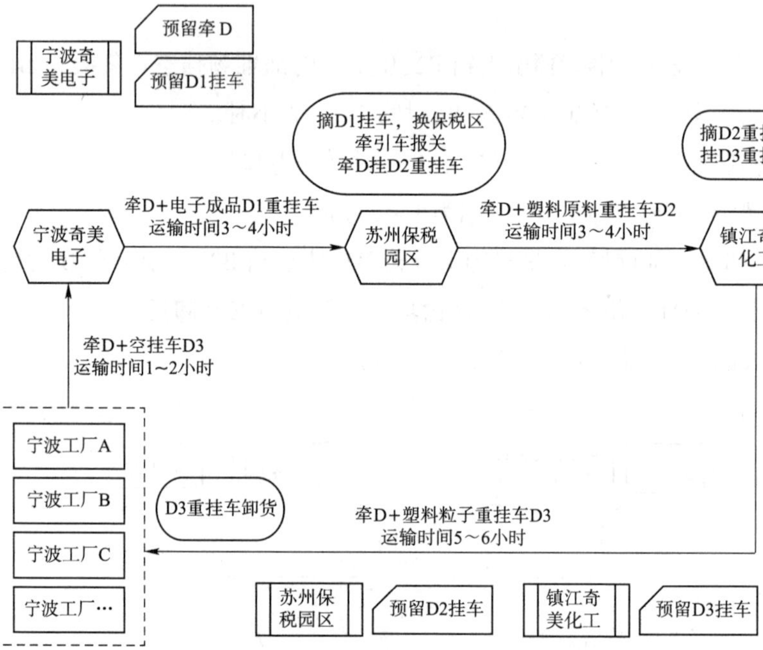

图 5　“一线多点，循环甩挂”作业模式组织流程

“一线多点，模式循环甩挂”是在三个（或多个）地区进行甩挂运输作业，并形成来回封闭的甩挂运输作业路径，宁波—苏州—镇江、宁波—南京—镇江两条线属于此类。以宁波—苏州—镇江为例，步骤如下：

步骤 1：牵引车 D 从宁波奇美电子内部堆场挂电子成品重挂车 D1，到苏州保税区转关。运输距离为 200 ~ 300 公里，时间为 3 ~ 4 小时。

步骤 2：进入苏州保税区后，牵引车 D 卸下重挂车 D1（D1 由苏州保税区内的牵引车进行报关），挂上由苏州配载中心配好货的重挂车 D2，行驶向镇江。运输距离为

100～200公里，时间为2～3小时。

步骤3：到达镇江甩挂站场后，摘下重挂车D2，挂上已装好塑料粒子等的重挂车D3，行驶向宁波地区工厂。运输距离为300～400公里，时间为5～6小时。

步骤4：牵引车D到达宁波地区工厂后D3挂车卸货，然后再行驶到宁波奇美电子内部，距离为50～100公里，时间为1～2小时。到达宁波奇美电子后，重复步骤1，循环。

2. 甩挂运输综合服务信息平台的建设

兴港物流针对已开展的甩挂线路，以公司自行创建的中国国际物流运输网（www.8656e.com）为基础，打造"网络化甩挂服务平台"（图6），综合解决甩挂运输作业中各个方面的信息沟通。平台通过各系统模块的运作，实现科学化的统计和管理，托运方和承运方都可以通过系统模块的操作，采集在甩挂运输作业中的车辆、货物、驾驶员等行驶情况的数据，及时掌控甩挂运输作业的进程，对甩挂运输作业进行科学调配、实时监控、及时矫正、顺利完成。通过实施综合性的网络化平台，公司的甩挂运输得到了优化提升。

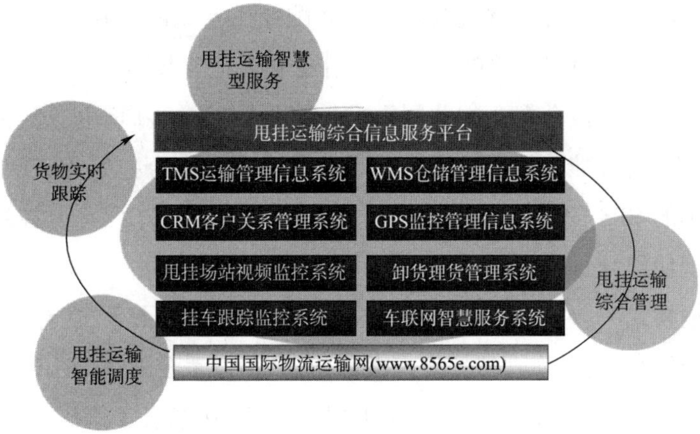

图6　甩挂运输综合服务平台

1）信息交互能力的提高

订单信息的及时性核对和准确性分配、新站场的增加以及新甩挂运输线路的增加，给多方信息的交互提出了更高的要求。TMS系统修改基础模块功能，使订单下单后，CRM系统中对应的使用者第一时间得到信息提醒，做出准确的派车、挂尾、装货、卸货及运输方向的分配。

2）仓库管理信息系统的改良

在信息交互能力提高的前提下，仓库管理者通过 WMS 系统，对新订单做出及时配货、卸货准备，对运输中的货物进行在途监控，为仓库中货物的存储做出提前量的安排，做到合理利用仓库的内外存储空间。针对存放时间、货物体积、保质期等不同的货物特征区别对待，新增配货模式，对统一送货地点的不同货物提出特殊堆放，对不同送货地点的不同货物提出顺序堆放，并遵守最终送货地点的甩挂挂车最方便配货原则。

3）装卸理货系统新设的必要性

甩挂的实际意义在于时间的有效利用，装卸货尤其重视合理使用时间。装卸理货系统能够解决挂车在站场中的利用率，提高仓库的高容量存储价值和高周转价值。将订单货物按时间送达顺序装载挂车，按订单货物送达地点次序合理堆放站台，按货物堆存时间安排停靠站台先后，按堆存时间安排仓库堆放位置。

4）车辆监控系统能力的新要求

车辆的监控根据牵引车和挂车的不同工作性质，在原先牵引车 GPS 监控系统的运行下，新增挂车跟踪监控系统，为挂车的调配使用及跟踪监控提供有力帮助。甩挂在全国范围的推广使挂车的单一企业使用变成多企业共同使用，这一状况的形成致使挂车的监控成为多个企业的共同需求，在甩挂挂车不新增电源的情况下，挂车使用情况信息的及时准确的查询回馈变得非常重要。结合挂车的装卸货物的信息来匹配牵引车的 GPS 信息，综合核实货物的送达情况。挂车跟踪监控系统，不仅确保挂车的合理使用，而且增加货物的确认途径。

甩挂运输模式下，牵引车驾驶员和挂车装货确认是两个人，在牵引车未达到站场时，货物已经由站场仓库管理员装入指定挂车中，以致会发生牵引车挂挂车时，挂错指定挂车的情况。挂车跟踪监控系统根据订单，可在牵引车挂挂车时再次确认订单，确保货物正确的被牵引车送达目的地。

（三）甩挂运输取得的成效

1. 运输效率对比分析

采用甩挂运输方式后，运输效率的提升主要体现在减少装卸等待时间，加速牵引车周转，提高运输效率和劳动生产率；缩短牵引车海关报关的时间，加快往返的时间；提高海运多式联运的效率等方面。从数据分析来看，兴港物流已开通的甩挂运输试点线路平均里程为 460 公里，采用实际载重 30 吨的牵引车运输效率对比如下：

(1)传统运输模式:平均每月约12趟,单车年总行驶里程为132480(460×2×12×12=132480)公里;根据公司的统计情况,以传统单车运输模式车辆里程利用率一般为0.7,牵引车单车年载重行驶里程(单车年平均总行驶里程×里程利用率)为92736公里;单车完成周转量(单车年载重行驶里程×单车载货)为2782080吨公里。

(2)甩挂运输模式:平均每月约19趟,单车年总行驶里程为209760(460×2×19×12=209760)公里;根据统计,以甩挂单车运输模式车辆里程利用率一般为0.8,牵引车单车年载重行驶里程(单车年平均总行驶里程×里程利用率)为167808公里;单车完成周转量(单车年载重行驶里程×单车载货)为5034240吨公里。

具体的运输效率对比分析结果见表1。

运输效率对比分析 表1

运输方式	单车车辆吨位(吨)	单车年总行驶里程(车公里)	单车年载重行驶里程(重车公里)	单车年完成周转量(吨公里)
传统运输模式	30	132480	92736	2782080
甩挂运输模式	30	209760	167808	5034240
增减量	—	77280	75072	2252160
增减率	—	58.33%	80.95%	80.95%

注:以上表格中单车均为牵引车。

采用甩挂运输模式,牵引车单车年总行驶里程提高了58.33%,单车载重行驶里程上升了80.95%,单车完成周转量提高了80.95%。

2.运输成本对比分析

运输成本主要包括固定成本和可变成本,其中固定成本有车辆折旧、修理费、保险费、其他费用和税金等,可变成本一般包括燃油费、通行费和驾驶员工资等。单位运输成本分析见表2。

单位运输成本分析 表2

运输方式	折旧费(万元/年)	燃油费(万元/年)	修理费(万元/年)	保险费(万元/年)	工资(万元/年)	通行费(万元/年)	税金(万元/年)	管理分摊(万元/年)	其他费用(万元/年)	运输成本(元/吨公里)
传统运输模式	8.1	38.15424	4.8	3.1	6	27.33664	4.2768	2	1	0.341
甩挂运输模式	11.7	60.41088	7.2	3.5	12	48.94392	6.7716	2	1	0.305

通过表2可以看出，从单位运输成本看，传统运输方式成本为0.341元/吨公里，甩挂运输方式成本为0.305元/吨公里，甩挂运输方式成本节约了0.036元/吨公里，下降了10.47%。

3. 能源消耗对比分析

兴港物流通过甩挂运输模式提高了运输和物流效率，减少了车辆的空驶率，从而降低单位货物的燃油消耗水平，使企业整体运营成本大幅减少以及运输利润大幅上升。

根据兴港物流的统计数据，传统运输模式下，单车百吨公里油耗为1.90升/百吨公里；甩挂运输模式下，单车百吨公里油耗为1.67升/百吨公里。

传统单车平均行驶里程的里程利用率从以往的70%提升到80%，使得百吨公里油耗减少12.5%。单车每年可节约燃油11986升。

单车燃油消耗对比分析结果见表3。

单车燃油消耗对比分析表　　表3

运输方式	单车年总行驶里程（公里）	单车年完成周转量（吨公里）	单车年总耗油量（升）	单车百公里油耗（升/百公里）	单车百吨公里油耗（升/百吨公里）	百吨公里碳排放量（千克/百吨公里）
传统运输模式	132480	2782080	52992	40	1.90	5.18
甩挂运输模式	209760	5034240	83904	40	1.67	4.53
增减量	77280	2252160	30912	—	-0.23	-0.65
增减率	58.33%	80.95%	58.33%	—	-12.5%	-12.5%

四、企业发展思路

近年来，随着我国物流业的快速发展，简单的点到点运输已经无法满足大部分客户的基本需求，而采用甩挂运输的方式，是解决这一问题的重要途径。在甩挂运输接下来的发展中，兴港物流的发展方向包括：

1. 提高甩挂运输车辆牵引车与挂车比例，规范车型标准化

兴港物流在实行甩挂运输以后，所购车型均为“交通部甩挂运输推荐车型”。推荐车型具有动力配置高、燃油消耗低的特点，且车辆结构尺寸、安装与连接技术有明

确要求。车型的规范化保证了甩挂运输车辆具有足够的动力储备、运输效率和燃油经济性，也利于提高货物装卸效率、优化车辆的配置和操控环境，从而引导企业车型逐步向标准化方向发展。

2. 提高甩挂货运比重，增加开通甩挂线路

兴港物流通过将甩挂运输模式与传统运输模式的对比发现，甩挂运输在技术、经济及社会效益等方面都具有明显的优势。目前，企业共开通甩挂线路6条，在接下来的发展中，企业一方面提高已有线路的甩挂货运比重，另一方面根据业务的拓展再增加开通新的甩挂线路。

3. 整合社会资源，建立甩挂联盟

随着甩挂运输试点项目的运行，兴港物流的运输效率大幅提升，企业能够承担更大的货运量，也能为更多的企业服务，仅仅依靠现有的服务对象，不足以实现甩挂运输最大的经济及社会效益。公司将立足现有货运量及甩挂线路，联合其他省市的物流企业，建立甩挂联盟，充分整合社会资源，进一步丰富运营模式，扩大企业的甩挂货运量比重，以及甩挂线路的辐射范围，最大程度发挥甩挂运输的优势。

4. 多方借力，扩大影响，促进甩挂运输发展

兴港物流实行甩挂运输以来，从单一的厂内甩挂短驳到现在的长途循环甩挂，积累了丰富的甩挂运输经验。但甩挂运输的发展仅靠企业自身的影响力是远远不够的，公司将不断加强在上游客户及下游合作运输企业中对甩挂运输优势的宣传，不仅在众多大中型合作企业中实行甩挂运输，同时也吸引下游合作运输企业加入到甩挂运输的运作中来。多方共同参与甩挂，充分体现甩挂节能、减排、经济、高效等优势，扩大甩挂运输的影响力，从而促进甩挂运输在企业的不断提升与发展。

案例6:扬州三笑物流有限公司

一、总经理致辞

2013年,江苏省新一批甩挂运输试点工作开始,通过筛选,扬州三笑物流有限公司甩挂运输项目被省发展和改革委员会、省交通运输厅评为江苏省第三批甩挂运输试点项目。项目依托现有的车辆、站场等物流基础资源以及较为完备的信息资源,实现了扬州、北京、上海、成都、重庆、武汉、新疆七点中的任意两点间互甩,创造了“干线网络型”甩挂运输新模式。项目致力于提升甩挂运输的组织化程度、效率和盈利水平,打造中国最具影响力的快运网络,更好地为社会提供优质便捷的物流服务,向着甩挂运输的旗帜标杆逐步前进。

二、企业发展概况

(一)企业简介

扬州三笑物流有限公司(以下简称“三笑物流”)成立于1998年,经过10多年的发展,现拥有各种车型的调配车辆逾千辆,具有强大的运载力,线路可以辐射全国21个省、4个直辖市和3个自治区,年营业收入达2.4亿元。

目前三笑物流拥有员工300多人,专业技术人才60多人,凭借这支资深尽职、锐意进取的管理团队和业务扎实、精诚合作的员工团队,共同营造了“诚信、专业、合作、共赢”的企业文化。公司车队自有各种车型车辆215台,其中目前市场上最先进的、最节能的进口沃尔沃重型牵引车及17.5米全封闭集装箱式车辆等优势资源,为公司的运输配送网络提供了有力支持。

三笑物流摒弃传统的沟通媒介方式,开发了适合企业的ERP管理系统,实现了业务流程化、数据安全化和传输集中化的电子管理,充分体现了“一站式”物流服务的高效化和经济化优势。ERP管理系统和GPS全球卫星定位系统等一系列先进、科学的信息管理系统的运用,已经实现通过网络资源进行车辆调度、运输追踪、身份验证、报表传输,保证了公司高效、低耗的运营。

凭借自身规模化、专业化的经营理念，以操作规范、运作严谨、认真负责的工作态度，三笑物流现已全面通过 ISO 9001 质量体系认证，是国家 4A 级综合服务型物流企业，获得江苏省快货线路企业，拥有 6 条江苏省快货精品线路“扬州—北京”、“扬州—上海”、“扬州—西安”、“扬州—新疆”、“扬州—成都”、“扬州—重庆”，先后获得“江苏省重点物流企业”、“江苏省 50 佳运输质量服务企业”、“扬州市重点物流企业”、“扬州市 A 级纳税诚信单位”等荣誉称号。

(二)发展历程

经过十多年的发展，三笑物流成为苏中地区最具规模和营运能力的第三方物流公司之一，其自营分公司已遍及华中、华北、西南、西北等省区，在上海地区也具有较高的知名度和品牌影响力。三笑物流发展历程如图 1 所示。

(三)主营业务

三笑物流是一家运输配送网络覆盖全国各省市县的集团型物流公司，承载的货物种类有牙刷类、旅游用品类、卫生用品类、洗化类、新型包装材料、电线电缆等。长期以来，三笑物流坚持立足优势产业，迎合产业发展导向，以专业化服务推动管理增效，以精细化运作推动降本增效，以供应链整合推动提速增效，以信息化管理推动技术增效。依据“开拓大市场、建设大平台、形成大集聚”的思路，集物流商务中心、维修中心、网管中心、仓库、堆场、停车场等配套设施于一体的大型物流营运平台——“三笑物流园”在上海、扬州、乌鲁木齐等大中城市建立。

三、甩挂运输发展情况

(一)甩挂运输发展历程

为了提高车辆利用效率，实现传统运输向现代物流的转变，三笑物流于 2010 年开展甩挂运输，是江苏省第三批甩挂运输试点企业。三笑物流以多年的甩挂运输发展基础，在扬州、北京、上海、成都、重庆、武汉、新疆七点中的任意两点间互甩，实行干线多点网络型甩挂。

三笑物流通过甩挂运输试点推动，逐步扩大甩挂运输规模，甩挂运输货运量在公司货运量中的比例明显增加，2015 年甩挂运输货运量占公司货运量的 90%。节能减排也取得明显成效，促进公司从传统、粗放、外延的发展模式，向现代、精细、内涵的发展模式转变。

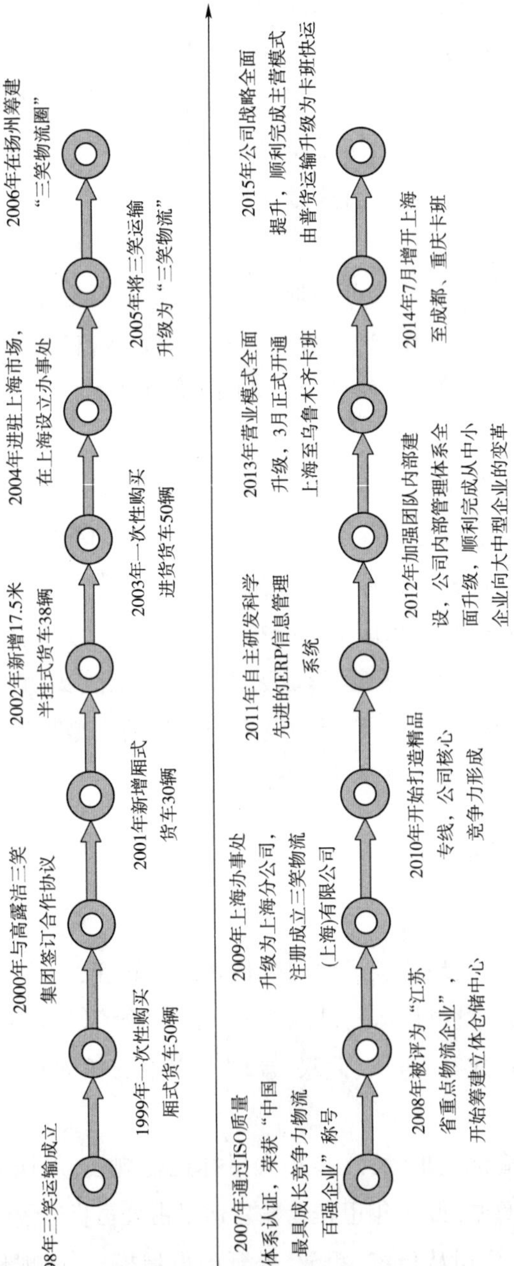

图1 三笑物流发展历程图

（二）甩挂运输组织的特点

1. 具有较好的基础设施和货源条件

目前三笑物流拥有牵引车87辆，甩挂车120辆；专业货车驾驶员175人，车队管理及其他后勤人员40人；在扬州、上海、北京、成都、重庆、武汉、新疆等地建立了专业货运站场，其中甩挂运输作业区共计138700平方米，堆场面积共计58500平方米，停车场面积共计34100平方米；装卸配套设备60台及其他配套设施若干。

甩挂运输的有效运营，充足的货源是必要的保障。三笑物流拥有江苏三笑集团、高露洁三笑、江苏金材股份有限公司、永丰余造纸扬州有限公司、LG、北大方正集团有限公司、扬州顶津食品、上好佳（中国）有限公司、江苏虎豹集团有限公司、深圳新科安达后勤保障有限公司、招商物流等客户资源。同时，公司也注重客户资源维护和业务拓展，对营运线路两端市场的规模生产企业，提供"一对一"特殊化物流解决方案的方式，充分体现了公司的企业宗旨与服务理念。公司加强品牌的塑造，提高在运输行业、商业市场的知名度和信誉度，从而获得众多商家的信任。同时联合众多的大中小型物流企业进行联运，即在整个市场上可以承接任何流向的货物，在三笑物流大型的站场统一进行分流承运，既保证了货物资源的不流失，又充分体现了公司超前的组织能力、健全的管理体制及强大的网络体系，使客户的产品能安全快捷地抵达目的地，更加完美地体现了合作企业间互利互赢的宗旨。

2. 建立了较为完备的信息系统

信息化建设是发展现代物流业的重点，信息平台可以有效解决与物流活动有关的信息采集、信息传输和信息共享问题，对整合社会资源、降低市场风险、提高企业经营治理效率具有重要支撑作用。目前三笑物流已经开发并投入使用的信息系统有物流信息管理系统（图2）、GPS管理平台（图3）、管油宝系统（图4）和站场监控系统（图5）等。

1）物流管理系统

该系统是由三笑物流研发用于公司内部管理的系统，主要用于各分点之间的信息互通，涵盖订单管理系统、仓储管理系统、装卸理货管理系统、财务结算系统。系统的运用，确保了订单信息录入—车辆调度—回单返回—客户结算整个操作流程有序、高效地完成。

2）GPS管理平台

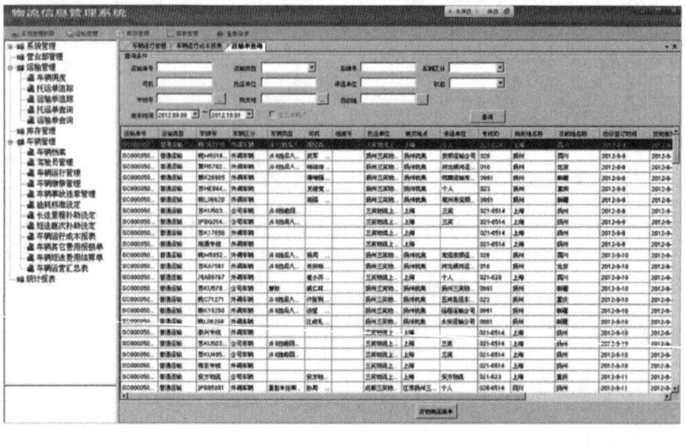

图2　物流信息管理系统

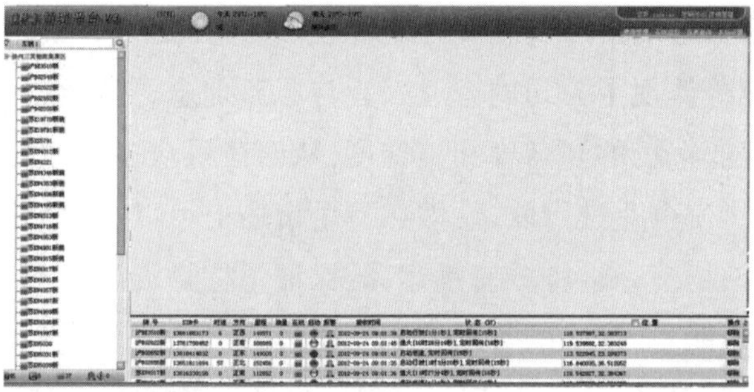

图3　GPS 管理平台

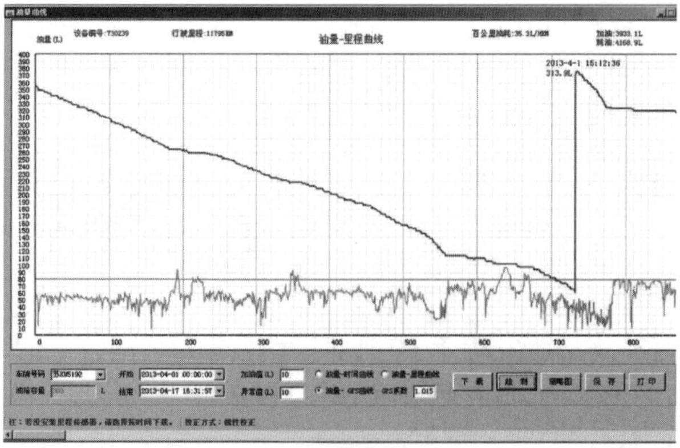

图4　管油宝系统

传统的车队管理普遍存在跑冒滴漏的现象,GPS 系统的运用实现了科学、智能、规范的现代企业管理。通过本系统,可以对所有在途车辆及所有承运车辆进行实时监控,大大提高了车辆调度效率。

3)管油宝系统

管油宝系统的使用,加强了对运输成本的管控,可以实时查询所有车辆的真实加油情况,包括加油时间、加油地点、加油数量等,可以真实地记录油耗,提醒车辆最经济的行驶速度,以降低百公里油耗。

4)甩挂运输站场监控系统

货场大量货物的堆存、转移等运作,使得货场内的安防监控工作显得尤为重要。传统的监控管理模式是安排工作人员定点值守或巡逻检查,以防范货场内的火灾、偷盗事故。然而由于人员调派、巡逻等人为因素的不可控性,始终存在监控管理死角,致使货场的火灾和偷盗事故时有发生,给三笑物流带来严重的损失。整套监控系统(图5)主要由3个互相衔接的部分组成:分站设备(现场设备)、监控数据传输设备和主站设备(调度中心监控终端)。该系统可实现将监控的视频信号传至监控中心的电视墙,全天候实时监控,记录货场内工作人员的工作情况和一些违规操作,防范货场火灾隐患,对货场24小时实时视频监控,可数字录像供事后调用,安防取证。

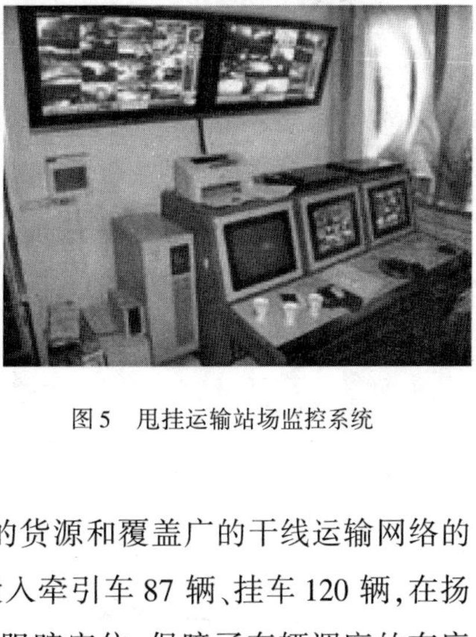

图5 甩挂运输站场监控系统

3.创新甩挂运输运营模式

三笑物流利用多年运输发展的基础,在充足的货源和覆盖广的干线运输网络的基础上实行干线多点网络型甩挂运输。该项目投入牵引车87辆、挂车120辆,在扬州调度中心的统一管理下,对所有车辆实施GPS跟踪定位,保障了车辆调度的有序进行,实现了各站场间任意两点间的甩挂,大大提高了运输效率,节约了运输成本。干线运输主要有以下两种甩挂运营模式:

普货实现扬州与北京、上海、成都、重庆、武汉、新疆七点中的任意两点间互甩。各地承接的业务,有公司网点的部分由自备车甩挂运输,无网点的部分外包承运商负责运输。

航空货由全进口的沃尔沃车实现上海与新疆之间的甩挂、卡班作业。上海承接航空货源,定时发车,准点到达,低成本,高收益。三笑物流甩挂运输模式如图6所示。

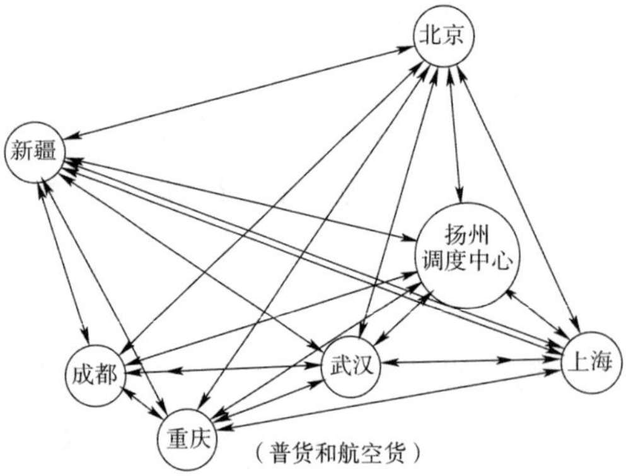

图6　三笑物流甩挂运输模式图

举例说明：扬州、上海、武汉三点间部分甩挂运输作业流程图如图7所示。

(1)站场的零担货组织好货源提前装车，现场人员向调度中心提出申请，告知预计装好的时间，调度安排车辆，发往目的地。

(2)各业务合作商，扬州如三笑集团、康师傅向扬州发送订单需求，三笑物流驻现场工作人员组织装车，现场人员向调度中心提出申请，告知预计装好的时间，调度安排车辆，发往目的地。

(3)车辆到达目的地以后，比如上海的欧普照明甩挂去了武汉，车辆到达武汉后甩挂，然后换武汉的驾驶员，将武汉装好的真巧食品挂车开往下一个目的地。如此循环，保证了车辆的高速运转。

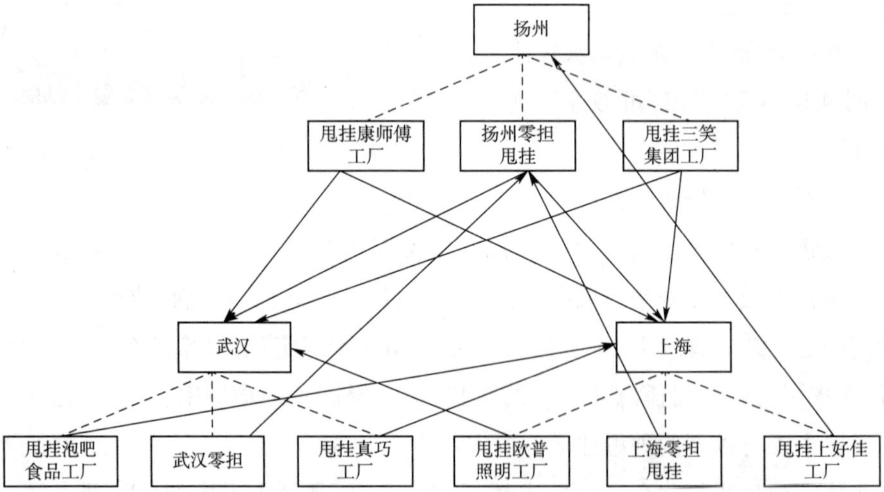

图7　扬州、上海、武汉三点间部分甩挂运输作业流程图

(三)甩挂运输取得的成效

三笑物流通过发展甩挂运输，取得了良好的经济效益和社会效益。

1. 经济效益

对采用传统运输模式和甩挂运输模式两种方案的成本效益和运输效率等进行

对比,分析出本项目所产生的经济效益。表1～表3均以扬州到上海举例,以年度为单位。

1)增加了营收,提升了利润

甩挂运输模式年收入由1570万元提高到2450万元,利润率由3.7%提高到14.2%。项目财务指标对比见表1。

项目财务指标对比 表1

运输方式	投入车辆数	投资金额(万元)	年收入(万元)	财务成本8%(万元)	折旧(万元/年)	燃油(万元)	保险(万元)
传统运输模式	21拖 21挂	777	1570	61.36	124.3	524.3	42.8
甩挂运输模式	15拖 33挂	771	2450	60.16	113.3	421.2	47.2
运输方式	工资(万元)	维修(万元)	轮胎(万元)	税金(万元)	通行费(万元)	扣除风险基金	利润率(万元)
传统运输模式	210	24.9	51	62.8	310.7	147	3.7%
甩挂运输模式	150	22.6	57	110.2	155.8	237	14.2%

2)提高了运输效率,降低了运输成本

运输效率:甩挂运输模式较传统运输模式,单车年平均周转次数提高了100%,完成单位周转率所需时间降低了100%。运输效率对比见表2。

运输效率对比 表2

运输方式	单车平均周转次数(次)	单车平均载重行驶里程(公里)	单车完成周转量(吨公里)	完成单位周转量所需时间(小时)
传统运输模式	500	50000	1400000	6
甩挂运输模式	1000	100000	3000000	3
对比分析	+100%	+100%	+114%	-100%

运输成本:甩挂运输模式较传统运输模式车辆投入成本节约7%,单位运输成本降低37%。完成相同周转量下的单位运输成本对比见表3。

完成相同周转量下的单位运输成本对比　　表3

运输方式	投入车辆数	单位运输成本（元/吨公里）	其中燃油费（万元）	车辆折旧（万元/年）	通行费（万元）	人工（人数×工资）（万元）	车辆维护费用（万元）
传统运输模式	21拖 21挂	0.32	524.3	124.3	—	210	24.9
甩挂运输模式	15拖 33挂	0.2	421.2	113.3	—	150	22.6
成本节约	0.7%	37.5%	19.7%	8.8%	—	28.6%	9.2%

2. 社会效益

(1)设备采购中耗能减少,由于甩挂运输减少了牵引车数量,从而减少了这部分设备生产过程中的能源消耗。

(2)使用过程中耗能减少,由于甩挂运输采用备用挂车,有足够的时间揽货及科学配载,传统方式由于赶时间,往往货车的载质量或空间没有完全利用就发车了,这导致装同样当量的货所耗的能源不一样,甩挂运输显然更加集约节省。同时由于出勤率高,甩挂运输牵引车正常处于热机状态,比传统方式出勤率低,冷机起动能耗更少,环境污染更少。年均百吨公里油耗降低31%,年燃油消耗降低36%,年污染物排放量降低37%。

四、企业发展思路

根据三笑物流甩挂运输运营实际情况和甩挂运输发展规划,企业未来甩挂运输发展举措主要有:

1. 进一步扩大甩挂运输网点,扩大甩挂运输网络范围

三笑物流将在目前扬州、北京、上海、成都、重庆、武汉、新疆甩挂站点的基础上,进一步增加甩挂运输网点,扩大甩挂运输网络覆盖范围,提升甩挂运输在公司货运量中的比重,全面提高公司整体的运作效率。

2. 优化运营组织体系,提升运作效率

完善甩挂运输管理体系和组织结构,在既有基础上,进一步优化项目运营组织方案,完善甩挂运输信息系统,提升甩挂运输运营水平和信息化水平。同时,充实相关人员,积极开展甩挂运输业务培训,提高员工甩挂业务能力,提升服务水平。

3. 发展甩挂卡班快运,提升服务水平

在目前甩挂运输的基础上,甩挂线路调整升级到卡班运输,通过整合传统物流专线,迅速发展长线卡班快运,继续完善“定时必达”新理念,更好地为社会提供优质便捷的物流服务,打造中国最具影响力的快运网络,开创高速物流新通道。

案例7:南京福车物流有限公司

一、总经理致辞

南京福车物流有限公司试点项目于2015年入选成为“江苏省级甩挂运输试点项目”,公司作为国内最顶尖的快递物流企业和中国快递物流行业的龙头企业,依托试点项目构建完善的中国快递甩挂运输网络,打造中国快递甩挂运输的典范。南京福车物流有限公司甩挂运输主要服务中国邮政、四通一达等快递龙头企业,基本辐射华东、华南、华北、西北、东北、华南、西南、华中主要省会城市,为其提供全国干线甩挂运输服务。其特点为“不提不送”,仅提供快递干线甩挂运输,各家快递中心局至市内各服务点配送服务由快递公司自己承担。

二、企业发展概况

(一)企业简介

南京福车物流有限公司(以下简称“福车物流”)成立于2003年12月29日,经过十多年的努力,已经成为一家集金融投资和大型物件运输、大宗贸易、印刷、仓储、配送等功能于一体,具有跨区域、网络信息化、仓储规范化和装卸专业化的甩挂物流企业。公司甩挂运输作业场地位于南京新港开发区栖霞大道,毗邻宁洛(G36)、长深(G25)、沪宁(G42)高速公路和宁镇公路(G312)。公司现有员工260余人,管理人员20余名,其中大专以上学历90%以上。福车物流曾获得ISO 9001质量管理体系认证证书(图1),是凤凰文贸融资租赁公司的股东,租赁公司对福车物流授信1亿元,专门用于中国邮政物流干线运输项目。福车物流机构信息代码证如图2所示。

1.车辆配备情况

截至目前,福车物流拥有各类普通货车共计461辆,其中:甩挂牵引车140辆、挂车321辆(2015年购置牵引车108辆,挂车264辆,其中:使用LNG燃料的货车107

辆),牵引车与挂车比例达到1∶2.29,牵引车均安装卫星定位装置,并接入全省重点营运车辆动态监管平台。福车物流主要采用豪瀚牌ZZ4185M4213E1L、陕汽牌SX4188GR361TL系列牵引车,均为LNG车,能最大限度地减少各种大气污染物的排放,节能环保。福车物流拥有重型厢式半挂车、重型空载集装箱半挂车、重型低平板半挂车等多种型号的挂车,能满足不同货种运输的需求,最大限度地满足了客户的需求。企业车辆规模详见表1。

CERTIFICATE
质量管理体系认证证书
南京福车物流有限公司
GB/T 19001-2008/ISO 9001:2008
《质量管理体系 要求》
方圆标志认证集团

图1 ISO 9001质量管理体系认证证书

代 码:
名 称:南京福车物流有限公司
机构信用代码证
中国人民银行征信中心制

图2 机构信用代码证

企业车辆规模 表1

分　类	数量(辆)	分　类	数量(辆)
(1)自有	462	——用于甩挂运输挂车	321
牵引车	140	(2)长期合作协议	0
——用于甩挂运输牵引车	140	(3)可调车辆	0
挂车	321	合计	461

2.甩挂运输作业站场情况

福车物流运输经营方式已开展了货运专线班车甩挂运输,并在辐射的专线运输城市建设了甩挂车分拨站场。2015年,为满足甩挂运输作业需要,公司租赁南京、苏

5. 减少仓储成本

福车物流甩挂运输业务以运输为主,而仓储、装卸由货主完成。在甩挂运输中,挂车能够起到“临时移动仓库”的作用,减少仓储成本。挂车车厢成为仓储的一部分,减少了货运站仓库、站场紧缺的不利影响,收货后直接将货物装进挂车,然后按序发运,减少仓库建设投资、缓和库场不足的矛盾。

6. “一线两点”和网络型甩挂运输模式,提高作业效率

福车物流目前有20条货源稳定的甩挂运输运营线路,甩挂运输模式以“一线两点”甩挂运输模式为主。南京—沈阳线路作业流程如图6所示。近年来逐步拓展的网络型甩挂运输模式如图7所示。甩挂运输模式下,在整车运输甩挂运输线路的两端及中间节点事先预备若干个挂车,在牵引车抵达站场或仓库前完成挂车集拼和装卸,牵引车到达之后,直接卸下托靠的挂车。由于福车物流与中国邮政签订了合同,能保证货源充足,可以将牵引车直接挂上已装好货物的挂车,这样可极大地节省牵引车的装货卸货等待时间,提高货物运输效率和经济效益。

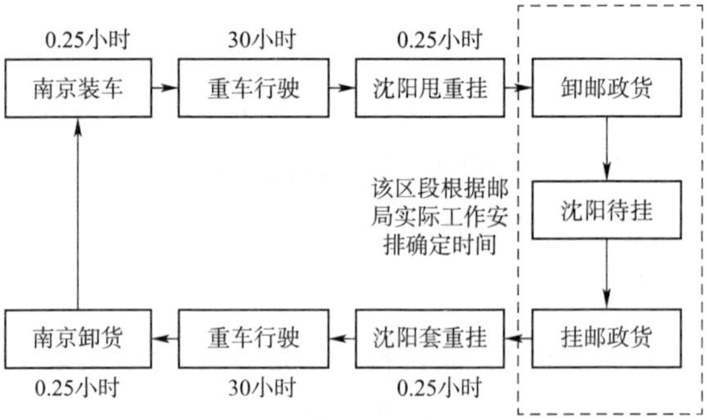

图6　福车物流中转基地—沈阳邮政中心局甩挂运输作业流程图

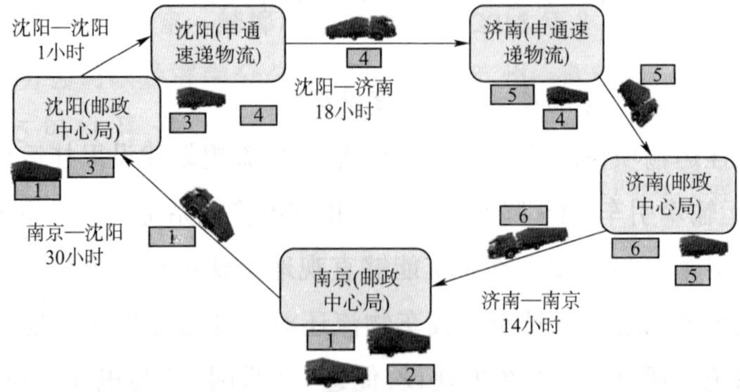

图7　福车物流网络型甩挂运输作业流程图

（三）甩挂运输取得的成效

据2015年统计，福车物流甩挂运输货运量25万吨，货运周转量19700万吨公里。通过计算对比，福车物流甩挂运输项目开展以来，企业经济效益显著提升，企业单位运输成本显著下降，根据福车物流企业成本统计，单位周转量运输成本由0.330元/吨公里下降到0.272元/吨公里，下降了17.58%。由于运输效率提高，在承担同等货运量的情况下，年节约天然气5400270升，年减少排放量为：减少CO 13.412吨、减少CO_2 7608.416吨、减少PM 1.081吨。

1. 社会效益

1）能源消耗对比

采用传统运输模式和甩挂运输模式的能源消耗加以对比，对项目2015年采用甩挂运输模式所产生的燃油节约进行测算，在完成相同周转量的情况下，福车物流通过甩挂运输项目，能减少牵引车共45辆，按照每车每天平均行驶500千米，每百公里燃气消耗为66.67升，年平均工作为360天计算，则：

节约天然气为：500公里/（天·辆）×0.6667升/公里×360天×45辆＝5400270升。

2）尾气排放对比分析

对完成该运输项目所产生的尾气排放总量进行对比，对采用甩挂运输模式所减少的尾气排放量进行测算。以2015年为例，根据实测数据资料分析得出牵引车的排放因子统计数据见表2。

基于实测的牵引车排放因子 表2

指标名称	CO	CO_2	PM
柴油（克·千克$^{-1}$）	4.020740747	3137.312911	0.205312241
LNG（克·升$^{-1}$）	1.096702262	1112.164965	0.020472993

（1）减排情形一：甩挂运输导致牵引车使用量减少产生的减排量。

考虑2015年140辆LNG牵引车总消耗1641.67万升天然气，实施甩挂运输试点项目后，平均减少牵引车共45辆，根据各污染物排放因子换算获得福车物流使用LNG货车一年所减少的排放量。

减少CO：$1641.67\times10^4\times45/140\times1.096702262/10^6=5.787$吨；

减少CO_2：$1641.67\times10^4\times45/140\times1112.164965/10^6=5868.656$吨；

减少 PM：$1641.67\times10^4\times45/140\times0.020472993/10^6=0.108$ 吨。

(2)减排情形二：改用 LNG 牵引车产生的减排量。

如果 2015 年使用柴油牵引车，根据相关调研数据可得每百公里油耗平均为 31 升，2015 年福车物流货运周转量为 19700 万吨公里，平均货运量为 8 吨，柴油密度取 0.835 千克/升，则一年各项污染物的排放量可知。

CO：$31/100\times0.835\times19700\times10^4/8\times1.096702262/10^6=25.629$ 吨；

CO_2：$31/100\times0.835\times19700\times10^4/8\times1112.164965/10^6=19997.801$ 吨；

PM：$31/100\times0.835\times19700\times10^4/8\times0.020472993/10^6=1.309$ 吨。

实际 2015 年 140 车辆 LNG 牵引车总消耗 1641.67 万升天然气，可得一年各项污染物的排放量为。

CO：$1641.67\times10^4\times1.096702262/10^6=18.004$ 吨；

CO_2：$1641.67\times10^4\times1112.164965/10^6=18258.042$ 吨；

PM：$1641.67\times10^4\times0.020472993/10^6=0.336$ 吨。

综合比较得到福车物流 2015 年使用 LNG 牵引车后，各项污染物减少量如下：

减少 CO7.625 吨、减少 $CO_2$1739.760 吨、减少 PM0.973 吨。

综合两种减排情况，2015 年各项污染物减少量共计：减少 CO13.412 吨、减少 $CO_2$7608.416 吨、减少 PM1.081 吨。

相比牵引车使用天然气可知，使用柴油机车排放较多的污染物，对环境带来了严重的破坏，相比这种物流运输企业来说，选择轻型排放的机车更为明智。因此，福车物流采用 LNG 牵引车响应了国家节能减排的政策，引进 LNG 牵引车的做法值得在行业内推广。

2. 经济效益

1）项目财务指标对比

如果实现甩挂运输，首先能加速牵引车的周转，充分挖掘牵引车的使用价值和效率；其次，能最大程度地压缩待装、待卸时间，实现了牵引车和挂车的并行作业，因采取“不提不送”的原则，可以极大地从客户端处、卸货处和装货处的等待环节上节约时间，从而降低能耗，提高运输效率；再次，保证运输质量，较大化地组织货源，减少空车行驶，降低环境污染，降低企业管理与运输成本；最后，企业能够不断追求库存仓储成本，从而实现营运与运输的完美结合。

福车物流以年度为单位，针对该甩挂运输项目，采用传统运输模式和甩挂运输模式的效益加以对比分析，测算2015年两者运输模式的各项财务指标，企业效益对比分析见表3。

企业效益对比分析 表3

运输方式	完成总周转量（万吨公里）	单位运输成本（元/吨公里）	年度运输总收入（亿元）	年度运输总成本（亿元）	税前利润率
传统运输模式	19700	0.330	0.608	0.650	-6.91%
甩挂运输模式	19700	0.272	0.608	0.536	11.84%
对比分析	0	-17.58%	0	-17.58%	+18.77%

2）项目运输效率对比分析

2015年，福车物流有20条货源稳定的甩挂运输运营线路，选取南京—沈阳线路甩挂运输运营作为代表线路分析其线路运输效率。福车物流中转基地—沈阳邮政中心局线路，每日16吨，单程1700公里。按照传统的运输组织方案，每日16吨的货物运输量，需要投入7辆车（每车可运输28吨，每5天完成一次运输）；按照甩挂运输的组织方案，每日16吨的货物运输量，只需要投入4辆车即可完成。可以看出，甩挂运输使整个运输时间缩短了一天，运输效率明显提高，甩挂效果明显。

3）平均运输成本对比分析

通过采用甩挂运输，福车物流运输效率的提升主要体现在由于减少牵引车的装卸等待时间，将有效增加牵引车的载重行驶里程及总周转量，以年为单位，针对该运输项目，采用传统运输模式和甩挂运输模式的效益加以对比分析，测算两者运输模式的平均利润。完成相同周转量下的单位运输成本的对比分析见表4。

完成相同周转量下的单位运输成本对比分析 表4

运输方式	单位运输成本（元/吨公里）	车辆折旧（万元）	加气费（万元）	通行费（万元）	驾驶员费（万元）	车辆维护、修理费用（万元）	管理、财务费用（万元）	其他费用（万元）
传统运输模式	0.330	0.032	0.121	0.063	0.052	0.016	0.034	0.033
甩挂运输模式	0.272	0.018	0.061	0.098	0.073	0.003	0.015	0.037
成本节约	-17.58%	-42.63%	-49.42%	+55.43%	41.23%	-80.88%	-55.00%	+11.27%

注：其中传统运输模式相关各项指标数据来源于交通运输部《2014年第一季度江苏省道路货物运输价格行情》，甩挂运输模式相关指标由企业技术部门提供资料的基础上研究计算得出。

四、企业发展思路

1. 拓宽网络服务范围

福车物流计划2016年继续建设南京—北京、南京—长沙、南京—沈阳、南京—成都、南京—上海、苏州—武汉、苏州—济南、常州—济南、常州—南京、南京—蚌埠、南京—杭州、济南—呼和浩特、济南—太原、济南—太原、济南—郑州、济南—烟台、济南—天津、济南—石家庄、济南—青岛、济南—吴江、济南—南京等20条货源稳定的中国邮政干线甩挂运输线路,20条中国邮政干线甩挂运输线路逐步更新为新增车辆。此外,以现有甩挂运输网络为基础,进一步开拓“四通一达”(申通快递、圆通速递、中通快递、百世汇通、韵达快递)等快递干线甩挂运输业务,拓展网络服务范围,打造中国快递干线甩挂运输线路,逐步完善辐射全国的快递干线甩挂运输网络。在现有“一线两点”甩挂运输模式的基础上,试点多个城市间开展循环甩挂和集装箱区域甩挂等多种运营组织模式,争取加入中国甩挂联盟,实现网络型甩挂。

2. 继续新增甩挂运输车辆

2016年福车物流计划新增牵引车50辆、挂车100辆,新增后企业牵引车与挂车比例为1∶2.22;2016—2020年将共计新增牵引车200辆、挂车400辆,新增后企业牵引车与挂车比例为1∶2.12。新增车辆部分用于20条货源稳定的中国邮政甩挂运输线路以及未来拓展的中国邮政干线甩挂运输线路建设(部分车辆用于老旧车辆更新),部分用于“四通一达”等快递干线甩挂运输网络建设。

3. 继续场地改造

在2015年初步完成南京场地改造的基础上,2016年完成南京场地改造工作,2016—2017年福车物流拟对苏州场地进行改造升级,2018—2020年福车物流拟对中国邮政中心局和“四通一达”场地进行改建,以保障甩挂运输的需要。

4. 继续完善信息系统

在2015年完成甩挂运输牵引车卫星定位系统、甩挂运输站场视频监控系统建设,开始订单管理系统建设的基础上,为满足甩挂运输试点项目计划方案的信息管理要求,福车物流将继续对订单管理系统进行升级改造,拟对满足甩挂运输作业实时全过程记录的信息化管理系统进行招标建设。公司拟2016年完成订单管理系统的建设。

案例8:苏州盛丰物流有限公司

一、总经理致辞

苏州盛丰物流有限公司甩挂运输试点项目于2013年4月入选成为“公路甩挂运输第三批试点项目”。项目以干线运输为主营业务,依托客户业务资源等7大基础资源,凭借其对干线甩挂运输项目经营思想、运营体系、市场定位的准确把握以及对业务流程的精确掌控,大力推进使用集约、高效、先进、绿色的甩挂运输营运方式,提高车辆运输效率,节能减耗,努力建设成为资源节约型、环境友好型的物流企业。

二、企业发展概况

(一)企业简介

苏州盛丰物流有限公司(以下简称“盛丰物流”)隶属于盛丰物流集团有限公司,位于苏州市相城区望亭镇国际物流园华兴路55号,下设苏州传化、吴江、无锡、张家港、常州、常熟、淮安、连云港、宜兴等分公司。公司现已成为立足苏州、服务华东、辐射全国的多功能供应链物流管理中心,与国内外知名企业建立了长期战略合作伙伴关系,全面拓展采购、营销、运输、仓储、配送、货代、商贸信息、快运及售后服务等业务;同时具备完善的全国性物流网络和一体化供应链管理服务体系,能为各大中型企业客户提供海运、空运、陆运及铁路运输等优质物流服务,形成综合型物流企业。图1为公司东大门。

(二)企业发展历程

盛丰物流成立于2005年1月,注册资金5000万元。2008年5月,总投资3.6亿元、总占地面积为100亩的苏州盛丰物流基地建成运营。公司现有仓储总面积9万平方米,自有车辆200余部,月承运能力达到30万吨,共有1000余辆专线运输车辆,其中包括奔驰、斯堪尼亚、雷诺、欧曼等大型专业运输车辆。公司另有20余辆特种减震飞翼车辆,可为高精密电子企业提供专业运输服务。

图 1　盛丰物流东大门

2006 年 12 月,盛丰物流被选为第一届苏州物流商会、苏州生产性服务业协会副会长单位;2008 年 9 月被评为江苏省重点物流企业;2008 年 11 月被中国交通运输协会评为“中国物流百强企业第 43 名”;2009 年 11 月被中国交通运输协会评为中国物流百强企业第 34 名、中国民营物流企业十强;2011 年 11 月被苏州人民政府认定为“企业技术中心”;2012 年分别被评为“优秀民营企业”、“五十佳质量信誉企业”、“2012 年中国物流信息化优秀应用企业”、“物流企业技术中心”、“2012 年度全国先进物流企业”、“江苏省 2011 年度道路货物运输五十佳质量信誉企业”。公司苏州—厦门和“苏州—福州(福清)两条线路被江苏省交通运输厅运输管理局和江苏省交通物流协会评选为“江苏快货品牌线路”;2014 年 4 月通过中国物流与采购联合会 4A 物流企业复评等。

(三)主营业务

盛丰物流通过分布在苏州、上海、广州、天津、武汉、厦门、福州的七大物流基地,配合区域内十余个二级分拨中心,为网络全境内提供稳定、快速的专线快运物流服务。具体业务包括普通货运、货物专用运输(集装箱)、货物配载联运服务、货物仓储、车辆委托管理、海上、航空、陆路国际货运代理业务,还有国内陆运、进出口报关、仓储管理、流通加工、方案设计、供应链管理。与现代制造业、现代服务业联动发展,为超过 3000 家现代制造企业和现代服务业客户提供全国范围内的差异化第三方物流服务。

盛丰物流拥有先进的物流信息管理系统(TMS)实现全流程 GPS 监控和信息传递,单货查询方便快捷,客户可以通过互联网依据单号查询物流状态和派送情况。公司还提供稳定可靠的车辆专线网络,包括苏州至福州、厦门、广州、深圳、东莞、泉州、北京、天津等多条固定专、干线甩挂运输，每天发车，保障货物运输可靠性、及时性和安全性。

三、甩挂运输发展情况

(一)推进甩挂运输的历程

盛丰物流于2008年开展甩挂运输，是交通运输部甩挂运输江苏省首批试点企业。通过多年的项目开展，公司深刻体会到必须充分利用集团7大集散中心的优势，联盟各网点、多家物流企业，才能推动该组织运输模式在全省范围内乃至长三角地带深入开展，真正提高运输效率、降低运输成本，同时达到节能减排的目标。

盛丰物流以多年的甩挂运输发展基础，带动平台合作车辆，共同推动甩挂运输的规模化、区域化发展，优化运力结构，促进道路货运业从传统、粗放、外延的发展模式，向现代、精细、内涵的发展模式转变。通过甩挂运输试点推动、示范引领，大力发展甩挂运输，逐步扩大甩挂运输的范围和规模，力争提高甩挂运输的生产力。甩挂运输周转量在道路货运中的比例明显增加，带动道路运输业节能减排取得明显成效，为发展现代物流业和实现国家节能减排目标做出积极贡献。公司的干线短途、长途甩挂运输范围如图2和图3所示。

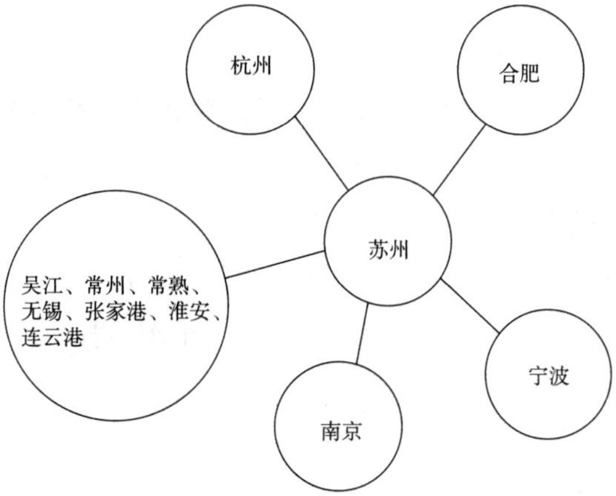

图2　干线短途甩挂运输范围

(二)甩挂运输组织的特点

甩挂运输中涉及客户、运输、仓储等多个环节以及多个参与方，因此在实际操作中需要在货运组织、车辆调度与信息化建设中对各方进行统一调度。

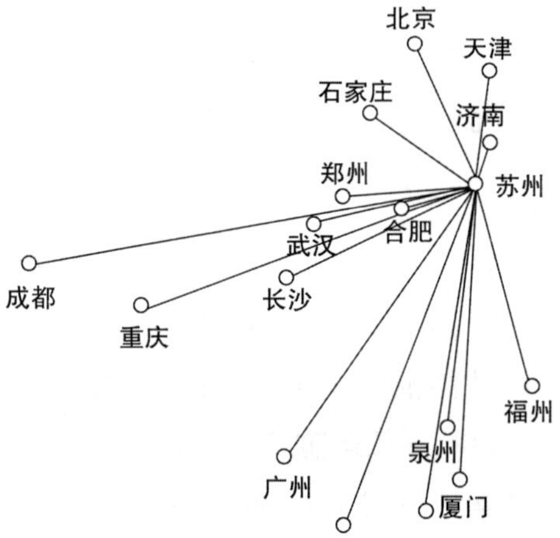

图 3　干线长途甩挂运营范围

1. 甩挂车辆管理

盛丰物流客户端货源主要来自企业的生产产品和货运代理公司及零担客户。因此,在货源组织中根据客户要求专门组织设计甩挂运输网络和线路,进行货源组织安排。同时,盛丰物流还会利用各甩挂运输站场的枢纽功能,向站场周边企业或营业部网点进行集货或配送。

1)货物配载及车辆调配

苏州干线甩挂运输模式涉及 10 条线路、25 辆牵引车和 55 辆挂车的运营。由于盛丰物流实际运营涉及多家企业、多条线路,运营管理难度较大,为使线路运营更为顺畅,减少不必要的成本,公司开发了项目专用甩挂运输信息化平台。各运营网点可通过物流信息管理系统(TMS)及时掌握各线路的货源及车辆信息,对货运车辆信息进行大量的数据分析,及时组织回程货物,合理组织甩挂运输网络和线路,实行甩挂运输车辆统一调度,减少空箱运输,提高运营效率。

2)牵引车及挂车管理

车辆调度当天需要了解到达及离开当地站场的牵引车数量,了解每辆牵引车的当月行驶里程、定时保养时间、驾驶员行驶时间,以确定当天该车辆是否能准时出发。

如果到达的牵引车需要进行定时保养,要通知当地的维修主管进行准备,各地的车辆调度根据货量确定需要的挂车数量,并了解挂车的保养情况。牵引车及挂车(图 4)到达后,车辆维修主管对牵引车进行检查和等级,完毕后通知车辆调车进行调配。挂车卸车完毕后对挂车进行检修,完毕后停在规定的站场停车场内。车辆调度必须搜集当天到达挂车的所有相关证件。

图4　牵引车和挂车

3)车辆在途控制

对车辆实施GPS监控,及时向顾客进行真实的信息反馈,及时与客户沟通,确保顾客随时掌握货物在途信息。如途中发生意外,可第一时间积极组织应急处理,随时向顾客报备处理情况。

2.建设多元化的物流信息平台,为甩挂运输服务提供保障

自2008年起至今,盛丰物流已累计投入1080多万元,在下属各分支内部推广使用物流管理信息化,以管理需要为驱动、客户需求为导向,经过5年多的推广应用,逐步完善,现已建成了一套集业务运作、客户管理、GPS定位系统、集成语音短信通知平台、身份识别等技术的综合物流信息管理系统。

为进一步满足企业发展战略和广大生产制造企业特别是IT、电子行业客户的物流服务信息化需求,2013年3月,盛丰物流再次投入382万元,升级原有的信息化系统平台。该信息系统平台结合公司多年的业务运作流程及经验,运用平台化、组件化、集成化思想,开发了集运输管理、仓储配送、GPS定位、电子商务平台、客户服务、人力资源、企业OA系统、汽车修理、财务结算、决策分析等技术的综合物流管理信息系统(图5)。

1)信息平台主要功能介绍

客户查询:一是自动查询,登录公司网站后输入用户名称或托运单号码,可随时了解所托运货物的实际运作情况、当前准确位置、预计到达时间;二是人工查询,公司对外提供托运和到达电话,可为客户提供实时货物查询服务。

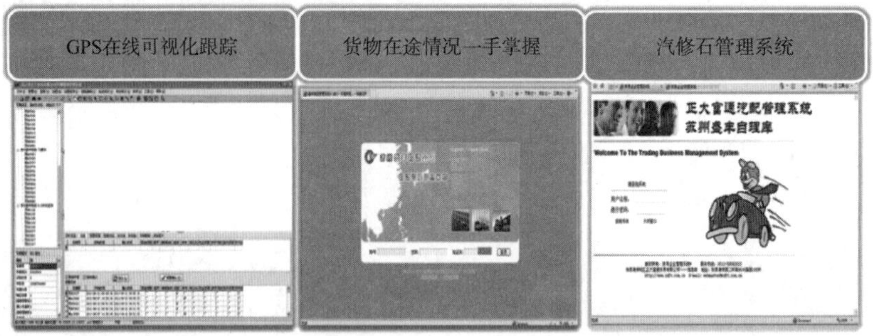

图5 物流管理信息系统

货物跟踪:通过信息系统,运营部门可随时了解收货情况,根据货物特点安排车辆。各操作环节紧密配合,预先掌握信息,合理安排任务,为客户节约操作时间。电子标签需用张数由现场人员根据货物包装情况确定,在运单〔验收入库〕栏填写标签张数并加入准备入库的库位。录单时自动打印,由现场人员贴标,并按照标签指定的库位堆码货物。准备入库的库位不固定,由现场人员根据仓库实际空位情况确定。

2)物流电子单证管理

盛丰物流已建立起与本公司物流系统配套使用的单证管理系统,明确运单经托运人与承运人授权的经办人员共同签字后才能生效。当托运人直接到承运人营业窗口办理托运手续时,系统打印单据人员为授权的经办人员;当承运人安排人员上门提货时,经办人必须向托运人出示授权经办的证明,由系统平台发出的提货授权手机短信或加盖承运人单位公章的提货介绍函均可作为授权证明,并在运单正面记载提货车号及提货授权号,由托运人进行核实;如果货物被未经授权人员冒提,与承运人无关,托运人可登录相关的网址查询或下载授权号以及录入系统后的运输情况。

3)物流车辆管理

每部车辆均安装GPS定位系统,数据可自动传入物流信息系统,以便随时了解车辆动态情况,全程跟踪,确保及时、准确、安全地送达货物。盛丰物流引入集成语音短信通知平台、身份识别等技术并嵌入物流信息系统,货物终端配送时,自动通知收货人到货信息,便于收货人安排收货时间。

3. 推动企业技术创新体系建设,为甩挂运输服务提供动力源泉

盛丰物流通过不断完善由公司总经理领导下的信息技术中心总监负责制,信息中心是公司的一个重要的专设机构,为了保证信息技术中心的正常运行,公司设立

了管理层并且明确了各自分工,其构架如图6所示。

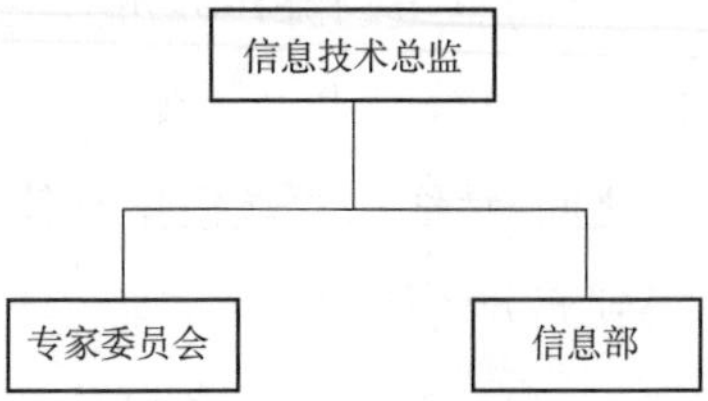

图6 企业信息技术中心构架图

盛丰物流建立信息技术中心总监负责企业技术中心的日常管理,建立信息技术中心的规章制度和架构,对信息技术中心各部门之间的工作进行协调和指导,与政府主管部门、行业组织进行工作协调和联系,与高等院校、科研机构之间建立战略合作关系。专家委员会由公司外部专家组成,外部专家为公司聘请的高等院校和科研机构教授,其中外聘技术专家、教授4人,硕士学位1人,其中包括科技咨询专家、提高待遇高级工程师等一批经验丰富、实战能力强的高级技术人员,为做好技术开发研究、技术项目改进、推动公司创新发展打下坚实后盾。

内部专家由盛丰物流高级职称及以上的人员组成,对重大科技攻关、新技术的引进和应用提供咨询和指导,对技术中心的重大发展战略、重大决策、技术中心的研究方向进行表决和指导。信息部负责公司信息化的建设和相关施工技术信息的收集,包括软件的开发和先进软件的引进和应用,为公司施工技术的发展提供有力的现代化支撑手段,负责科技项目的立项和开发,对实施的新技术进行学习和改进,对公司重大的高端项目提供技术支持和指导。

盛丰物流已建立有完善的技术中心管理制度,研发经费有充分保障,现每年用于科技开发的经费占到销售收入的2% ~5%,并对有突出表现的科技人员在年度结束时给予一定的奖励。公司与多个大专院校和企业有合作关系,在项目开发中与之通力合作,充分利用它们的优势,加速科技成果向生产力的转化。公司已投入300万元进一步完善设备,供技术中心使用(配有中心机房、拥有完整的网络设备、配备专用服务器供技术中心测试使用)。公司每年从销售收入中提取一定比例经费用于技术骨干、技术带头人的交流学习、课题研究及相关奖励。公司领导的关心与支持,极大鼓舞了技术中心全体人员的斗志,提高了知识创新能力和自主创新动力,增强了团队的凝聚力和战斗力,使企业技术中心成为物流行业技术领域中一支无坚不摧的中坚力量。

截至2014年年底,盛丰物流通过自行开发和委托开发的物流系统,已成功向国家专利局申请货物进出数据多向传递系统、货物统计防跑漏单系统、物流任务自动传递跟踪系统等7项实用新型专利,这些专利在实践中充分得到利用。

4. 甩挂组织模式

(1)盛丰物流在苏州与集团福州及各大区域公司建立“一线两点”的甩挂运输车队运营组织模式,“一线两点”的甩挂运营组织模式是指牵引车往返于2个装卸作业点之间,在线路两端根据具体条件在一端甩挂或者在两端同时甩挂,使甩挂的优势得到充分的体现。

(2)盛丰物流与各分公司及营业点之间采用零担货物“网络型甩挂”和“循环甩挂”相结合的运营组织模式,在闭合循环回路的各装卸点上,配备一定数量的周转集装箱或挂车。牵引车到达一个装卸点后,甩下所挂的集装箱或挂车,装(挂)上预先准备好的集装箱或挂车继续行驶。实质是用循环调度的方法来组织封闭回路上的甩挂运输作业,即将牵引车作为循环调度的对象,把挂车当作车辆在环形路线上行驶时需要装载或卸载的货物,有效提高车辆利用率。

(三)甩挂运输取得的成效

1. 降低物流成本、提高物流效率

盛丰物流采用甩挂运输后增加牵引车的纯运行时间,提高车辆运输效率,在完成同样运输量的情况下,甩挂运输能够减少牵引车的数量,大幅度降低牵引车的购置费用。据测算,在公路运输中采用甩挂运输,平均可提高车辆运输效率30%以上,降低购车成本25%以上。同时,由于牵引车数量的减少,企业减少对驾驶员的雇用,有效地降低了人力成本,提高了企业劳动生产率。相比传统运输模式,采用甩挂运输模式后,运输效率提高35%,单车运输成本降低16%,车辆利用率大幅提高。

2. 实现节能减排

随着国民经济快速发展,资源紧缺的问题日益突出,节约、环保、和谐成为社会经济发展的主题。道路运输是耗能大户,也是节能减排的重要领域,甩挂运输能够提高道路货物运输的集约化水平,有效提高车辆和能源的使用效率。通过加快牵引车的周转、提高牵引车的工作效率和挂车的吨位利用率、大幅降低油耗和环境污染,将极大推动交通运输业的节能减排工作。相比传统运输模式,采用甩挂运输模式后,年耗油总量降低30%,百吨每公里油耗降低18%,每年节约燃油20万升,减少二氧化碳排放1000吨。

3. 促进道路运输服务创新

甩挂运输打破传统的运输理念,创新并延伸运输服务职能。由于甩挂运输创造了时间效益、增强了货品的流动性,使得材料随定随到变为可能,从而可以实现企业零库存,提供门到门的服务。它体现以不同的杠杆和工具撬动或整合各种运输资源,为客户提供物流解决方案或供应链优化方案,通过精细、灵活多变、低成本、高质量及高效率的组织完成客户的需求,并在一定业务规模响应下创新业务产品。

四、企业发展思路

盛丰物流面对长三角区域物流行业竞争激烈、物流市场分布较广、规模大的企业较多、竞争白热化的态势,深刻认识到企业如果没有创新和特色服务将很难生存发展,因此,制订盛丰未来商业模式,明确企业发展方向。

1. 盛丰未来商业模式

以合同运输为切入点,为企业大客户提供优质的综合物流服务,包括对目标市场、目标客户、所提供的产品和服务、运作模式以及竞争优势的详细阐述。

2. 目标市场

未来盛丰物流将重点发展包括合同零担和合同整车在内的合同运输服务,有计划地发展零售和零担。配合合同大客户的综合物流需求,进一步发展仓储和配送能力,拓展市场空间并增加客户黏度,公司将从简单的分拨仓储,发展到分拣仓储,最终实现仓配一体化,并提供相关增值服务。

3. 目标客户

具体大量运输需求的合同客户将是盛丰物流近期主要关注的客户群,随着盛丰仓储及其他物流服务能力的建立,客户的群体将扩展到其他非运输型客户。在行业选择上,重点发展通信电子、汽车零部件、纺织服装 3 个普货行业,在不同区域可以向有地方特色的不同行业侧重,并在普货相应的能力基础之上发展冷链业务。即使是零售零担,所对应的客户群也应该以企业客户为主,所以零担的网点将主要聚集工业区和专业市场。

4. 所提供的产品和服务

运输将是盛丰物流服务合同客户的主打产品,除了满足零担和整车的从开始到目的地的基本需求,盛丰物流将大力提升运输服务的质量,其中包括网络的覆盖、时效性、安全性,以及提供运输相关的增值服务。仓储及其他增值服务,前期作为补充性服务满足运输类大客户的尺寸需求,随着操作过程中能力的建立,仓储可以作为独立的一项服务。无论是运输、仓储或是增值服务，盛丰物流的服务品质都是将处于行业的领先水平。

5. 运作模式

连接主要城市和经济发达地区的零担网络将成为合同零担和零售零担的载体，未来零售零担和合同零担在一套运营体系下运作，但商务体系不同，将有两套不同的业务和服务团队。

盛丰物流将有计划地开设零担路线，通过大客户的开发、零售零担和合同零担的配载和中转，降低成本，以缩短线路的损益平衡期。整车在可能的情况下，可以搭载零担运输网络，以进一步提高利润。

初期，仓储资源的建立要追随运输类大客户。在中长期，可以成为独立的产品/服务来开辟转有的、非运输磊的大客户。

6. 竞争优势

未来盛丰物流与门店型网络零担公司、专线公司以及合同物流企业相比，将具有独特的竞争优势。

(1)盛丰物流具有为合同大客户提供包括仓储和增值服务在内的定制化项目服务能力，通过项目与大客户建立亲密关系，而非完全提供标准服务，同时成本更低。

(2)具有全国性自有零担运输网络，拥有规范化的客服服务和运营体系，管理正规，生命力强。

(3)具有全国性自有零担运输网络，对运输资源的控制能力更强，在运输上具有绝对优势；通过对于自有设备(包括车辆)、人员(包括驾驶员)以及对于站场的长期经营，经验管理积累，形成了不断学习和改进的能力；拥有网点资源，为服务方案的设计提供更多的选择。

盛丰物流将力争在未来5年时间，发展成为一个以合同运输为主的综合物流供应商，如图7所示。

甩挂运输作为一种新型的零担物流配送模式，相较传统的陆运模式优点明显，主要体现在运输时效更快、物流成本更低、货物在途安全性更高等。盛丰物流将加大开通更多甩挂运输专线的力度，在收集客户信息以及货源整合上有更多的选择空间，能为公司争取更多大客户。公司将通过投入奔驰等品牌车辆到甩挂线路当中，吸引更多的客户选择盛丰物流服务，影响力得以提高，使公司的发展更上一层楼。

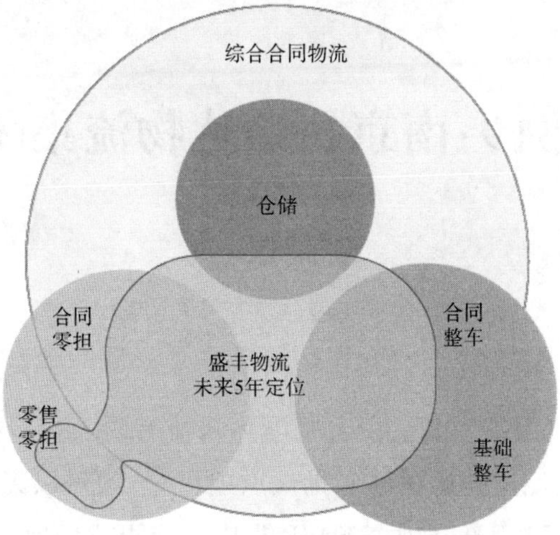

图7　盛丰物流未来的业务定位

总之,盛丰人始终奉行“珍惜所托、一如亲送”的服务宗旨,全力致力于现代物流事业,以标准化、个性化和专业化的物流解决方案,以实现节能减排为奋斗目标,为客户提供综合物流服务,成为中国物流业界一支朝气蓬勃的生力军。

案例9:南京捷顺达物流集团

一、总经理致辞

南京捷顺达物流集团——南京安宏基国际物流有限公司甩挂运输试点项目于2014年入选成为“省公路甩挂运输第三批试点项目”。项目以集装箱甩挂运输为主营业务,依托客户业务资源等基础资源,凭借其对节能减耗项目经营思想、运营体系、市场定位的准确把握以及对业务流程的精确掌控,创造了集装箱甩挂运输盈利的新模式。项目致力于提升集装箱甩挂运输的组织化程度、效率和盈利水平,提升联盟的市场竞争力,向着集装箱甩挂运输的旗帜标杆逐步前进。

二、企业发展概况

(一)企业简介

南京捷顺达物流集团(以下简称“捷顺达物流”)是2013—2015年江苏省道路货物运输“五十佳”质量信誉企业,江苏省著名商标单位,南京道路运输协会副会长单位,南京市现代服务业联合会副会长单位,南京重点物流企业,南京运输AAA企业,2007年中国民营物流企业100强,2007年度中国物流诚信品牌建设示范企业,2015年江苏省优秀企业,2013—2015年连续三年被市、区两级政府部门评为“十二五国民经济建设有功单位”。

捷顺达物流充分利用有利地理位置,截至2015年总投入建成甩挂站场51000平方米。集团将利用甩挂配套基础设施设备,在2016年底前完成投入牵引车数达65台、挂车100台,辐射长三角,形成循环链。在运力方面,集团目前以签约方式吸引牵引车40余台、挂车80余台,月完成的货运量达6万吨,周转量达520万吨公里。

(二)发展历程

南京捷顺达运输有限公司创建于1999年,在2014年以南京捷顺达运输有限公司为母体,创建了南京捷顺达物流集团有限公司,为南京安宏基国际物流有限公司全资。目前,集团拥有员工700余人,自备货运车辆300余辆、豪华客运车辆150辆、集装箱及专用车30辆、出租车150辆,集团管理仓库总面积10多万平方米,年运输量近5000万吨公里,配送能力10万票次,在全国范围内各大中城市设立了物流服务平台。

捷顺达物流自创建以来,始终秉承"诚信服务、合作共赢、持续改进、追求卓越"的服务理念,锐意进取,奋力开拓,不断发展壮大。现旗下拥有南京捷顺达运输有限公司、江苏捷顺达物流有限公司、南京捷顺达出租车有限公司、南京捷顺达客运有限公司、南京润宝投资管理有限公司、江苏顺和安保险代理公司、南京宝涛物流有限公司、上海苏驰物流有限公司、六安宝宁物流有限公司九家子公司,在全国大中港口、主要城市设立了分公司,并逐步通过国际合作将延伸服务扩大到世界五大洲的各主要港口和城市,以此形成强有力的客户服务网络,并逐步形成覆盖全国、辐射全球的庞大物流服务体系。

(三)主营业务

捷顺达物流依托龙潭港港区,利用在集装箱运输方面的综合资源优势,从事集装箱运输、双重甩挂运输、仓储堆场、多式联运、城市配送等服务。主要服务对象包括南京市多家外资企业、全省进口业务贸易商以及内贸船公司、全省各物流中心节点(物流中心、物流园区、物流节点城市)、全省运输仓储物流相关企业。具体服务企业有LG集团、艾欧史密斯热水器、熊猫集团、苏果超市集团、可口可乐公司、英博啤酒、西门子电器、天加空调等。

三、甩挂运输发展情况

(一)推进甩挂运输的历程

捷顺达物流于2013年起开展甩挂运输,是江苏省第三批试点企业。通过多年的项目开展,捷顺达物流认识到要建立各网点、联系多家物流企业,才能推动该组织运输模式在全省范围内乃至长三角地带深入开展,真正提高运输效率、降低运输成本,同时达到节能减排的目标。

捷顺达物流在成立之初就依托企业经验与资源,迅速开展甩挂运输。集团于2014年7月份开通南京龙潭港—南京白下区经济园、龙潭港—新港开发区、龙潭港—扬州港等线路,甩挂运输量占到集装箱总运量的96.4%。具体模式如图1

所示。

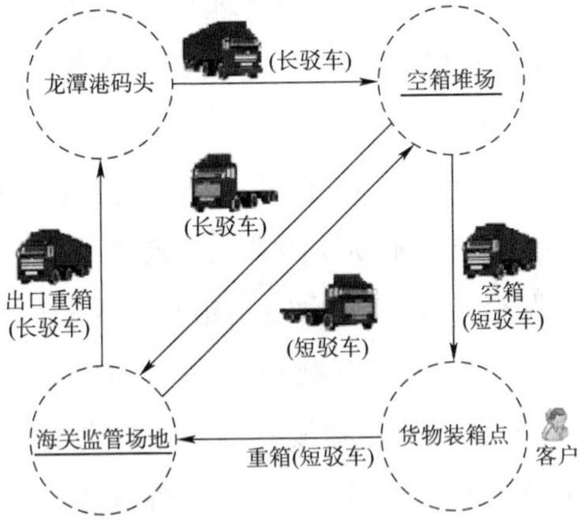

图1　集装箱甩挂运输试点项目模式图

捷顺达物流以多年的甩挂运输发展基础，带动平台合作车辆，共同推动甩挂运输的规模化、区域化发展，优化运力结构，促进道路货运业从传统、粗放、外延的发展模式向现代、精细、计划的发展模式转变。集团通过甩挂运输试点推动、示范引领，大力发展甩挂运输，逐步扩大甩挂运输的范围和规模，力争提高甩挂运输的生产力，使得甩挂运输周转量在道路货运中的比例明显增加，带动道路运输业节能减排取得明显成效，为发展现代物流业、实现国家节能减排目标做出了积极贡献。

(二)甩挂运输组织的特点

1.统一车辆调度

甩挂运输中涉及客户、运输、仓储等多个环节以及多个方面，因此在实际操作中需要在货运组织、车辆调度与信息化建设中对各方进行统一调度。

在货源组织中，客户端货源主要来自企业的生产产品和销售计划的要求，根据其获得的货源信息，专门组织、设计甩挂运输网络和线路，为甩挂运输线路进行货源组织安排。同时，在实际运营中涉及多家单位和多条线路，运营管理难度较大，为使线路运营更为顺畅，减少不必要的成本，对所有运营车辆采取统一性调度。通过信息平台，及时掌握各线路的货源及车辆信息，并对货运车辆信息进行大量的数据进行分析，对每家产品特性、季节特点等分析，及时组织回程货物，对线路上的车辆进行合理的调配，减少空箱运输，提高运营效率。

1)货物配载及车辆调配

目前，本项目甩挂运输模式涉及3条线路、46台牵引车和58台挂车的运营，并开发了项目专用甩挂运输信息化平台，依靠信息化的技术手段，及时掌握本项目各线路的货源及车辆信息，通过对货运车辆信息进行大量的数据分析，及时组织回程货物，合理组织甩挂运输网络和线路，实行甩挂运输车辆统一调度，减少空箱运输，提高运营效率。

2）牵引车及挂车管理

各地车辆调度当天需要了解到达及离开当地站场的牵引车数量，了解每辆牵引车的当月行驶里程、定时保养时间、驾驶员行驶时间和休息时间等，以确定当天该车辆是否能准时出发。

如果到达的牵引车需要进行定时保养，需要通知当地的维修主管进行准备。各地的车辆调度根据货量确定需要的挂车数量，并了解挂车的保养情况。牵引车及挂车到达后，车辆维修主管对牵引车进行检查和登记，之后通知车辆调度进行调配。挂车卸车完毕后对挂车进行检修，之后停在规定的站场停车场内。车辆调度必须搜集当天到达挂车的所有相关证件。

3）在途控制

对每台车实施实时北斗卫星单位系统监控，及时向顾客进行真实的信息反馈，及时与客户沟通，确保顾客随时掌握货物在途信息。如途中发生意外，第一时间积极组织应急处理，随时向顾客报备处理情况。

2. 建设多元化的信息平台

信息平台由捷顺达物流统一组织搭建，投建的信息平台与部分企业、厂家的物流销售计划信息平台对接。统一平台将按照功能模块对部分企业及这些企业涉及的人员、角色、功能进行整合，从而实现业务流、信息流、资金流在平台上的合一；同时，平台还与北斗卫星定位系统和结算系统平台进行了对接，以便快速了解各地的货运信息、车辆信息。

信息系统建设在充分理解项目商业模式和作业规范的基础上，紧扣提高物流作业效率和降低物流运营成本两大主线展开，采用多种信息化技术手段（如GPS、移动APP应用、短信等），与上下游企业和业务进行适当的优化组合，提高运营效率，降低物流成本。信息系统主要包括信息系统软件、信息系统硬件及配套3部分；信息平台由物流作业系统、电子商务平台、移动应用平台3大部分组成，通过这3大部分的协同达到信息化目标,实现企业信息、物流公共信息互联互通(图2)。

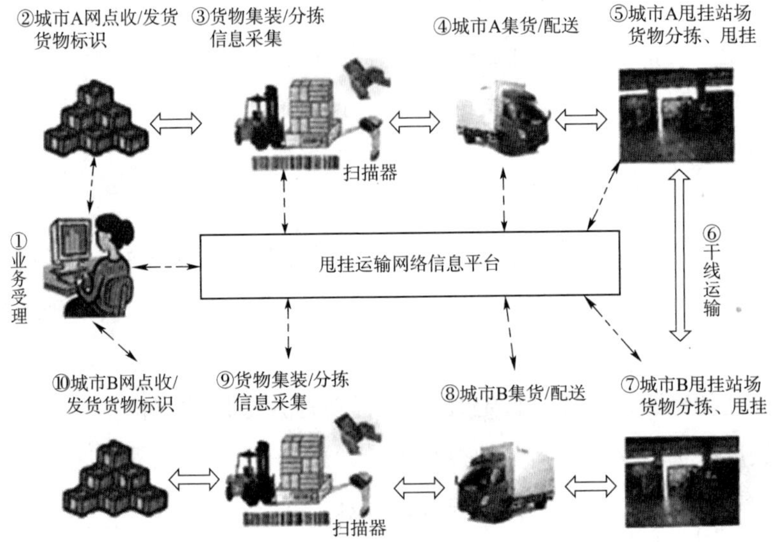

图2　利用网络平台货物装卸流程

信息平台从运营管理的角度为企业和各级管理者提供品质管理监控台,实现对业务结构和业务作业的多维度监控。将委托方和承运方整合到平台上,提供业务作业协同(订单协同、跟踪协同、结算协同等)。在统一的平台上,实现多对多的信息交互,并实现和浙江省国家级交通运输物流公共信息台的对接,从而快速了解各地的货运信息和车辆信息。

以整合联盟企业和合作企业的业务为目的,创新甩挂运输、双重运输、小箱拼对、专项运输等业务模式为需求导向,将参与企业及这些企业涉及的人员、角色、功能通过信息平台进行整合,达到业务流、信息流、资金流在平台上的合一。

3. 创新甩挂组织模式

双重运输是指利用客户装箱发货等待时间,把挂车放置客户装货平台,利用甩挂,以减少车辆空箱、空驶、空等的三空现象,提高车辆的载重行驶率,实现车辆去程与回程的双重运输率。循环运输是在各条专线、甩挂运输、双重运输逐渐发展壮大、交叉运作的情况下,开展江苏省内的循环运输。企业利用信息平台优化线路、进行资源整合,充分提高运营效率。目前,捷顺达物流主要是"两点一线"和"多点循环"的分拨甩挂运输作业模式。

1)"两点一线"甩挂运输作业模式

即在线路上的两节点处采用甩挂运输模式,例如从龙潭港集装箱码头到LG洗衣机工厂。

步骤1:在南京LG洗衣机工厂预留2~5个半挂车位,每车装载、扫码等需要1~2小时。每天第一班车将挂车停放于预留车位后,牵引车返回龙潭港。

步骤2:后续车辆到达后,如预留车已经装载好,将自带挂车停于预留车位,牵引已装载好的车辆驶往龙潭港。路途往返及进出港区、吊装集装箱平均需要1~2小时。

步骤3:随后,原第一班车辆牵引车已经从龙潭港码头托运集装箱空柜再次行驶到LG洗衣机工厂车,根据工厂的装载指令和现场情况,把空车停于预留位后,牵引装载好的车辆驶往港口码头。

2)"多点循环"甩挂运输作业模式

即在整合好物流配送供应链及线路衔接的基础上,在三个站场之间循环甩挂的运输模式。("多点循环"甩挂以龙潭港集装箱码头为中心,以进出口、内贸为主要服务对象,结合现有业务和整合行业内部业务资源,对作业实现"多点循环"。如先从龙潭港集装箱码头拖空柜到目的地,货物到达A地后没有装载完毕的,反馈到平台,再通过平台查询附近工厂装载情况,以构建这样的循环体。)"多点循环"甩挂的作业运营组织流程如下:

步骤1:从龙潭港集装箱码头托运空柜按指令送到目的地,根据现场的装载情况,反馈到平台。

步骤2:按照多点联动、就近为主、不跨园区、资源共享的原则,通过平台查询,按就近作业为导向,派发指令到就近工厂托运已装载好的货柜。

步骤3:点联动各车辆按空载和实载合理分配、科学分配、按趟计费等。具体如图3所示。

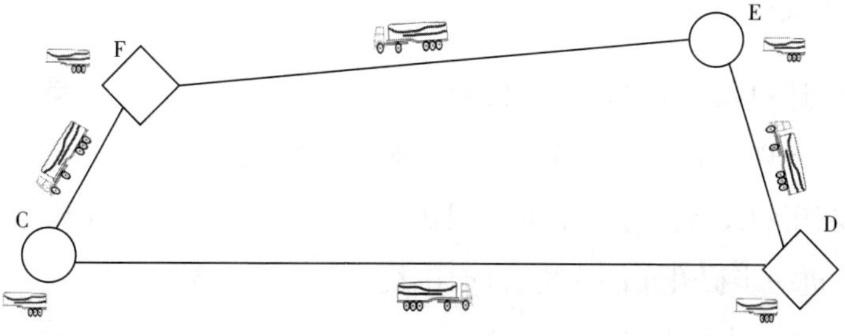

图3　循环甩挂示意图

(三)甩挂运输取得的成效

以客服为中心、互联网为核心、强有力甩挂队伍的经营思想为主导,选择、合作、整合部分社会资源,打造高效率、高水平的物流甩挂专业平台企业;创新开展多种运输模式,如双重甩挂运输、拼小箱作业、专线物流、网络循环物流、逆向物流等,这些运输模式的推广完全颠覆了传统运输方式的盈利模式,最终实现了客户需求资源和集装箱运输车辆资源的完全匹配,进而提高联盟的运行效率。同时,捷顺达物流进一步扩大经营业务,如进出口业务、客户 FOB 订舱、内贸带货等物流供应链项目业务,让相关企业能够实现资源网络集聚、业务模式创新,增加利润和核心竞争力。在此基础上,集团取得的成就主要有:

(1)通过"以客户为中心"的方式整合了客服的生产、计划等,同时还整合了社会资源,节约了部分购车成本。捷顺达物流还不断根据配套生产力的需求,加大对车辆的采购和员工队伍的建设,在后期发展过程中,将继续利用自身资源与组织优势,以吸引社会运力为主,进一步扩大影响力,促进港口物流整体的集约化发展。

(2)以智能调度提高实载率,节约运输成本。利用多元化的信息平台以及统一性的车辆调度,有效组织了各类货源,开展了拼小箱、专线运输、逆向物流等业务,里程利用率达到了 70% 以上,极大地提高了道路货运车辆的实载率,尽可能避免了车辆无效行驶活动的发生,同时也节约了牵引车的购置成本。

(3)提高运输时效,促进节能减排。通过有效的运营组织,基本可以保证牵引车即停即走,有效节约了装卸时间,单车一个点可以节省约 4 小时的装车理货时间,一年可节省约 2400 小时。同时,由于车辆百吨公里油耗下降以及单车年完成周转量上涨,单车年节约燃油达到了 17464.62 升。

四、企业发展思路

随着捷顺达物流位于高新开发区浦泗路 17 号基地、六合化工园区的谭子路 7 号基地以及位于南京新港开发区龙潭物流园区疏港大道 1 号基地等几处基地的完工,集团将充分利用和发挥好各基地的区域优势、各区域间的统一协调、信息共享、资源共享等优势,进一步提升集团实力,同时围绕以下方面做努力:

1. 投入新能源车型和轻量化车型

打造高回报、轻资产的专业平台,整合社会资源实现节能减排,推动行业有序健康发展。

2. 实现客户需求资源和集卡资源完全匹配整合的核心业务

捷顺达物流核心业务是将客户需求资源和集卡资源完全匹配整合。这样可以提高效率,降低成本,给客户带来5% ~10%的成本下降。同时集卡车辆充分活用资源,可以提高10% ~20%的业务及增加5% ~10%的创新利润。

3. 充分发挥核心竞争力

核心竞争力是在规模经营情况下,创新高利润、低竞争业务,如甩挂、双重、拼小箱、专线、网络循环物流、逆向物流等。

4. 继续建设品牌号召力

按照捷顺达物流长远战略,将在区域内和区域外(如江苏省、南京龙潭港、常州市、无锡市、苏州市、上海市等)重视建设企业品牌号召力,使企业具有话语权、定价权、公平合作权等其他权利。公司及其他供应链物流公司将在资源网络集聚、业务创新、边际利润产生和创造新的业务模式方面增加企业的利润和核心竞争力。

案例10:南京浩宇物流有限公司

一、总经理致辞

南京浩宇——忠储道路甩挂运输试点项目于2012年被评为“江苏省第二批甩挂运输试点单位”。南京浩宁物流有限公司本着“安全第一、服务至上、诚实守信、合作双赢”的经营宗旨,与诸多国内外知名企业成为长期合作伙伴,线路和网点遍布全国,充足的业务资源和服务平台为甩挂运输项目的实施提供了很好的保障。公司依托与上海博科合作量身定制开发的先进的道路运输管理信息系统(TMS),并与GPS监控系统对接,实现物流营运全过程的系统化、智能化、可视化管理。“一线两点、两端甩挂”、“多线多点、轮流拖挂”、“网络化甩挂运输”等甩挂管理作业模式的实施,降低了牵引车投入,节约了物流成本,提高了车辆周转率、实际载货率、满载率,有效地节约了燃油,践行了低碳物流、绿色发展的新理念。

二、企业发展概况

(一)企业简介

南京浩宇——忠储道路甩挂运输项目是由南京浩宇物流有限公司和江苏忠储工贸实业有限公司共同实施。南京浩宇物流有限公司(以下简称“公司”)成立于2003年6月,注册资本5001万元。现有资产12822万元。公司位于南京市六合区湛水路388号,紧邻南京化学工业园、扬子石化公司和扬子石化—巴斯夫有限公司,区位优势得天独厚。

作为物流、仓储专业服务商,公司在上海、北京、广州、成都、镇海、苏州、青岛、武汉、宁夏等城市设立了30多个办事处或服务网点,形成了覆盖长江三角洲、珠江三角洲、长江沿线和北京、天津、唐山等地区的优势业务网络。现有员工760多人,其中管理人员100余人。拥有各种自备运输车辆500多辆,公路年运输能力220万吨以上。拥有自备加油站2个,二类汽车修理厂1个。自用停车场2个,合计面积达50000平方米。公司办公区域2000多平方米,员工宿舍1000平方米。

公司在不断完善硬件设施的同时,非常注重安全、质量、服务等管理体系的提升,建立并不断完善安全、环保、健康、质量管理体系,同时,开发和运用物流信息化管理系统,使各项经营活动安全、诚信、规范、周到,保持着稳定、良好的发展态势。自2007年起,公司先后通过国家ISO 9001质量管理体系、ISO 14001环境管理体系、OHSAS 18001职业健康安全管理体系以及RSQAS欧洲道路安全质量评估体系的认证,并按期通过循环认证。2007年被评为南京市前20强运输企业,2008年被评为江苏省诚信AAA级品牌企业,2009年安排公司人员进行BBS悍士防御性驾驶培训——"三层空间驾驶法",并获得相关证书,2010年、2011年被评为沿江工业开发区优秀单位,在中石化化工销售公司的物流服务商评比中,2010年被评为优秀物流服务商,2011—2012年被评为战略物流服务商,2013—2014年被评为标杆物流服务商,2014年获扬巴公司"神行太保"称号,2015年度评为全国化工物流30强和金罐奖等荣誉称号。

(二)发展历程

公司自2003年开始从事中石化、南化自提业务,经过13年的发展,业务遍布全国多家中外企业,综合实力得到深层次提高。公司发展历程如图1所示。

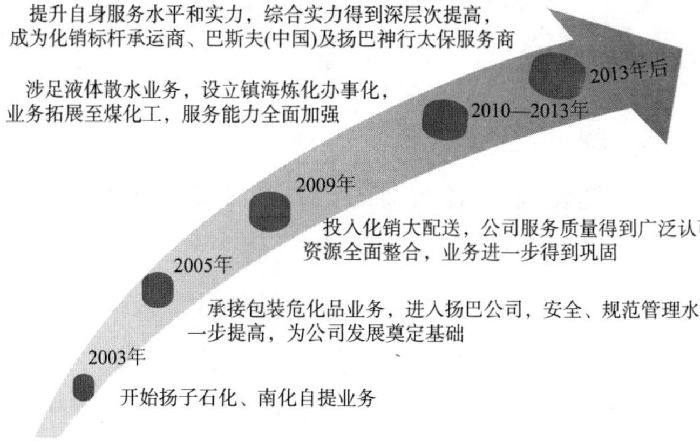

图1　公司发展历程

(三)主营业务

公司紧邻南京化工园,依托化工园(每年约250亿元的物流费用)充足的货源为甩挂运输奠定了基础。公司主要从事化学工业品的公路、水路运输及仓储服务,主要有合成树脂、PS、EPS、NIS、PTA、SAP等化工产品,服装、鞋、帽等生活物资,年货运量达300万吨。目前主要利用三个甩挂场地，一是从公司甩挂场地到扬子石化和扬巴，开展“一线两点”式短驳甩挂。二是以南京为基地，在镇海、武汉、银川分别设立办事处，在上海、广州、浙江、山东、湖北和省内城市之间开通6条专线，在生产企业和码头(或堆场)之间进行“一点多线”式甩挂运输。三是充分利用各网点和现代信息化网络技术，积极组织货源，开展“网络化甩挂运输”模式。公司试点线路分布图如图2所示。

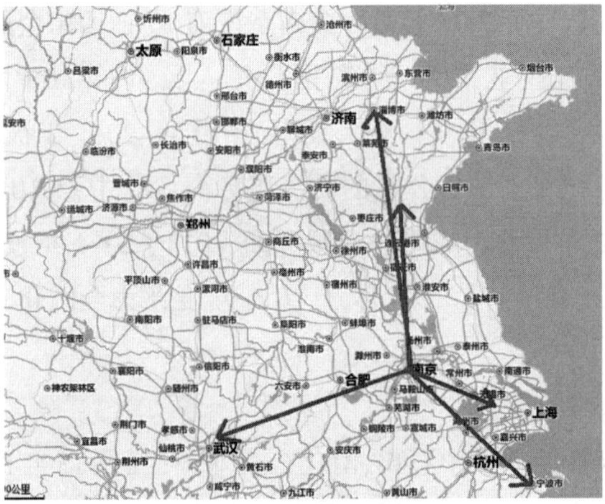

图2　公司试点线路分布图

三、甩挂运输发展情况

(一)推进甩挂运输的历程

随着我国经济的快速发展，物流行业的竞争愈加激烈，传统的运输模式已严重制约公司的发展。因此，为了提升公司在市场上的竞争力，适应国家未来高效、经济、节能、环保的发展要求，公司大力发展甩挂运输模式。根据《关于下达江苏省第二批甩挂运输试点项目发展指标的通知》(苏交运〔2012〕44号)，公司作为项目试点单位，在上级主管部门的指导和支持下，从2012年7月开始，按项目规划积极组织实施。主要工作如下：

1. 甩挂运输试点阶段运输车辆投入情况

在项目试点期2012年7月开始到2014年年底，公司投入牵引车167辆、挂车259辆，牵引车与挂车比例为1∶1.55。截至2015年年底，公司投入牵引车223辆、挂车313辆，牵引车与挂车比例为1∶1.4。

2. 甩挂运输作业站场建设或改造

(1)公司总部基地占地20亩,已于2011年4月建成投入使用,建有公司办公楼、员工宿舍、自备加油站和汽车修理厂。

(2)江苏忠储工贸实业有限公司(试点项目合作单位)甩挂站场占地30亩,已于2011年5月开工,2012年完工投入使用。

(3)公司甩挂站场,在南京市化工园区大厂街道租赁50亩,于2012年11月开工,2013年年底已完成土地平整、桥梁建设和“三通”工作,2014年部分地坪硬化,建有可供甩挂车辆中转需要的作业场地及场区道路。

3. 项目运作的技术支撑

本项目所需的技术支撑主要是信息管理系统,包含两方面内容,一是物流管理系统,二是车辆监控系统。

1)物流管理系统

公司在甩挂运输试点阶段,就与上海博科科技合作,研制开发适用于自己的运输管理信息系统(TMS)。系统的运用,实现了从物流订单、车辆调度、客户服务到财务结算等全流程的智能化管理,在提高管理效率的同时,保证了服务品质的提升。为了适应甩挂运输新的需求,公司于2014年年底又开始与中石化盈科科技合作开发物联网项目,2015年年底投入运行。

2)车辆监控系统

公司与南京通用电器、江苏中寰通信等合作,建立了车辆监控系统,并引进了多种高科技产品,实现了对所有运行车辆的实时监控。高科技产品的运用,不仅使车辆的行驶安全和货物安全得到保障,而且有助于降低燃油和轮胎消耗。考虑到发展的需要,目前公司正在与南京通用电器合作,安装运用集定位、导航、3G视频、疲劳预警、胎压监测、车况分析、行驶状况分析等功能于一体的主动安全系统,将为甩挂运输项目的实施提供更有力的保障。

(二)甩挂运输组织模式

公司在前期的甩挂运输试点项目运作中积累了初步经验,目前的甩挂运输组织方案主要以前期的试点方案为基础,结合已试运行的路线,进一步加强线路和网点建设,加大基础设施的投入,扩大甩挂数量和运量,提高车辆运输效率,降低运营成本。公司的甩挂运输模式是“一线两点、两端甩挂”、“多线多点、轮流拖挂”、“网络化甩挂运输”三种模式。

1.“一线两点、两端甩挂”式(公司停车场→扬子、扬巴)

以公司停车场为基地,到扬子石化和扬巴提货,再回到公司停车场。其具体操作流程如下:

步骤1:公司停车场基地预留2个挂车(A挂车、B挂车),在客户工厂(如扬子、扬巴)预留2个挂车(C挂车、D挂车),用作预先装载货物。

步骤2:牵引车从基地带上已卸货物的空车A挂车前往客户工厂,更换上已装载货物的重车C挂车返回基地。

步骤3:牵引车抵达基地后放下重载C挂车,换上空车B挂车再前往工厂。

步骤4:在工厂卸下空车B挂车,挂上已装货物的D挂车,返回基地。

如此再重复步骤2~4,进行循环作业。

该操作模式在试点阶段时运作效果良好。公司将在此基础上,进行业务资源和运输路线的优化,并努力将甩挂运输延伸至公司基地周边的货物需求客户,同时,根据运输量整合和增加车辆批次和车型,提高运营效率,实现利益最大化。

2.“多线多点、轮流拖挂”式(南京到上海、广州和宁波等)

“一点多线、轮流拖挂”的作业模式是以各地区营业网点为基地,对基地所属城市及周边地区范围形成辐射,在工厂端和营业基地各预留若干挂车进行甩挂运输作业。具体操作步骤如下:

步骤1:在营业基地A预留4个空挂车(A1挂车、A2挂车以及C1、C2挂车用于零担配载)。在工厂A、B处事先各预留2个挂车用于货物的预先装载作业(A3挂车、A4挂车,B1挂车、B2挂车)。在营业基地B处预留挂车C3挂车。

步骤2:牵引车X组带上空的A1挂车、A2挂车前往工厂A处,在工厂甩下空的挂车A1挂车、A2挂车,挂上已装好货物的A3挂车、A4挂车前往目的地B卸货(营业基地B所辐射地区范围内,40分钟至1小时,驾驶员可做适当休息)。牵引车Y则由营业基地A处挂上已满载的C1挂车前往营业基地B处。

步骤3:牵引车X组带上卸完货的空A3挂车、A4挂车抵达工厂B,甩下空A3挂车、A4挂车,挂上早已装好货的B1挂车、B2挂车送往目的地A卸货(营业基地A辐射区域)。牵引车Y抵达营业基地B,甩下C1挂车,挂上已装好货的C3挂车,返回营业基地A。

步骤4:牵引车X组带上卸完货的B1挂车、B2挂车返回营业基地A,进行车辆检查。然后前往工厂A处,重复步骤2~4进行循环作业。牵引车Y抵达营业基地A,甩下挂C3挂车,挂上装好货的C2挂车,重复步骤2~4进行循环作业。

以上步骤的特点:由于减去了漫长的装货时间,承运里程时间充沛,而卸货时间较短,因此无须在目的地A、B处预留挂车,节约挂车购置成本,且由于该模式可控时间充裕,所有步骤衔接顺利,并使整个环节的有效重复循环有了保障。牵引车X组、Y还可根据客户与零担订单量的增减,互相间做出快速有效的分配调整。从整体上,比传统方式节约了牵引车数量,降低了成本,操作弹性增加。

3.“网络化甩挂运输”模式

这种甩挂运输模式需要建立既相互独立又相互联系的运输网络体系,公司通过甩挂运输试点项目的运作,初步建成了由6大要素构成的体系。而6大要素中,货源的充足稳定、站场的建设又是关键要素,公司通过办事处和网点的建设,以及配备得力的管理人员,使所有问题迎刃而解。

该模式的运作步骤与第二种基本相同。公司将依托自有客户资源并结合仓储资源,进一步整合社会资源,以形成长期、稳定的线路和车辆班次,在实现降低成本、提高效益的同时,集中所有可能的优势资源,最终达到共同优化客户、企业和社会资源的效果。

(三)甩挂运输的特点

公司与全国物流网、“天下通”、“运满满”等配货平台建立长期合作关系,在此物流信息网上积极寻找适合自身的回程货源,降低车辆空驶率,公司先后投入大量资金对公司物流网信息系统进行整合。对原有GPS监控室进行全面改造升级,建成了信息监控中心,建立健全了监控管理制度,配备专职监控人员,落实24小时实时监控工作。建立了包括北斗/GPS双模卫星定位系统、3G视频监控系统、DDS疲劳预警系统、TMS物流管理系统的信息管理系统,同时建立了自己的信息管理平台,有利于加强管理和控制。

1.北斗/GPS双模卫星定位系统

该系统具有卫星定位和行驶记录功能,通过接收并处理车载设备上报的定位及报警等信息,实现对所属车辆的智能调度和在线动态监控,不仅能有效降低运营成本,有利于迅速形成规模效益,而且能及时有效地制止违章行车,预防道路交通事故的发生,从而不断提高公司的物流监管水平。

公司共安装了250台北斗/GPS双模卫星定位系统车载终端设备。

2. 3G监控视频系统

该系统充分利用国家通信网的资源优势,采用先进的3G网络传输技术,实时传送和存储车辆运行路况等视频图像,并支持按时间、按日期进行录像检索。一方面,当发生货物短少、损坏时,可为管理人员查找原因、区分责任提供依据,从而避免监守自盗情况的发生;另一方面,如遇车匪路霸和偷盗事件时,可以为公安部门提高打击力度解决取证难的问题;此外,还可以为可能发生的交通事故的调查、取证提供第一手资料。

目前公司共计安装了158套3G监控视频系统。

3. DDS疲劳预警系统

DDS系统通过利用一个摄像头随时随地捕捉驾驶员眼睑、瞳孔变化及头部活动,通过对驾驶员的面部特征、眼部信号、头部运动特性的分析,判断驾驶员是否处于疲劳状态,并对疲劳状态发出报警,直至驾驶员恢复精神,警报才会解除,同时将报警图像上传到监控中心,便于管理人员及时掌握驾驶员的精神状态。DDS系统除了对疲劳驾驶发出报警之外,对驾驶员不专注驾驶、回头说话、左顾右盼、超时、超速等不良驾驶习惯都可以进行报警,避免驾驶员因不良驾驶习惯导致交通事故的发生,并有利于公司加强对驾驶员的监督考核力度。目前公司有144辆车安装了DDS疲劳预警系统。

4. TMS物流管理系统

TMS物流管理系统示意图如图3所示。

为了改善服务质量,降低运营成本,提高物流管理水平,更好地为所有客户提供高效、安全、快捷、优质的物流服务,公司与上海博科科技合作,研制开发适用于自己的运输管理信息系统(TMS)。

TMS系统设置有物流管理、财务管理、车辆管理等10个管理模块,分物流业务管理和基础管理两个方面。物流业务管理从物流订单、调度、结算到驾驶员提成,涉及业务部、调度部、财务部和车队等部门;基础管理从人员、车辆、配件、维修到查询和客服,涉及人力资源部、安技部、后勤保障部等部门。公司的所有工作,从接受物流订单开始到调度派车,再到财务结算,以及车辆维修、年检等都在系统中操作,各项业务活动统一、规范、严谨、高效,减少了原来人工操作可能发生的误差,降低了劳动强度,提高了工作效率。

图3　TMS物流管理系统示意图

同时,TMS系统与GPS系统进行对接,还可以实现如下功能:可以对所有车辆进行跟踪,对车辆的行驶状况、到达目的城市以及GPS不正常工作等都可以在系统中进行提示,有利于相关管理人员及时发现并解决问题;通过对设定范围内车辆状态和位置的查询,可以实现对车辆的智能化调度;通过向客户开放特定查询端口,方便客户跟踪自己的货物动态。另外,系统设计遵循开放性原则,支持二次开发。一方面,今后条件成熟时,可以与中石化化工销售LIS系统、扬子—巴斯夫物流系统等进行对接,方便物流订单自动传送;另一方面,如今后公司开发仓储业务时,方便开发其仓储管理模块,并自然融入整个物流管理系统。

总之,公司信息系统的建设和完善,对实现业务全覆盖、信息全公开、流程全监控提供了有力的支撑,使甩挂运输管理业务的开展更加合理、高效、规范、透明,最大限度地实现了物流运输资源利用最大化。

(四)甩挂运输取得的成效

1. 增加牵引车的纯运行时间,提高车辆运输效率,降低碳排放量

甩挂运输在完成同样运输量的情况下,减少了牵引车的数量,大幅度降低了牵引车的油耗。由于牵引车数量减少,减少了驾驶员数量,降低人力成本,有效地提高了劳动生产率,降低了运输过程中的碳排放量。车辆购置成本和单车年平均能耗对比分析见表1和表2。

车辆购置成本计算分析表　　表1

运输模式	时间	牵引车与挂车比例（总数量比）	牵引车数量（辆）	挂车数量（辆）	购车成本（万元）
传统运输模式	—	1∶1	80	80	4160
甩挂运输模式	2015年年末	1∶1.56	50	80	3200

单车年平均能耗分析　　表2

运输方式	年总里程（车公里）	年运输量（吨公里）	里程利用率（%）	百公里油耗（升/百公里）	年耗油总量（升）	百吨公里油耗（升/百吨公里）
传统运输模式	96000	1179750	50	重35,空25	28800	2.44
甩挂运输模式	107328	2280900	83	重35,空25	35740	1.57
增减量	11328	1101150	—	—	6940	-0.87
增减率	11.80%	93.30%	—	—	24.10%	-35.70%

注：百吨公里油耗=（重车行驶里程×重车油耗+空车行驶里程×空车油耗）/年运输量×100。

由表2可见，与传统运输模式相比，采用甩挂运输模式的单车百吨公里油耗将降低35.7%。

2. 提高工作效率

通过加快牵引车的周转，提高牵引车的工作效率和挂车的吨位利用率，有效提高了车辆和能源的使用效率，大幅降低油耗和环境污染，为推动交通运输业行业节能减排工作做出了应有的贡献。完成相同周转量的单位运输成本对比分析见表3。

运输成本对比分析表　　表3

运输方式	单位运输成本（元/吨公里）	其中							
		燃油费（元）	车辆折旧（元）	通行费（元）	人工工资（元）	各项规费（元）	维护费用（元）	管理费用（元）	其他费用（元）
传统运输模式	0.32	0.112	0.0256	0.0608	0.0384	0.0224	0.032	0.016	0.0128
甩挂运输模式	0.3	0.072	0.0256	0.0808	0.0339	0.0224	0.0358	0.016	0.0128
增减情况	0.02	-35.70%	—	33%	-11.77%	—	+11.77%	—	—
成本节约	6.25%	—	—	—	—	—	—	—	—

由表3可见，与传统运输模式相比，采用甩挂运输模式的单位运输成本下降了6.25%。

综上所述，公司采用甩挂运输后，车辆运输效率提高了28%，购车成本降低了

25%，百公里油耗降低35.7%，单位运输成本降低了6.25%，较好地实现了节能减排、低碳物流、绿色发展这一管理理念。

四、企业发展思路

1. 加大物流设施设备的投入与新技术的引用

为了更好地利用甩挂运输管理模式服务于公司的大物流，公司在提升运输效率上做足文章，减少牵引车装卸等待时间，有效减少牵引车的使用数量，实现单车载重行驶里程以及总周转量的提升，推进公司甩挂运输模式精细化管理。公司与江苏忠储工贸实业有限公司将进一步整合现有的网络管理平台，利用好定位、导航、3G视频、疲劳预警、胎压监测、车况分析、行驶状况分析等功能于一体的主动安全系统，为甩挂运输项目进一步实施提供更有力的保障。

其次，公司将与国内知名电商服务商合作，推进大物流网的建设。今后每年公司将划拨一部分资金用于“互联网+”的调研、推进和实施，最大限度地推进全流程的精细化管理。

2. 注重物流专业人才的引入和培养

进一步推进甩挂运输模式，最终要靠物流专业人才来实现。企业员工的专业素质对于甩挂运输作业的顺利进行十分重要，公司在每年的年度规划中始终把人才的引入和培养放在战略角度进行筹划，在公司的五年计划中也把公司专业人才引进与培训放在重要位置，提升专业化的管理与操作。

公司将重点强化业务培训，提高员工的业务水平，对员工进行精细化管理，组织员工部门间互动，要求掌握部门业务上下游相关业务知识，并到对应岗位进行适当实习与培训，提升人员整体素质。同时，还强化“请进来、走出去”战略的实施，即请进专业人才进行管理，请进专家人才进行授课；组织企业员工走出去培训，走出去考察，全方位推进人才提升战略。

3. 建设物流服务团队，提高物流服务水平

公司现与全国物流网“天下通”、“运满满”等配货平台商建立了长期合作关系，在物流网上积极寻找适合自身的回程货源，在物流服务合作过程建立良好的合作团队，全面提升车辆甩挂运输利用率。同时，公司还将组建大物流合作商联盟，在合作中学习，在学习中提升。

4. 与大客户建立战略联盟，实现双赢

长期以来，公司与众多知名企业建立了业务合作关系，为其提供专业的物流服务。公司始终本着“安全、诚信、规范、周到”这一企业精神，巩固并全面提升各项经营活动，保持着稳定、良好的发展态势。

5. 优化网点建设，扩大甩挂运输规模

公司与江苏忠储工贸实业有限公司始终把各商业合作放在首位，不断做大做强公司业务，完善全国范围内的物流服务网络和信息平台。以南京总部运营为中心，长江三角洲、珠江三角洲、长江沿线和北京、天津、唐山等地区的网络建设为重心，以仓储发展为突破，以优化网点管理建设为切入点，科学、辩证地推进各网点甩挂运输管理。延伸、优化干线与专线甩挂运输，提升并最大化地实践物流甩挂运输管理模式，践行“节能减排、低碳物流、绿色发展”这一管理理念。

案例11:金南物流集团股份有限公司

一、总经理致辞

为响应国家节能减排政策,提高运输效率,减低物流成本,金南物流集团股份有限公司(以下简称"金南物流",原名:金南物流科技股份有限公司)根据公司"十三五"发展规划,自2010年开始大力发展甩挂运输,积累了一定经验,取得了一些成绩。2012年金南物流成为国家级甩挂运输试点企业,开始了由传统物流企业向现代物流企业的重大转型。金南物流积极响应国家"低碳集约、节能减排"号召,秉承"企业发展科技为先"的宗旨,始终致力于甩挂运输试点和物流新品研发,获得上级领导和同行的高度关注和肯定,取得了一系列荣誉,包括:首批江苏省重点物流企业、国家级甩挂运输试点企业、江苏省高新技术企业、江苏省著名商标企业、江苏省交通物流龙头企业、江苏省道路货运50佳质量信誉企业、江苏快货品牌线路企业、无锡市重合同守信用AAA级企业、无锡市A级纳税信用等级企业、交通运输部首批甩挂运输试点企业、无锡市劳动保障诚信企业、全国物流(快递)百家诚信企业、省级物流技术中心、中国优秀民营企业等。

二、企业发展概况

(一)企业简介

金南物流全景如图1所示。

金南物流现有员工950余人,物流技术研发人员60余人,自有运营车辆385辆,其中包括牵引车辆50辆、挂车100辆。金南物流率先在无锡地区建成以北塘为中心,新区、惠山、江阴、宜兴4大配送基地,形成以总部为中心、辐射区域基地的城市配送体系,并实现甩挂运输与城市配送的无缝衔接。作为无锡地区第三方物流的领军企业,金南物流秉承"优质、高效、快捷、创新"的服务理念,与众多大中型企业建立战略合作关系,为这些战略合作伙伴提供供应链一体化服务,主要有美的、小天鹅、荣事达、海尔、太太乐、格力、海信、志高、新飞、康佳、威力、一汽锡柴、中粮集团、晨鸣纸业、康明斯、科尔华电子、松下电器、可口可乐、康师傅、米老头、旺旺食品、华光锅炉、纽迪希亚、博西威、美卓、富士通、皮尔卡丹、吉利汽车、远纺、红豆集团、阳光集团、TCL、希捷、约克、夏普、东芝等。

图1　金南物流全景

（二）发展历程

金南物流创立于1999年12月，成立之初，公司就制定了严格的发展战略，主要分两个方向发展：一是通过现代化的企业管理手段大力开拓业务，迅速提高市场份额；二是进行信息化建设。

在现代企业管理制度的建设方面，金南物流在2000年就通过了ISO 9001：2008质量管理体系认证。通过多年的努力，公司荣获了政府主管部门以及相关行业协会颁发的国家级甩挂运输试点企业、国家AAAAA级综合服务型物流企业等多项荣誉。公司在业内的品牌影响力迅速提升，业务范围不断扩大，逐步发展成为以信息化为纽带，以仓储、装卸搬运、流通加工、城市配送、干线运输、危货运输、国际货代和物流咨询为主要业务的综合服务型物流企业。在信息化的建设方面，金南物流于2012年建成了省级物流企业技术研发中心，研发了具有自主知识产权的"爱卡司"物流信息平台，拥有一项发明专利、十多项软件著作权和两项实用新型专利，进一步推进了企业的精细化管理。

自2005年始，金南物流为美的、海尔、格力、海信、志高等家电品牌提供一站式物流配送服务。2013年，金南物流成为一汽锡柴的主要零部件承运商。2014年江苏金南集团有限公司投资成立无锡亿佳汇有限公司（以下简称"亿佳汇"），亿佳汇是一家以便民为导向、以利民为己任、以惠民为目标而成立的全方位社区服务平台性质的公益性企业，注册资本1亿元。亿佳汇立足无锡，面向全省设置服务网点，每个网点统一品牌形象、统一规范管理、统一服务标准、统一采购配送，为社区居民提供增值服务、快递服务和快速消费品配送服务等,也为金南物流城市配送业务提供多方面的支持与保障。

(三)主营业务

金南物流主要经营业务包括:物流技术开发及转让,计算机应用软件开发、转让及技术服务,大型物件运输、货物专用运输(集装箱)、普通货运、综合货运站(场)(四级),物流设备展览,贸易咨询服务,货运代理(代办)、货运配载、普通搬运装卸(人力装卸),承办海运、空运进出口货物的国际运输代理业务,机动车租赁服务,设备租赁(不含融资性租赁),电子产品、电气机械与器材、针纺织品、服务、生鲜食用农产品、文化用品、体育用品、工艺品、五金产品、家用电器的销售,预包装食品兼散装食品、乳制品(含婴幼儿配方奶粉)的批发与零售,百货的零售,卷烟、雪茄烟的零售。金南物流仓库内景如图 2 所示。

图 2　金南物流仓库内景

三、甩挂运输发展情况

(一)推进甩挂运输的历程

金南物流自 2010 年开始发展甩挂运输以来,在全国主要省市成立了 50 余家分支机构,开通了 12 条零担专线、6 条甩挂运输专线以及 1 个中转甩挂运输基地。2015 年,金南物流甩挂运输试点线路共投入了 150 辆甩挂运输车辆,全年甩挂运输总货运量达到 90 万吨,甩挂运输业务收入已占公司年度总营业收入的 31%。金南物流在推进甩挂运输业务上,主要做了以下工作。

1. 增加甩挂运输车辆配置

金南物流根据业务需求,在“十二五”期间持续加大投入购置甩挂运输车辆,使得投入之后的牵引车与挂车比例达到 1∶2.2。公司车队如图 3 所示。

图3　公司车队

2. 提高甩挂运输货运量的占比

2014 年,各甩挂运输线路总货运量占公司总货运量的 30%;2015 年,各甩挂运输线路总货运量占公司总货运量的 31%。

3. 完善信息化建设底层框架

采用 Microsoft. Net 技术,构建基于私有二进制协议的"统一消息通信框架"以及基于模型驱动的"业务数据处理框架",该平台运用 SOA(面向服务结构)思想设计,用于不同技术平台的客户端创建、流转、统计分析结构化与非结构化的业务数据,并保留了与现有行业管理平台的接口方案。

4. 优化《金南物联甩挂运输管理系统》

将物联网感知技术应用于甩挂运输中,把人、车、货、场与物联网、智能化、信息化等高新技术有机结合,形成甩挂运输智能营运管理解决方案,该方案由《iTruckS 甩挂智能车载终端子方案》、《手持终端现场调度子方案》、《物联甩挂运输管理系统子方案》组成。金南流物研发团队根据用户反馈,不断对系统进行完善,陆续推出更新版本以适应业务发展的需要,目前已经更新到《金南物联甩挂运输管理系统 5.0 版本》。

5. 打造甩挂输智能站场

借助物联网技术的地域优势,充分应用物联网技术,开发和配备智能数字化监控系统、智能车辆和人员出入管理系统、智能托盘管理系统、智能水电管理系统、数字化 LED 信息显示平台等系统。金南物流的无锡主站场已经全部实现智能化管理,其他各个地区的对接点也在尽可能地配备物联智能设备,车辆、货物及驾驶员的信息及时传输回无锡主站场，在主站场进行统一调配，从而形成自己的大数据系统，为未来的发展提供可靠的依据。

6. 甩挂运输站场的改造、拓展和新建

为了不断适应甩挂运输发展的需要，2012 年，金南物流根据实际需求，着手改建无锡广石路甩挂运输站场，经过一年多的努力，广石路甩挂运输站场已经完全能够适应甩挂运输的每个环节。由于业务不断发展，2014 年，金南物流在新区空港工业园先期购置了 80 亩土地，2015—2016 年按照甩挂运输的要求，新建金南物流无锡空港工业园甩挂运输站场建造，且 2015 年年底部分区域已经投入使用。

通过该项目的推进，结合公司的战略发展规划，金南物流完善整车干线运输、零担专线运输、中转运输、城市配送与甩挂运输模式的无缝对接。

（二）甩挂运输组织的特点

自 2010 年甩挂运输开展以来，金南物流形成了三种甩挂运输组织模式，即整车干线甩挂运输模式，零担专线甩挂运输模式，短驳（中转）甩挂运输模式。

1. 整车干线甩挂运输模式

顾名思义，该模式以整车整运为主，即一次运输指令满足一车次所能运输的载重和空间，运行距离属于以中距离、长距离为主的点对点运输方式，需要有长期稳定与大批量的货源组织。主要运营地点大都为客户端（仓库）或客户指定地点，根据客户生产计划，运用物联网信息化技术有效组织车辆、人员及线路开展整车干线甩挂运输（图 4）。

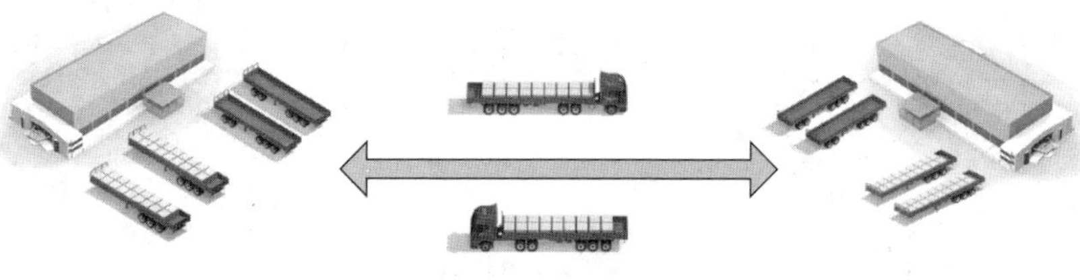

图 4　整车干线甩挂运输模式示意图

2. 零担专线甩挂运输模式

一张货物运单（一批）托运的货物重量或容积不够装满一车的货物（即无法达到整车运输时），采用零担专线甩挂运输模式，该模式装货时间较长，具有批次多、批量小的特点。同时，零担运输的货主对于到货期限的要求也比较高，因为市场价格随时变化,如果货主不能及时将产品投入市场,可能会造成很大损失。因此,零担运输市场需求对物流公司的业务水平提出了较高的要求。

传统方式装卸劳动强度大,人力物力资源浪费严重,效率极低。因此,改善现有的零担运输模式,缩短劳动时间,提高牵引车工作效率,是金南物流进一步发展的强大动力。采用甩挂运输模式后,即可通过系统智能化运算组织自动生成各项作业信息,实现节能减排降低物流成本。如图5所示,各地牵引车在接受系统指示后前往相应地点进行作业,不在发货端等待货源组织,大大提高了零担专线的效率。

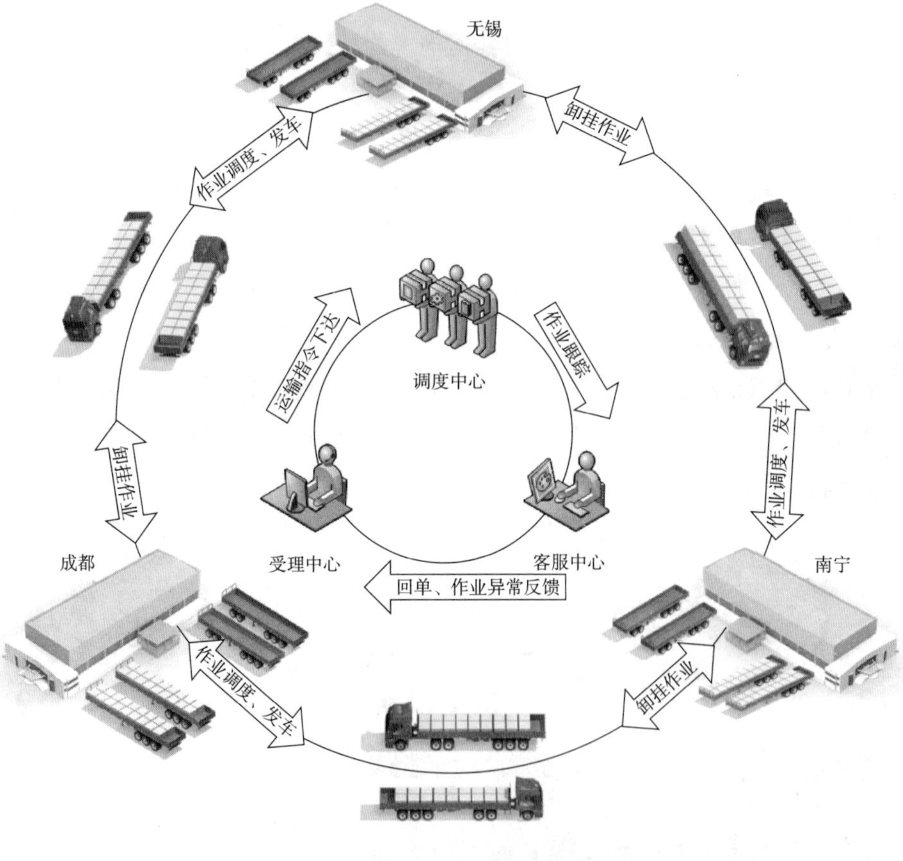

图5 零担专线甩挂运输模式示意图

3. 短驳(中转)甩挂运输模式

由于近年来土地和劳动力成本要素不断上涨,大型企业逐步将生产基地与仓库进行剥离或者外包,因此衍生出短距离的短驳(中转)运输模式。该模式特点主要有:装货时间极短、货品规格统一;回程多为空载;收发货地点存在一点多线(不同仓库)的情况,等待装货时间较长;客户自身生产计划无法控制及现场调度无法即时指挥、合理安排。

通过甩挂运输模式运作,可有效降低客户端作业牵引车的数量,即由场地牵引车将若干个空挂、满挂牵引至系统指定地点,作业牵引车只需按照系统指示作业,从而减少排队等待装货的时间。

金南物流根据现有业务已开展两种短驳(中转)甩挂运输模式,即无锡小天鹅洗衣机中转甩挂运输(图6),金南物流与苏华物流内陆水运码头多式联运的集装箱短驳甩挂运输(图7)。

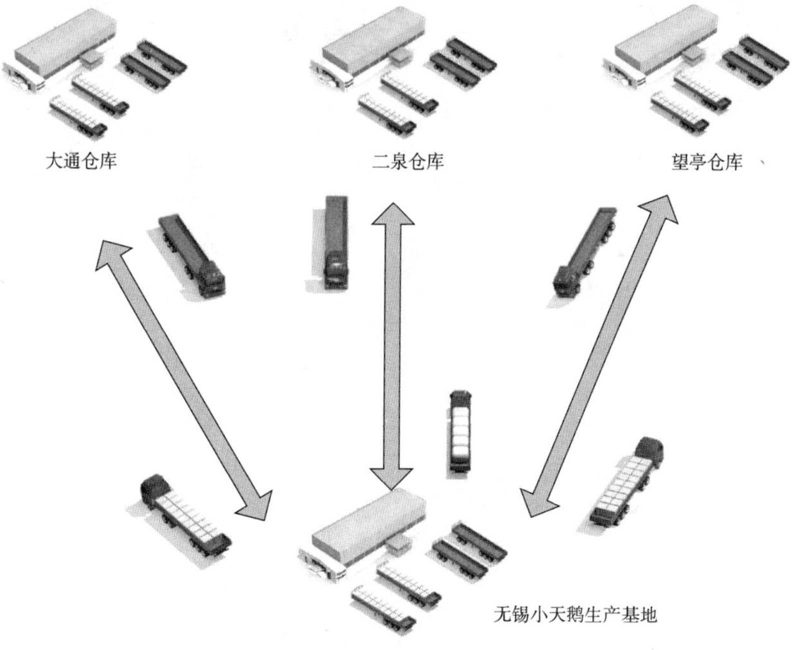

图6　无锡小天鹅洗衣机中转甩挂运输

4. 甩挂运输后期发展模式

项目后期,金南物流计划加强与省内外其他甩挂运输站场和兄弟单位的沟通协作,充分利用各自甩挂运输基础设施,整合现有物流资源,将各种不同的甩挂运输模式有机结合,形成"多车多挂多点多线,多模式联合甩挂运输"的跨区、跨单位的网络型甩挂运输,如图8所示。

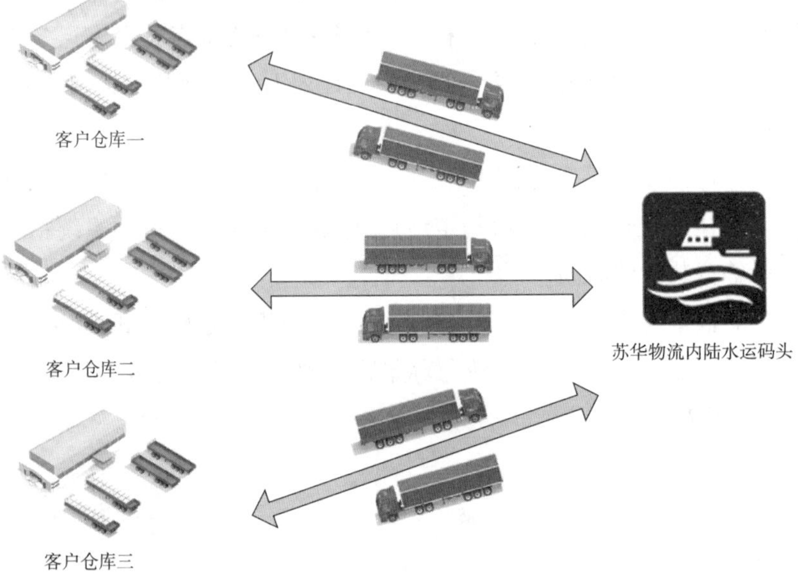

图7　金南物流与苏华物流内陆水运码头多式联运的集装箱短驳甩挂运输

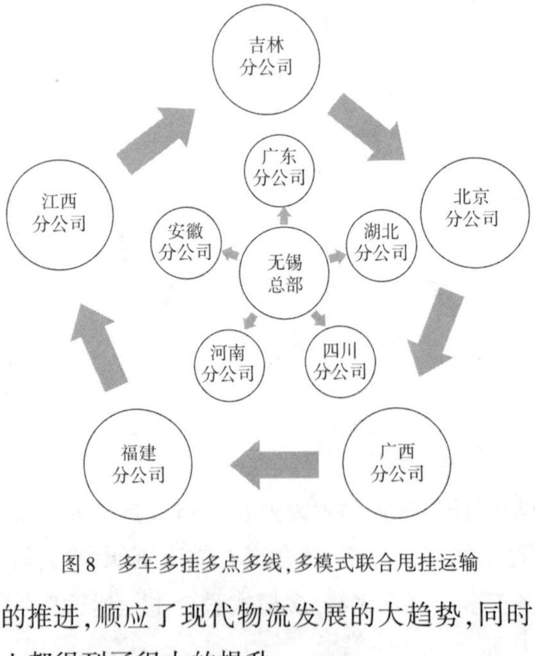

图8　多车多挂多点多线，多模式联合甩挂运输

甩挂运输项目的推进，顺应了现代物流发展的大趋势，同时使得金南物流在经济效益和社会效益上都得到了很大的提升。

(三)甩挂运输取得的成效

1. 经济效益

1)项目运输效率提高

金南物流物联甩挂运输项目主要围绕甩挂运输专线展开,项目运输效率提升主要体现在减少牵引车的装卸等待时间,提高车辆利用率,有效减少牵引车的使用数量,增加单车载重行驶里程以及完成总周转量。

2)项目运输成本下降

通过对折旧、燃料、维修、保险、税金、工资等10个方面的综合测算,从单位运输成本看,甩挂运输方式成本节约了0.047元/(吨·公里),下降了6.9%;单车年平均运输周转量3833831吨公里,单车节约成本18.02万元,以金南物流甩挂运输使用121辆作业牵引车计算,节约运输成本2180.30万元。

2. 社会效益

通过实施甩挂运输,金南物流能源明细消耗降低,甩挂运输每百吨公里的油耗下降了0.3升,以单车每年完成3833831吨公里的运输量计算,单车每年可节约燃油11501.49升,按照使用121辆牵引车计算,每年可节约燃油1391680.29升,相当于节约标准煤1725.88吨。

四、企业发展思路

金南物流未来将重视在多式联运方面的发展,金南物流的主要计划有:

1. 增加甩挂运输线路

通过精干的业务团队,在原有热门线路上继续维持货源,以保证原有的甩挂线路,不断强化和完善已经开通的甩挂运输线路。根据业务发展情况,增加甩挂运输线路。依托金南物流强大的信息化支撑,加快物联智能信息化管理系统对其他线路的开发速度,根据市场需求以及公司发展战略开拓新的甩挂运输线路,采取成熟一条开辟一条的战略方针,开辟新的甩挂线路。

2. 根据甩挂运输线路,增加甩挂运输车辆配置

目前金南物流的牵引车与挂车比例已经达到1∶2.2,今后将继续根据现有甩挂运输线路上的货运量,加强新线路上的车辆配置,以推动新线路的发展。同时,由于甩挂运输的运用大大提高了公司的经济和社会效益,未来在整车线路上将不断提高甩挂运输的占比。

3. 全面启用新的甩挂运输站场

2017 年,将全面启用新的甩挂运输站场,完全通过信息化手段来监控业务的每一个流程,不断推进金南物流精细化管理水平。

4. 推进运输信息平台建设

在爱卡司信息系统发展的基础上,争取与中国交通通信信息中心合作,使爱卡司成为甩挂运输运行技术的标准;同时,继续加强推广甩挂运输信息平台,开发应用相关的软件,系统规划分析企业内部业务和管理对信息的需求,实现甩挂运输线上服务,提高运输效率。

金南物流将顺应市场发展趋势,把握新一轮物流业转型升级发展的机遇,坚持实施企业发展战略,加快传统物流向现代物流转型,努力打造成为规模化、信息化、品牌化的优质物流服务供应商,力争早日实现金南物流整体上市的目标。

案例12:淮安市吉安物流有限公司

一、总经理致辞

淮安市吉安物流有限公司(以下简称"公司")于2011年开始发展甩挂运输业务,2013年6月正式成为江苏省甩挂运输试点项目。经过2年多试点运行,取得了较好的经济效益和社会效益。

公司始终不渝地把"诚信为本、安全快捷、热情服务、客户第一"作为公司的核心价值理念,坚持以"安全、高效、准确及时"为服务目标,走开放式的发展道路,以客商为中心,力举"知识创新、制度创新、管理创新、人才机制创新",不断深化服务,开拓创新、锐意进取,竭诚为客户24小时提供"门对门"、"仓对仓"的安全、便捷、高效、优质的物流服务,逐步实施现代科学物流发展战略。公司积极确立品牌战略意识,充分发挥品牌效应,把品牌效应认为是获取效益的最佳途径,并且树立物流发展的精品名牌意识,严格制定各项物流质量标准,不断提高物流服务水平。

二、企业发展概况

(一)企业简介

淮安市吉安物流有限公司位于淮安市淮阴区丁集镇娘庄村一组,创办于2002年,注册资金2000万元,总资产8570万元,2015年营业收入1.267亿元,公司现有员工256名,其中具有经验丰富、熟悉国内公路运输的专业管理人员49名,驻外办事机构12个。下设子公司淮安市吉韩物流有限公司、淮安市吉迅运输有限公司、淮安市盛安汽车修理有限公司、淮安市吉顺驾驶员培训有限公司。公司紧临新长铁路淮安站,毗邻京沪高速公路、徐淮盐高速公路、宁连一级公路、205国道与305省道交汇处,具有优越的交通地理位势,成为苏北地区重要物流集散中心。目前,公司占地50000平方米,平面仓库5000平方米,建有5座标准式专业化仓库,面积达到20000平方米,拥有货运车辆244辆(含子公司吉韩物流公司70辆)。公司经过多年的发展，长期的合作单位达到300户，为公司甩挂运输的运作创造了条件。公司网络辐射东北、华北及长三角、珠三角等地区，是集货物的运输、仓储、中转、配送、包装、分拣等功能于一体的跨区域、网络化的现代综合性物流企业。

(二)企业发展历程

公司于1997年由2部货车起步，经过几年的原始积累，货运车辆逐步发展到10部，随后组建了淮安吉安运输公司，于2002年注册为淮安市吉安物流有限公司。随着经营规模的逐步扩大，公司取得了较好的经济效益和社会效益，2008年被淮安市政府授予“2008年度规范化工作组”，2008年、2009年、2010年、2011年、2013年、2014年被江苏省交通运输厅授予“江苏省五十佳信誉企业”；2010年、2015年被授予“税收特别贡献奖”；公司通过ISO 9001：2008认证，具备国家AAAA级物流企业资质，是江苏省重点物流联系企业。

(三)主营业务

公司主要从事淮安百隆棉纺集团和宁波百隆纺织有限公司的棉花、棉纱运输业务，同时与上海新大洲物流有限公司、深圳华孚色纺有限公司、安得物流有限公司、百世物流科技有限公司、海信电器、海尔电器、美的电器、创维电器等国内大型企业建立和保持良好的合作关系，承揽了这些企业在华东、东北、西部的大部分运输业务。

公司经过多年打拼，已拥有牵引车74台、挂车100台(其中投入用于甩挂运输的牵引车27台、挂车54台)，年吞吐货物运输周转量达到29327万吨公里，具备了立足淮安，辐射华东，服务江苏、上海、浙江、广东、安徽、天津、北京、吉林、辽宁等多个省市物流业的能力。公司在发展的同时，积极注重物流科学技术管理的创新与运用，引进了先进的“金蝶”信息管理系统软件，建立全球卫星定位系统，运用空间卫星技术手段进行实时调度与跟踪。

三、甩挂运输发展情况

(一)推进甩挂运输的历程

公司于2011年开始发展甩挂运输业务，于2013年6月正式成为江苏省甩挂运输试点项目。经过前期调研、考察和向国内多家物流专家团队咨询等手段，针对实现甩挂运输的5大要素，公司积极开展研究讨论，探索甩挂运输试点运作。目前，公司依托百隆东方集团、宁波百隆、曹县百隆、南宫百隆等企业开展甩挂运输作业，投入甩挂运输的牵引车共27台、挂车54台。通过甩挂运输,增加了牵引车的纯运行时间,提高了车辆运输效率。以公司从淮安百隆至无锡百隆运输为例(里程300公里),相比传统运输模式,采用甩挂运输模式后,运输效率提高50%,单车运输成本降低20%;车辆利用率大幅提高,牵引车辆购置成本节约34%,油耗降低1.8%,运行效率提高35%。

(二)甩挂运输模式

甩挂运输的主要货物为棉花和棉纱,公司围绕甩挂运输的经营情况,加强市场信息整合,根据与甩挂网络两端生产企业的个性化需求,形成"一线两点"、"三点循环"的甩挂运输组织模式,充分满足客户的运输需求。公司前期开通了淮安—无锡—宁波—淮安、淮安—曹县、淮安—南宫3条线路。目前共投入车辆81辆,其中牵引车27辆、挂车54辆。

1."三点循环"式甩挂运输模式

线路:淮安—无锡(300公里)—宁波(346公里)—淮安(550公里),如图1所示。

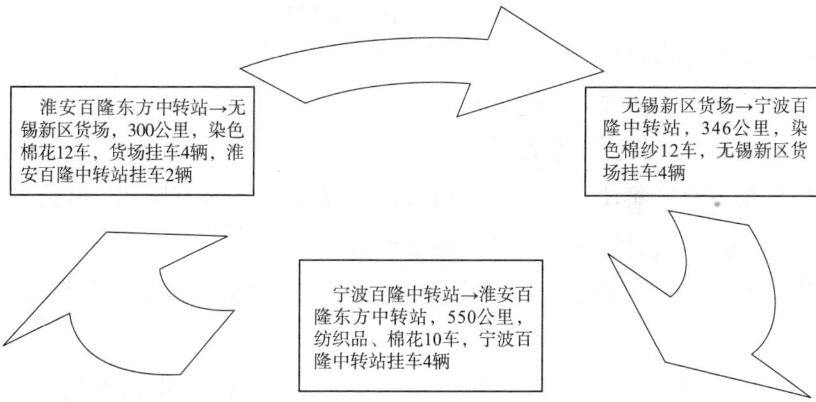

图1　淮安—无锡—宁波—淮安甩挂运输线路图

服务客户:淮安东方百隆、宁波百隆。

主要货类:棉花、染色棉、棉纱。

A装货点:淮安百隆东方中转站。A卸货点:无锡新区货场。装、卸货点距离300公里。运输货物类别:染色棉花。运输量:12车。

B装货点:无锡新区货场。B卸货点:宁波百隆集团公司。装、卸货点距离346公里。运输货物类别:染色纱。运输量:12车。

C装货点:宁波百隆集团公司。C卸货点:淮安百隆东方中转站。装、卸货点距离550公里。当天往返,运输货物类别:纺织品、棉花。运输量:10车。

公司其投入牵引车12辆,挂车24辆。其中,挂车在途12辆,无锡新区货场6辆,宁波百隆中转站6辆,站场甩挂12辆。

2."一线两点"往复式甩挂运输模式

线路一:淮安—曹县(400公里),如图2所示。

服务客户:淮安东方百隆、曹县百隆。

主要货类:棉花、染色棉、棉纱。

淮安百隆—曹县百隆路线,距离400公里,往返1天,正向甩挂运输染色棉花,回程为棉纱,每天10车,投入牵引车7辆、挂车14辆。其中,挂车在途7辆、淮安百隆中转站4辆,曹县百隆3辆,站场甩挂7辆。

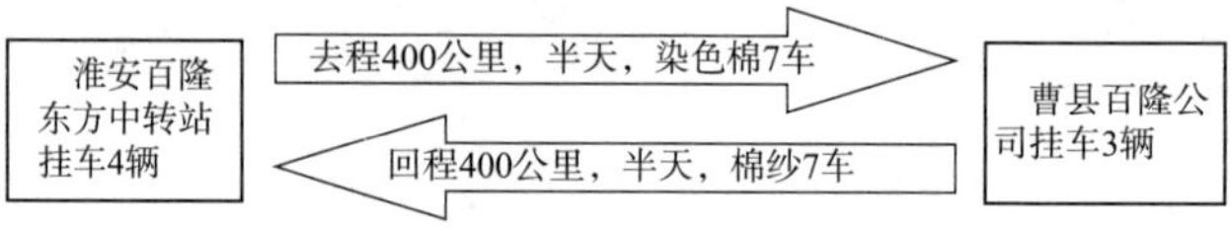

图2　淮安—曹县甩挂运输线路图

线路二:淮安—南宫(680公里),如图3所示。

服务客户:淮安东方百隆、南宫百隆。

主要货类:棉花、染色棉、棉纱。

装货点:淮安百隆集团。卸货点:南宫百隆公司,装、卸货点距离680公里。往返时间2天。运输货物类别:染色棉花。运输量:8车。

回程装货点:南宫百隆公司。卸货点:淮安百隆集团。运输货物类别:染色棉纱。运输量:8车。

公司投入牵引车8辆,挂车16辆。其中,挂车在途8辆,南宫百隆公司货场4辆,淮安百隆4辆,站场甩挂10辆。

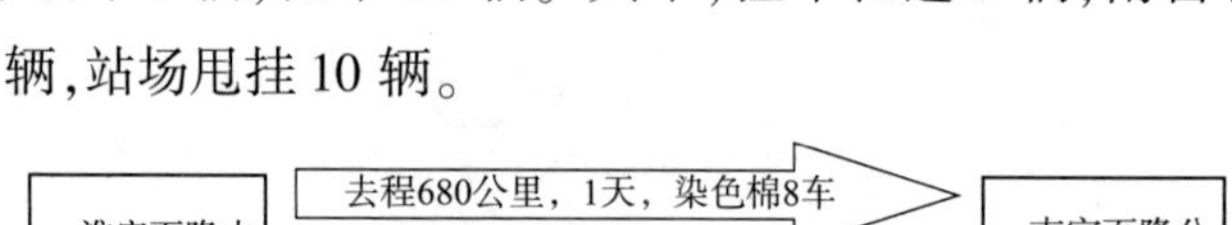

图3　淮安—南宫甩挂运输线路图

(三)开展甩挂运输的特点

1.甩挂运输组织方式

(1)由公司在各装货站场投放一定数量的挂车,由生产单位直接将生产加工好的、需要发运的原材料或产成品直接装到准备运输的挂车上，现场过数、登记并同步办理好入、出库手续。无须再搬入、搬出仓库。待整车装好、封签后，只需等牵引车前来挂车运走。

（2）公司重型半挂牵引车在各个站点闭合往返循环。当整车到该装货站场后，驾驶员将需卸货的挂车直接甩下，挂上另一台已装好货物的挂车送往下一目的地，在此期间无须等待。

（3）牵引车到达下一目的地后，同样直接甩下挂车，挂上另一部已装好货的挂车，赶往下一个目的地或返回原目的地。这样不断地周转、循环，保证驾驶员驾驶的重型牵引车无须等待，使装、卸货等待时间得以缩短，提高了重型牵引车的利用效率和驾驶员的工作效率。

（4）为了保证能够随时掌握所有牵引车和挂车的运行情况，公司在所有车辆上全部装载全球 GPS 定位系统和手机定位系统，实时、动态地跟踪车辆的位置及目前状态，以最快的速度了解车辆运行动态，以便提供车辆的在途信息和跟踪服务。

2. 甩挂站场建设与改造

为满足甩挂运输作业需要，依据公司运输业务的发展，拟分三期投资 1006 万元用于甩挂项目建设。

（1）一期总投资 600 万元，于 2011 年 1 月开工，2013 年 12 月竣工。重点扩建吉安公司丁集货运站和香港路货运站。

吉安公司丁集货运站：新建甩挂运输作业配载用房 8670 平方米、办公用房 1500 平方米，扩建甩挂运输作业场地 10000 平方米、停车场 5000 平方米；新增标准化托盘 3000 个、牵引车 12 辆、挂车 20 辆。合计投资估算约 475.07 万元。

吉安公司香港路货运站：新建甩挂运输作业配载用房 8670 平方米、办公用房 1500 平方米，扩建甩挂运输作业场地 800 平方米、仓库 1100 平方米、停车场 1000 平方米；新增标准化托盘 1000 个。合计投资估算约 124.33 万元。

（2）二期总投资 206 万元，于 2014 年 1 月开工，2015 年 12 月竣工。重点改造升级淮安百隆东方中转站、无锡新区中转站、百隆宁波中转站、邯郸货运站，包括实施装卸月台、停车场、甩挂装卸作业区、堆场等建设工程，新增专用装卸机械，标准化托盘。初步形成专业化、标准化的甩挂运输中转平台，提高甩挂运输中转效率。

淮安百隆东方中转站：改造装卸月台面积 1000 平方米，投资 5 万元；改造停车场面积5000平方米,投资10万元;改造甩挂装卸作业区面积5000平方米,投资20万元;新增标准化托盘2000个,投资16万元,合计投资估算约51万元。

无锡新区中转站:改造装卸月台面积1000平方米,投资7万元;改造停车场面积5000平方米,投资10万元;改造甩挂装卸作业区面积5000平方米,投资20万元;新增标准化托盘2000个,投资16万元,合计投资估算约53万元。改造仓库面积6000平方米,投资26万元;改造堆场面积3000平方米,投资10万元;新增专用装卸机械14台,投资42万元;新增专用装卸机械4台,投资24万元。合计投资估算约102万元。

(3)三期总投资200万元,进一步升级吉安公司丁集中转站,改造、扩建外租货运站。

3. 信息系统建设与改造

公司围绕甩挂运输网络化运营的要求,需投资38万元改造升级甩挂运输站场视频监控系统(投资16万元)、甩挂运输牵引车GPS调度管理系统(投资12万元)、装卸理货管理系统(投资10万元)。形成以"金蝶"信息管理系统为依托,集甩挂运输站场视频监控子系统、甩挂运输牵引车GPS调度管理系统、订单管理系统、仓储管理系统、全球卫星定位系统(GPS)等为一体的智能化甩挂运输信息化监控管理平台(图4)。该系统实现甩挂运输作业站场的车辆运营调度、业务受理、场内作业、信息查询、统计报表、系统管理、货物进库、货物出库、库存管理等业务。

图4　甩挂运输试点运输业务信息处理系统界面

(四)甩挂运输取得的成效

1. 项目经济效益分析

1)提高了道路运输效率

公司实行甩挂运输,最大的收益就是降低了企业成本。目前,公司甩挂的运行线路中,每条线路各自组成一个闭合循环线路。与现有的运作模式相比,运输成本降低约10%,人工劳动成本降低约5%,仓库租用费用降低约1%,其他费用降低约1%。随着货量的增加,实行甩挂运输的线路越来越多,必将实现规模效应,从而进一步提升企业的竞争力。

目前,一个17.5米半挂厢式车货物的装车、卸车、理货的时间在6小时左右。实行甩挂运输后,一个点可以节省3小时的装车理货时间,来回可节省6小时,大大减少了货车装卸时驾驶员的等待时间,提高了运输效率,加快了货物周转。

实施甩挂运输以后的效率对比见表1。由表可知,甩挂运输的车辆吨位利用率提高50%,周转次数增加1.5次,载重行驶里程增加1800公里,周转量增加3558900吨公里。

单车运输和甩挂运输效率对比分析　　表1

运输方式	车辆吨位(吨)	平均周转次数(次)	平均载重量行驶里程(公里)	周转量(吨公里)
单车运输模式	30	2.8	11500	3558900
甩挂运输模式	50	4.3	18000	7117800
增加量	20	1.5	6500	3558900

2)降低了运输成本

公司通过对道路运输生产进行月度和季度分析以及对单车运输、甩挂运输及其成本进行分析后发现,甩挂运输的运输成本降低效果明显。具体对比见表2。

单车运输和甩挂运输成本对比表　　表2

运输方式	投入车辆数(辆)	单位运输成本(元/吨公里)	燃油费(元)	车辆折旧(元)	保险费用(元)	通行费(元)	人工(人数×工资)(元)	各项规费(元)	车辆维护费用(元)	管理费用(元)	其他费用(元)
单车运输模式	140	0.2962	0.08	0.04	0.0062	0.04	0.04	0.02	0.03	0.02	0.02
甩挂运输模式	105	0.2375	0.064	0.03	0.0035	0.03	0.03	0.02	0.02	0.02	0.02
成本节约	-35辆 -945万元	0.0587	0.016	0.01	0.0027	0.01	0.01	0	0.01	0	0

3)提高了运输效益

相比单车运输效益,甩挂运输单位吨公里成本降低 0.06 元,月度每台挂车增加运输收入 5 万元。具体对比见表 3。

单车运输和甩挂运输效益对比表 表 3

单车运输方式	完成周转量(吨公里)	单位运输成本(元/吨公里)	月度运输收入(万元)	月度运输成本(万元)	税前利润率(%)	单车月利润(元)
单车运输模式	3558900	0.28	10.70	9.67	9.60	0.90
甩挂运输模式	7117800	0.22	15.50	13.50	13.00	2.00
对比分析	3558900	-0.06	4.80	0.67	3.40	1.12

2. 项目社会效益分析

(1)公司开展甩挂运输项目,有利于淮安道路货物运输和物流产业结构化调整,加快推动现代物流业的发展。本甩挂运输项目建设增加站场作业人员 135 人,为下岗职工提供再就业机会。

(2)本甩挂运输项目有明显的节能减排特色。据公司测算,在甩挂项目实施前,承运上述三条线路货物投入营运的车辆是 80 辆,其中,牵引车 40 辆、挂车 40 辆。三条线路每年合计运行里程为 4745200 公里,每台牵引车平均每年需行驶 118630 公里,每台牵引车每年平均空载率 20%,空载油耗 26 升/100 公里,全年每车浪费燃油约 6169 升,40 台牵引车合计浪费燃油 246760 升。公司在甩挂项目实施后,牵引车减少,不存在空载问题。按照 BP 中国碳排放计算器提供的标煤和二氧化碳折算系数计算,全年可节油 246760 升,约合 212.21 吨燃油。折算成标准煤约合 309.2 吨标准煤,减少大气污染物二氧化碳排放量 784.69 吨。具体对比见表 4。

单车运输和甩挂运输节能减排对比表 表 4

运输方式	单车年总行驶里程(车公里)	单车年完成周转量(吨公里)	单车年总耗油量(升)	单车百公里油耗(升/百公里)	单车百吨公里油耗(升/百吨公里)	年总耗油量(升)	折算标煤(吨)	二氧化碳排放量(千克)
传统运输模式	118630	3558900	48875	43.20	1.42	3421250	4286.89	8997887.50
甩挂运输模式	237250	7117800	42706	36.00	1.18	2989420	3745.8	7862174.60
增加量	118620	3558900	-6169	-7.20	-0.24	-431830	-541.09	1135712.9
增加率	100%	100%	-13%	13%	-17%	-13%	-13%	-13%

根据前面的研究分析结果,该项目在技术上是完全可行的。一方面,实行甩挂运输,在保证运力的同时,既能节约资金,又能提高牵引车的运输效率,同样也降低了单位运输成本和能耗及尾气排放,提高运输服务质量,实现节能减排。另一方面,降低了制造企业的仓储、搬运等运营成本,给第三方物流提供了巨大的市场需求和发展动力,对推动本市甩挂运输的普及起到一个较好的示范作用,以点带面,更好地促进本市物流产业的全面升级。

四、企业发展思路

1. 公司将在货运量、运量稳定的线路进一步推广甩挂运输模式

2016 年年底,公司将新根据车辆需求情况,新增牵引车 3 辆、挂车 6 辆,新增淮安—慈溪一条甩挂线路。到 2018 年,甩挂运输扩大货运种类 5 种,发展淮安—合肥、淮安—上虞、淮安—南昌 3 条甩挂线路,使甩挂货运量达到 15 万吨/年,周转量达到 8300 万吨公里,项目利润达到 320 万元。到 2020 年,预计新增牵引车 10 辆,挂车 20 辆,使用于甩挂的牵引车达到 40 辆、挂车 80 辆,辐射华东大部分地区,甩挂运输扩大至 8 种货类,预计甩挂货运量达到 19 万吨,甩挂货运周转量达到 10500 万吨公里。

2. 积极推动多式联运,促进甩挂运输的发展

以甩挂运输为切入点,充分发挥道路运输机动灵活的优势,积极完善道路运输网络,为货主提供快捷、低价、优质、高效的运输服务,把公司打造成地区性综合运输枢纽。

3. 开展业务培训,培养专业人才

发展甩挂运输离不开专业技术人才,从事甩挂运输的技术人员要对多式联运的衔接、车辆调度、车辆运行路径等相关问题非常熟悉。公司将加强对专业物流人才的培养,利用讲座、脱产培训、研讨会等多种形式加强对从业人员的教育和培养。同时,公司要跟高校合作,根据需要积极输送业务技术人员到高校深造,积极引进具有高素质的专业管理人才。

4. 改进组织结构,发展网络化经营

公司有条件时将通过联盟、合并、参股或连锁经营等方式实现联合发展,开展网络化运输。以货运站场、保税物流园区、港口等物流节点为依托,建立区域性甩挂运输网络系统,形成定线、定点、定时、统一领导、分级管理的运输经营组织机构,对周

转挂车实行统一配置、统一调度、统一管理,提高企业的整体服务能力。

5. 强化客户服务与管理理念,加强货源组织

开展甩挂运输要求货源相对稳定、运量大、物品性质相近,因此公司必须加强货源组织与开发。要应用现代物流管理与运作技术,主动与生产企业、商贸企业建立稳固的物流服务合作关系,为其提供采购与商品配送服务,形成稳定的甩挂运输货源。同时强化客户服务与管理理念,精心为客户设计合理的甩挂运输服务方案,既满足客户的服务需求,又提高自己的运输生产效率。

6. 构建物流信息平台,实现资源共享

构建物流信息平台,使之成为能够方便市场主客体之间的信息交换、企业的业务管理、管理部门市场监管的多功能综合信息平台。实现各客户、企业之间的信息联网和信息共享,以便能及时了解挂车和货源信息,提高甩挂运输的效率。

案例点评

江苏省试点网络型甩挂运输的企业以专业的甩挂运输作业站场作为物流资源和信息资源集聚的中枢,它们在整合社会运输资源的同时扩展企业的服务范围,节能减耗的同时提高车辆的运输效率,对集约、高效、先进、绿色的甩挂运输营运方式进行了推动,取得了较好的试点效果。

镇江兴港国际物流有限公司凭借甩挂与网络化运输的运营模式优势和网络信息优势,整合社会运输资源,扩展企业的服务范围,有效地促进了企业的转型发展。扬州三笑物流有限公司创造了“干线网络型”甩挂运输新模式,实现了扬州、北京、上海、成都、重庆、武汉、新疆七点中任意两点间的互甩。南京福车物流有限公司依托试点项目构建完善的中国邮政甩挂运输网络,进一步开拓“四通一达”(申通快递、圆通速递、中通快递、百世汇通、韵达快递)等快递干线甩挂运输业务,形成甩挂+金融的完美结合,拓展网络服务范围,打造辐射全国的快递干线甩挂运输网络。苏州盛丰物流有限公司创建了多元化的物流信息平台,以干线运输为主营业务,依托客户业务资源等七大基础资源,大力推进甩挂运输模式。南京捷顺达物流公司通过甩挂运输试点推动、示范引领,大力发展甩挂运输,逐步扩大甩挂运输的范围和规模,使得甩挂运输周转量在道路货运

中的比例明显增加，带动道路运输业节能减排取得显著成效。南京浩宇物流有限公司以南京总部运营为中心，长江三角洲、珠江三角洲、长江沿线和北京、天津、唐山等地区的网络建设为重心，以仓储发展为突破，以优化网点管理建设为切入点，科学、辩证地推进各网点甩挂运输管理。金南物流甩挂运输试点项目充分利用各自甩挂运输基础设施，整合现有物流资源，将各种不同的甩挂运输模式有机结合，形成“多车多挂多点多线，多模式联合甩挂运输”的跨区、跨单位的网络型甩挂运输。淮安市吉安物流有限公司根据与甩挂网络两端的生产企业的个性化需求，形成了“一线两点”和“三点循环”的甩挂运输组织模式，降低了运输成本。

第三章

多式联运甩挂

集装箱多式联运是指货物通过集装箱装载，在两种及以上不同运输方式间联合运输时，由多式联运经营人将货物从接管货物的地点运至指定地点交付，且过程中不进行掏箱作业的一种运输方式。将甩挂技术应用于集装箱多式联运，是现代物流发展的必然选择，既可以在实践中很好地检验和改进甩挂技术，又可以更好地完成集装箱多式联运，提高联运的效率和效益。多式联运的客户点需具备公路、水路、铁路结合的优势，以甩挂技术为纽带进行连接，实现货物的无缝衔接。多式联运甩挂具备集成化、网络化、动态化的公共物流信息平台，将各个环节的信息纳入其中，实现信息传递的规范化、精确化、快速化，保证信息对称。随着我国工业化进程的加快、国民经济的持续快速发展，以及经济全球化趋势的日益高涨，我国集装箱运输必然向着多式联运的方向发展。

案例13:连云港港口集团有限公司

一、总经理致辞

连云港港,是按照中国革命先行者孙中山先生所描绘的东方大港的蓝图,伴随横贯东西的铁路大动脉——陇海兰新铁路,寻找最便捷的出海口,于1933年兴建的,辐射沿线11个省(区)360多万平方公里。1990年新亚欧大陆桥贯通后,连云港港被确定为新亚欧大陆桥东桥头堡,在国家新一轮港口规划中,又被国家列为全国25个主枢纽港之一,与上海港、宁波港一起并列为长三角三大主枢纽港。经过80多年的建设发展,连云港港的基础设施不断完善,吞吐能力持续提升,服务水平不断提高。2015年港口吞吐量达到2.1亿吨,集装箱运量跨越500万标箱,跻身全国十大和全球百强集装箱港行列。

2013年,习近平总书记提出建设"丝绸之路经济带"和"21世纪海上丝绸之路"的战略构想期间,与纳扎尔巴耶夫总统共同见签连云港市与哈国铁路公司共建过境货物运输通道及货物中转分拨基地项目合作协议;11月29日,李克强总理在上海合作组织成员国总理第十二次会议上提出,中方愿在新亚欧大陆桥东端的连云港为各成员国提供物流、仓储服务;2014年5月19日,中哈两国元首在上海再度见证并启用中哈(连云港)物流合作项目一期。"一带一路"战略的提出,为连云港港带来了新的历史发展机遇。面对新的历史机遇,连云港港提出了以改革创新为主线,以"建设丝绸之路经济带平台"为核心,以打造"低碳、绿色、智慧"港口为目标的工作思路,贯彻国家、省市政府大力发展连云港港、发挥龙头带动作用的战略意图,充分发挥江苏省"一带一路"核心区的作用。通过统筹提升硬件保障能力、深度挖掘品牌资源潜力、突出主业,增强发展支撑力等,着力做强做优港口,提升竞争实力,着力创新发展理念,提升服务能力,加快港产城融合发展,为实现东方大港梦的宏伟目标,做出更大的贡献。

二、企业发展概况

（一）企业简介

连云港港口集团有限公司（以下简称“连云港港口集团”）是主导开发经营新亚欧大陆桥东桥头堡——连云港港的经营和建设主体，注册资本700000万元，总资产400余亿元，经营规模、利润水平分别逾70亿元和2亿元。连云港港地处于长三角港口群三大主体港之一，是新亚欧大陆桥东桥头堡、新丝绸之路东端起点，是陆桥沿线地区最经济、便捷的出海口和江苏沿海地区开发、长三角一体化发展、东中西区域合作示范区建设、“一带一路”等国家战略的实施重点。随着国家“一带一路”战略的深入推进，连云港港作为“一带一路”交汇点战略核心区和先导区、上海合作组织成员国出海基地与中哈物流中转基地的地位和作用愈加凸显。

历经82年的建设与发展，现已形成连云、赣榆、徐圩、灌河“一体两翼”港区发展格局，进港航道25万吨级，以30万吨级矿石码头和第六代集装箱码头为代表的生产性海港泊位55个、内河泊位6个，设计能力超1亿吨，其中集装箱274万标箱。设有木材、集装箱、物流保税、矿石物流等专业园区和公路中心货运站，投产面积超过150万平方米。陆向形成阿拉山口、霍尔果斯、喀什3个过境通道，开行13条国际国内铁路班列，布设9个内陆物流站场。海向辟有40多条集装箱航线、13条杂货客货班轮航线和2条中韩客货班轮航线，铁水、海公、海河多式联运优势明显，其中铁水联运量领先于沿海港口。货物吞吐规模突破两亿吨，位居沿海港口第13位，集装箱迈上500万标箱，为沿海十大集装箱港，同时又是我国唯一低碳示范港、首个科技示范港和江苏唯一信息化和工业化深度融合示范物流企业、首家集装箱甩挂运输交易中心。

（二）发展历程

连云港港开港于1933年，伴随着中国中西部地区建设陇海铁路寻找最便捷的出海口而诞生，并依托陆桥沿线地区经济发展而成长。连云港港口集团是2003年11月由连支港市政府以原连云港港务局所属企业的国有净资产、原连云港港务局投资的8家控股公司及13家参股公司的国有股权等资产为基础组建的市属国有企业，主要从事货物装卸仓储、港航投资建设、综合物流服务、临港产业发展等业务，目前拥有直属单位26家、控股公司9家（其中包括1家上市公司）、参股公司26家。

连云港港口集团近年来荣获了中国服务业企业500强、全国交通企业100强、江苏省重点物流企业、全国五一劳动奖状、模范职工之家、全国铁水联运示范港、全国低碳试点港、全国科技示范港等诸多荣誉，也是全国“三互”、“三个一”通关试点口岸、8个启运港退税试点口岸之一，江苏首个多式联运海关监管中心。

2015年，面对有效货源不足、港际竞争激烈的高压态势，连云港港积极应对、迎难而上，采取一系列市场开发、止滑止损措施，全年完成货物吞吐量2.1亿吨。

（三）主营业务

连云港港口集团主营业务有：为船舶提供码头、锚地、浮筒等设施；为旅客提供候船和上下船设施和服务；为委托人提供货物装卸、仓储、驳运、集装箱堆存、拆拼箱以及对货物及其包装进行简单加工处理等；为船舶进出港、靠离码头、移泊提供顶推、拖带等服务；为船舶提供岸电、燃物料等船舶服务；从事港口机械、设施、设备租赁、维修业务；货物运输服务；国内船舶代理；国际货运代理；港口与航道设施工程、建筑工程、给排水工程、机电设备安装工程、道路桥梁工程、建设智能化、通信工程施工；船舶租赁、房屋租赁服务；潜水作业；国内贸易；软件开发及系统集成；网络技术服务等。

三、甩挂运输发展情况

（一）甩挂运输开展的历程

连云港最早开展公路集装箱运输的是连云港海港运输有限公司，该公司是惠州市源汉拖轮有限公司法人代表出资并在连云港登记注册和成立的公司。源汉公司因长期租用连云港港口集团拖轮，为解决租金拖欠问题，2003年9月，该公司法人代表将连云港注册的海港运输公司交由港口集团管理和运营，公司营业范围是普通货运、货物专用运输（集装箱）、货物运输代理、车船配件销售等。该公司立足连云港港口集团在苏北淮安站场，开展港口至淮安的集装箱甩挂业务，从2004年至2010年平均年营业收入670万元左右，累计运输2.4万标箱。2011年，该公司注销，相关资产和业务由港口集团物流公司接收。

为更好地推动集装箱甩挂业务的发展，2014年8月，由连云港港口集团牵头，联合省级集装箱物流试点连云港海通金陵集装箱运输公司、吉安物流有限公司，通过签订联盟协议，共用甩挂信息平台等手段组建连云港港集装箱甩挂运输苏北地区联盟，开展连云港港区及赣榆港区的集装箱甩挂运输，连云港与苏北、豫东、皖北、鲁南地区的集装箱甩挂运输，以中哈物流基地、中韩陆海联运通道为载体的跨境国际集装箱多式联运甩挂运输。通过充分整合现有运输资源，提高集装箱甩挂运输能力和运输效率，推动铁水、海陆联运，集约化水平提升，打造丝绸之路经济带的集装箱甩挂运输示范品牌，为国家战略服务。

连云港港口集团为当地龙头企业，当地运输的主要货源生成地，是中国进口氧化铝、有色矿、木薯干第一港，出口工程机械、胶合板第一港，出口焦炭第二港，三大进口化肥、活牲畜接卸港，五大粮食进出口港，沿海出口煤炭唯一无索赔港，集装箱沿海十大港。港口吞吐量外贸比例、中西部货源比例均占60%左右，居沿海港口前列，是我国沿海国际、国内集装箱铁水联运第一承运港。公司将致力于探索建立以连云港港为中心，辐射苏北徐州、盐城、淮安、宿迁、连云港五市及郑州、洛阳、西安等丝绸之路经济带沿线城市运输网络，构建跨区域甩挂网络。

连云港海通金陵集装箱运输有限公司以现有车辆、货源为基础，重点发展码头、工厂循环和干线甩挂运输。依托“江苏快货”，积极拓展和延伸快货线路。在连云港至南京、苏州、徐州、无锡、盐城、山东兖州、临沂7条省内外“江苏快货”品牌线路的基础上，又开通了连云港至丰县、响水、常州、曹县、枣庄等省内外快货线路。公司的“江苏快货”品牌线路将覆盖全省的13个地区及周边山东地区的快货运输线路。

连云港吉安物流有限公司总部所在地为连云港，主要客户为苏北地区大中型生产制造企业、商贸流通企业，以及从事国际货运代理的口岸进出口企业。公司以连云港中心枢纽和苏北各市的系统合作伙伴形成网络基础，以发展特许授权站点的形式，丰富苏北集装箱甩挂运输的形式。以合资控股的方式，整合苏北地区的甩挂运输资源，以连云港为辐射点，发展苏北各市甩挂运输网络。以连云港吉安集装箱甩挂运输交易中心为主体，以港口的基础设施，如甩挂站场、机械设备等作为运作基础，以甩挂运输信息管理交易平台和管理团队作为运作条件，在淮安等多个城市以发展当地企业参与的形式，确立苏北地区甩挂运输网络。

联盟企业在相互协作的前提下各有侧重，各有分工，其中：

(1)连云港港口集团负责港内甩挂线路、港口—苏北四市甩挂线路、中哈中韩跨境甩挂线路的货源组织，负责港内、港口至中哈物流基地的集装箱甩挂运输，提供连云港赣榆港区甩挂运输站场进行货物的装箱及组织、装卸，提供港内、港口至中哈物流基地的集装箱甩挂运输线路的车辆。

(2)连云港海通金陵集装箱运输公司负责港口—苏北四市部分线路与中韩跨境的甩挂运输线路的运输,提供甩挂车辆。

(3)连云港吉安物流公司负责港口—苏北四市的甩挂运输部分线路的运输,提供甩挂车辆。

(4)港口与运输企业间通过系列协议和综合信息系统的共生式对接实现联盟。港口通过联盟的方式实现了集装箱港口集疏运物流环节的外包服务和对运输服务提供商的整合管理,运输企业与港口通过联盟实现共同发展和服务的提供,保证了稳定的箱源,取得了港口在各地无水港的自由使用权和与 EDI 综合口岸平台的深度对接授权,保证了提供甩挂运输服务的必备条件,实现利用港口资源为港口提供甩挂高效运输的良性循环,达到了港口企业与运输企业联盟共生,共同向高效低耗发展目标迈进的理想状态。

(二)开展集装箱甩挂运输的特点

1. 箱量稳定、车辆充足

2015 年连云港港完成集装箱吞吐量 500.9 万标箱,其中公路运输 220 万标箱,港口常年集装箱公路疏运量已占港口集装箱总疏运量约 40%。目前,日均在港从事集装箱运输的集卡车超过 2200 辆,港口集团自有集装箱牵引车 69 辆、挂车 91 辆,中韩轮渡公司自有集装箱挂车 220 辆。

目前,连云港港口拥有主要服务于港口集装箱运输的 100 辆车以上运输企业 15 家,其中部级甩挂运输试点企业联盟一家、省级甩挂企业三家,分别是连云港港口集团、连云港海通金陵集装箱运输有限公司、连云港吉安物流有限公司。目前三家试点企业自有从事试点甩挂运输牵引车 169 辆、挂车 266 辆,试点线路 8 条,其中港内线路 1 条、跨境国际线路 2 条、周边地区 5 条。2015 年共甩挂运输集装箱超 3 万标箱,其中连云港吉安物流有限公司以自有甩挂运输交易平台为基础,建立货运代理方与连云港、淮安、盐城、宿迁和徐州等地承运方、货运站场企业的互补型合作的中小企业联盟关系。联盟以连云港港口为基点,运输业务覆盖苏北地区主要城市,共整合货运站场 6 个,货运车辆达 435 辆。

2. 港口站场规范、网络健全

连云港港口集装箱流向、流量集中,适宜集装箱甩挂运输的开展。近年来,连云港港口集团在苏北徐州、淮安、盐城、宿迁、新沂等地成立的集装箱"无水港"为开展集装箱甩挂运输提供了可靠基础。

连云港港区共有集装箱站场6家，距离码头前沿都在10公里左右，其中具有拆装箱能力的站场有4家。中韩站场紧邻大港路，占地3.8万平方米，地理环境优越，距离集装箱码头公司只有3公里，东泰公司客滚站近在咫尺，可以为自有集装箱和部分内外贸船公司提供空集装箱堆存、检验、清洁、修理等全方位专业化的优质服务。

3. 信息平台提供了坚实的平台支撑

连云港电子口岸公司是交通运输部批准设立，并确定为连云港地区从事口岸物流公共信息服务的唯一专业化公司，可为港口提供以EDI为核心的数据传输交换服务和以WEB为表现形式的数据信息增值服务及物流公共技术服务，也可为用户提供企业生产业务数据（车、船、货）和口岸监管数据（申报、通关、查验放行数据），与目前市内3家省级甩挂运输试点企业信息平台均已实现对接，这为集装箱运输甩挂业务的开展提供了坚实的信息平台支撑。

4. 开展跨境陆海联运甩挂

陆海联运是个新鲜事物，这种甩挂运输方式在国内也是刚刚起步，目前江苏省只有连云港港口集团一家获批实质运作。韩国货物连同韩国籍拖板经中韩轮渡客滚船运输到连云港港口，连云港甩挂联盟的牵引车将拖板连同货物从船舱直接拖至客户处拆箱，然后再把空拖板原程返回韩国。在连云港中韩陆海联运堆场里的查验区域，车辆进场后，由专门的标准式集装箱查验平台和设备进行查验，实现了对需要查验的中韩进出口重箱进行快速、高效的验放，充分发挥了甩挂运输和滚装运输的组合效应，实现了国际海运与国际道路运输的无缝衔接，为中韩之间特种货物提供跨国“门到门”直达运输服务。2014年7月底，连云港被交通运输部正式列为中韩陆海联运汽车货物甩挂运输试点口岸，交通运输部还特别批准江苏省交通运输厅核发1500张特别通行证，用于陆海联运江苏省境内汽车甩挂运输。

1）开展多式联运的优势

（1）具有鲜明的区位特色和优势。连云港作为江苏“一带一路”国家战略先导核心区和国际物流大通道重要节点城市，连云港港既有双向开放窗口和海陆转换枢纽的区位优势，又有深水大港和陆桥过境运输第一品牌和四大国家战略聚集形成的政策优势。是中亚国家（上海合作组织）以及我国中西部地区的重要出海口，是国家主枢纽港、集装箱干线港，在国家新一轮对外开放战略布局中，地位特殊，优势明显。

(2)具有多式联运功能的综合交通基础设施条件优越。连云港港"一体两翼"发展格局初步形成,公铁水多式联运通道设施完备,自有站场港内6个、国内9个,拥有30万吨级航道和第六代集装箱泊位,近远洋航线60多条,其中40余条集装箱航线、2条客货班轮航线;已开通13列国际、国内集装箱铁路运输"五定"班列,与150多个国家和地区的近千个港口有贸易往来。港口电子口岸EDI信息化技术使用规范成熟,服务集疏港的"无水港"站场覆盖苏北各市,实施大规模集装箱甩挂运输的硬件条件优越。

(3)企业具有革新提效诉求,内外贸集装箱源稳定,规模总量充足。连云港港内外贸集装箱货源稳定充足,2013年连云港港完成集装箱吞吐量548.8万标箱,其中公路运输220万标箱;2014年完成集装箱500.54万标箱,其中公路运输200万标箱;2015年预计完成集装箱500万标箱,其中公路运输190万标箱。港口常年集装箱公路疏运量已占港口集装箱总疏运量的约40%。日均在港从事集装箱运输的集卡车超过2000辆,港口集装箱运输总量稳定、规模较大,但长期以来,由于车辆运输组织模式落后,牵引车单车运输效率较低,单位能耗等综合运输成本和碳排放量偏高,企业经济社会综合效益偏低,港口物流企业急需寻求运输方式革新。

(4)具有发展集装箱多式联运甩挂运输基础,经验丰富。市交通运输主管部门服务港口,积极调研,寻求降耗增效革新模式,鼓励甩挂运输发展。自2008年以来,市运管处就围绕发展现状,找准切入点,制定《推进全市道路运输集装箱甩挂运输发展方案》,采用"技术指导、培育试点、逐步推广"的方式,积极争取部省资金政策扶持,培育试点,推广甩挂运输模式。到2015年,全市主要服务于港口集装箱运输的100辆车以上骨干运输企业的15家均试点开展了甩挂运输业务,其中4家获得省级甩挂运输试点企业称号,共有从事试点甩挂运输牵引车156辆、挂车234辆,试点线路10条,集装箱运输车辆牵引车与挂车比例达到1:1.25。年均甩挂运输集装箱15万标箱,运输业务覆盖苏北地区主要城市,连云港吉安甩挂交易中心运营、甩挂运输信息平台投产,中小企业联盟试运行。骨干集装箱甩挂运输企业运营模式成熟,业务经验丰富,为组织港口与优质第三方物流服务资源合作开展大规模多式联运集装箱甩挂运输奠定基础。

2)运作模式

连云港多式联运甩挂运输以公铁水联运集装箱多式联运甩挂运输为对象,遵循

"核带互动"的发展模式，提升港口集装箱公路运输的衔接能力，为完成江苏沿海开发与丝绸之路经济带等国家战略部署奠定坚实的运输保障。实施单位和主题包括了子项目一连云港港内集装箱甩挂运输试点项目（实施单位：连云港港口集团有限公司）和子项目二中韩—中哈—苏北集装箱跨境甩挂运输试点项目（实施单位：连云港金港湾投资有限公司、连云港海通金陵集装箱运输有限公司）。

"核带互动"的铁公水联运集装箱甩挂运输模式，围绕连云港港口"核心"实现共用信息系统，在中哈、中韩跨境运输带和苏北四市公路"无水港"运输带间互动，通过开展中韩陆海联运甩挂、中哈公铁联运甩挂、港口至苏北四市集装箱甩挂和港内站场、集装箱甩挂站场之间甩挂运输，将围绕连云港港口集装箱集疏运甩挂运输的跨境—港内—省内整合成一体，形成新的公铁水多式联运甩挂运输系统。2015 年 9 月至 2017 年 9 月，全项目完成项目投资总额 18778.23 万元；平稳运行中韩甩挂运输、中哈甩挂运输、连云港—淮安等 7 条甩挂运输线路；投入用于甩挂运输牵引车 213 辆，其中新增 115 辆，挂车 424 辆，其中新增 187 辆；新建或改造赣榆集装箱站场、连云港物流甩挂运输站场 2 个；项目期末实现车辆平均里程利用率达到 90%，试点项目车辆牵引车与挂车比例达到 1∶1.99，百吨公里油耗 1.31 升。运输效益较项目实施前提高 10% ~20%；社会效益实现促进产业结构调整、促进区域平衡发展，能源消耗和碳排放下降 19.17% ~51.13%。

连云港多式联运甩挂运输与原有疏港运输相较具有一定的创新和突破：

（1）以枢纽港口企业为核心，组织多式联运的模式创新。以连云港港口集团作为多式联运的核心，组织多区段协调，有效协同港口、公路、铁路的运输安排，有利于开创以多式联运枢纽港企业为核心的多式联运新模式。

（2）基于集装箱甩挂的海陆联运，探索跨境甩挂运输新模式。在韩国和中国连云港港口口岸之间开展陆海联运甩挂汽车运输是对《中华人民共和国政府和大韩民国政府陆海联运汽车货物运输协定》的具体实践。为通过实施多式联运甩挂运输模式探索推动中韩两国交通运输领域的互利合作，实现降耗增效，提高高货值产品运输安全水平做出重要贡献。

（3）基于层次协同的资源优化模式，连接欧亚面向未来。针对多式联运不同运输方式间衔接与协同作业需要，推动连云港港铁路直达进港、水公铁有效衔接的组织策略，通过甩挂运输方式，实现港口、城市、跨境的无缝连接。增强亚欧大陆桥国际物流大通道运输便捷顺畅程度,促进沿桥地区经济发展和不同文化间交流,通过甩挂运输衔接多式联运代表未来发展方向。

(4)以集装箱甩挂运输,支撑多式联运高效运作创新。连云港港具备“一带一路”陆海转换枢纽优势,是上海合作组织成员国共享出海口和国际国内物流大通道的重要东端节点。通过甩挂运输方案,解决大规模集装箱货物在海公铁等多种运输方式间快捷切换的问题,提高港口高效运作能力,增强中哈等国际班列国际竞争力,带动江苏区域经济和物流服务产业等第三产业与国际国内两个通道有效衔接,对地方经济承接经济效能辐射,带动产业落地具有重要实践价值。

(三)开展甩挂运输的成效

近几年,连云港港口不断加强甩挂运输标准化建设,在国家相关政策规范的指导下,大力发展公路甩挂运输,建立了高效的集装箱运输管理体系。连云港甩挂运输试点项目每年可节约燃油1万吨,相当于节约标准煤1.47万吨,减少二氧化碳排放3.67万吨,2015年全港集装箱甩挂运输完成的周转量占周转量的比例达5%,甩挂运输单位运输成本下降18%左右。

目前,连云港港口集团与苏北地区的淮安华达利、宿迁格林、徐州宏康、盐州富兴、安徽雪龙五家企业达成合作协议,实施公路甩挂货物运输,包含连云港至宿迁、连云港至淮安、连云港至盐城、连云港至徐州及连云港至宿州五条甩挂线路。试点情况具体见表1~表3。

试点线路情况(苏北地区甩挂) 表1

线路名称	主要货类		总里程(公里)	甩挂运输作业点(具体站场)		投入牵引车(辆)	投入挂车(辆)	在途运输时间(小时)	装卸时间(小时)	等待装卸时间(小时)	开通时间
	去程	回程		去程	回程						
淮安线	食用油	家具	往返320	港口	淮安华达利	12	22	6	5	0	2012年2月
宿迁线	食用油	医疗用品	380	港口	宿迁格林	9	16	6	5	0	2012年2月
徐州线	食用油	机械	480	港口	徐州宏康	10	18	9	4	0	2012年2月
盐城线	食用油	废纸等	440	港口	盐城富兴	8	15	5	4	0	2012年2月
宿州线	食用油	纸浆等	640	港口	安徽雪龙	5	8	10	6	0	2014年2月

2012—2015 年苏北甩挂运输量(单位:标箱)　　表 2

线路名称		年度运量			
		2012 年	2013 年	2014 年	2015 年
已开	淮安	6496	7196	9685	10135
	宿迁	4637	5684	5764	6548
	徐州	2988	5860	6626	5259
	盐城	2896	4638	2439	2852
	宿州	—	3246	4892	5486
合计		17017	26624	29406	30280

货源与物流基地的关系　　表 3

线路	场地	重(空)载	货源组织
赣榆港码头—赣榆集装箱堆场	赣榆港码头	重载	建材
	赣榆集装箱堆场	重载	农产品
港口—中哈物流基地	连云港	重载	汽车配件等
	中哈物流基地	重载	矿产品
港口—中韩物流基地	连云港	重载	电子产品
	中韩物流基地	重载	农产品
港口—淮安华达利	连云港	重载	食用油等
	淮安华达利	重载	家具
港口—宿迁格林	连云港	重载	食用油
	宿迁格林	重载	医疗用品
港口—徐州宏康	连云港	重载	食用油
	徐州宏康	重载	机械
港口—盐城富兴	连云港	重载	食用油
	盐城富兴	重载	废纸等

1. 运输效率对比分析

采用甩挂运输方式后，运输效率的提升主要体现在由于减少了牵引车的装卸等待时间，将有效减少牵引车的使用数量，增加单车载重行驶里程以及完成的总周转量。牵引车单车年载重行驶里程 = 单车年平均总行驶里程 × 里程利用率，其中：单车年平均总行驶里程 = 线路平均里程 × 单车每月运货次数 ×12；单车完成周转量 = 单车年载重行驶里程 × 单车载货。

传统运输模式与甩挂运输模式的运输效率对比见表4。

运输效率对比分析(2014年)　　表4

线　路	传统运输模式			甩挂运输模式		
	每月运行趟数	里程利用率	实际载质量（吨）	每月运行趟数	里程利用率	实际载质量（吨）
码头—集装箱堆场	147.27	0.75	33	170.53	0.9	33
港口—淮安华达利	20.90	0.75	33	34.11	0.9	33
港口—宿迁格林	19.06	0.75	33	29.45	0.9	33
港口—徐州宏康	18.00	0.75	33	24.00	0.9	33
港口—盐城富兴	19.06	0.75	33	25.92	0.9	33

以港口—淮安华达利线路为例，牵引车运输效率对比如下：

传统运输模式：平均每天约0.77趟，单车年总行驶里程 = 年运营天数 × 每天作业次数 × 线路平均长度 = 12 ×27 ×0.77 ×642 = 160537公里；以传统单车运输模式车辆里程利用率为0.75计算，牵引车单车年载重行驶里程 = 单车年平均总行驶里程 × 里程利用率 = 120402.58公里；单车完成周转量 = 单车年载重行驶里程 × 单车载货 × 吨位利用率 = 3973285.16吨公里；

甩挂运输模式：平均每天约1.26趟，单车年总行驶里程 = 年运营天数 × 每天作业次数 × 线路平均长度 = 261928.4公里；以传统单车运输模式车辆里程利用率一般为0.90计算，牵引车单车年载重行驶里程 = 单车年平均总行驶里程 × 里程利用率 = 235735.6公里；单车完成周转量 = 单车年载重行驶里程 × 单车载货 × 吨位利用率 = 7779274.1吨公里。

采用甩挂运输模式，牵引车单车年总行驶里程提高了63.16%，单车载重行驶里程提高了95.79%，单车完成周转量提高了95.79%。

同理计算其他线路对比情况见表5。

运输效率对比分析表(2016 年) 表 5

线路	运输方式	车辆吨位(吨)	单车年总行驶里程(车公里)	单车年载重行驶里程(重车公里)	单车完成周转量(吨公里)
港口—中韩物流站场	传统运输模式	33	36593	27445	905675
	甩挂运输模式	33	95704.61538	86134.15385	2842427.077
	增减量	—	59111.67421	58689.44796	1936751.783
	增减率	—	161.54%	213.85%	213.85%
港口—中哈物流站场	传统运输模式	33	36592.94118	27444.70588	905675.2941
	甩挂运输模式	33	95704.61538	86134.15385	2842427.077
	增减量	—	59111.67421	58689.44796	1936751.783
	增减率	—	161.54%	213.85%	213.85%
赣榆港码头—赣榆集装箱堆场	传统运输模式	33	98967.27273	74225.45455	2449440
	甩挂运输模式	33	114593.6842	103134.3158	3403432.421
	增减量	—	15626.41148	28908.86124	953992.4211
	增减率	—	15.79%	38.95%	38.95%
港口—淮安华达利	传统运输模式	33	160536.7742	120402.5806	3973285.161
	甩挂运输模式	33	261928.4211	235735.5789	7779274.105
	增减量	—	101391.6469	115332.9983	3805988.944
	增减率	—	63.16%	95.79%	95.79%
港口—宿迁格林	传统运输模式	33	173816.4706	130362.3529	4301957.647
	甩挂运输模式	33	268625.4545	241762.9091	7978176
	增减量	—	94808.98396	241762.9091	3676218.353
	增减率	—	54.55%	85.45%	85.45%
港口—徐州宏康	传统运输模式	33	207360	155520	5132160
	甩挂运输模式	33	276480	248832	8211456
	增减量	—	69120	93312	3079296
	增减率	—	33.33%	60.00%	60.00%
港口—盐城富兴	传统运输模式	33	201261.1765	150945.8824	4981214.118
	甩挂运输模式	33	273715.2	246343.68	8129341.44
	增减量	—	72454.02353	95397.79765	3148127.322
	增减率	—	5.26%	26.32%	26.32%

注:表格中单车均为牵引车。

2. 平均运输成本对比分析

运输成本主要包括固定成本和可变成本，其中固定成本有车辆折旧、修理费、保险费、其他费用和税金等，可变成本一般包括燃油费、通行费和驾驶员工资等。以港口—淮安华达利线路为例，分析各指标变化情况。

1）折旧费

传统运输模式下，单车平均价格35.00万元（含1挂，牵引车25万元，挂车10万），通常货运车辆按照5年计提折旧，残值10%，按照平均年限折旧法，折旧费为6.3万元/年。

甩挂运输模式下，单车平均价格45.00万元（含2.00个挂），按5年计提折旧，残值10%，折旧费为8.10万元/年。

2）燃油费

$$单车年燃油费 = 单车年总油耗(升) \times 燃油单价(元/升)$$

传统运输模式下，采用的核定载质量33吨的普通单车，百公里油耗为40升，则单车总油耗 = 288822.86公里 ÷ 100 × 40升/百公里 = 115529.14升，以燃油价格7.60元/升计算，燃油费 = 115529.14 × 7.60 ÷ 10000 = 87.80万元/年。

甩挂运输模式下，采用的实际载质量33吨厢式车，百公里油耗为40升，则单车总油耗 = 449280.00公里 ÷ 100 × 40升 ÷ 百公里 = 179712.00升，以燃油价格7.60元/升计算，燃油费 = 105969.6 × 7.60 ÷ 10000 = 136.58万元。

3）修理费

$$年维修费用 = 牵引车维修费 + N \times 挂车维修费$$

式中，牵引车与挂车比例为1 : N。

以淮安翔和翎物流有限公司为例，对于甩挂运输的牵引车维修费限额为1.8万元/年，挂车维修费为0.48万元/年。

传统运输模式下，年维修费 = 1.8 + 0.48 × 1 = 2.28万元。

甩挂运输模式下，年维修费 = 1.8 + 0.48 × 2 = 2.76万元。

4）保险费

单车全年保险费包含5项，分别为交强险、第三责任险、机动车险、驾驶员意外伤害险和货物险。

传统运输模式下，单车全年保险费为2.45万元。

甩挂运输模式下,全年单车(含2个挂)保险费为2.80万元。

5)工资

$$驾驶员工资=单车配备驾驶员人数\times人均年薪$$

传统运输模式下,一车1人制,5000元/月×12月=4.8万元。

甩挂运输模式下,一车2人制,2人×5000元/月×12月=9.6万元。

6)通行费

$$年通行费=年周转量\times通行费标准(元/吨公里)$$

高速公路现执行计重收费,平均每吨公里收费约为0.07元。

传统运输模式下,平均每部车全年通行费53.37万元。

甩挂运输模式下,平均每部车全年通行费93.41万元。

7)税金

实施营改增政策后,税率为11%,因此对部分成本进行了抵扣。对于线路一,调整后的增值税为:

传统运输模式下,单车年税金6.6万元。

甩挂运输模式下,单车年税金14万元。

8)管理分摊

传统运输模式下,单车年均摊销管理费用0.17万元。

甩挂运输模式下,单车年均摊销管理费用0.41万元。

9)其他费用(货损货差、随车工具等)

传统运输模式下,单车年平均0.60万元。

甩挂运输模式下,单车年平均0.60万元。

10)运输成本

$$运输成本=(折旧费+燃油费+修理费+保险费+工资+通行费+管理分摊+其他费用+税金)\times10000/单车完成周转量$$

同理计算其他线路运输成本见表6。

通过表6可以看出,从单位运输成本看,与传统运输方式相比,甩挂运输方式成本节约了0.003~0.3元/吨公里,运输成本下降了10%~22%。

3.社会效益对比分析

甩挂运输模式有效提高了提高运输和物流效率,减少了车辆的空驶率,从而降低单位货物的燃油消耗水平，使企业整体运营成本大幅减少，运输利润大幅上升。根据连云港港口集团的统计数据，传统运输模式下，单车百吨公里油耗=单车总油耗×100÷单车完成周转量=4.1升/(百吨·公里)；甩挂运输模式下，单车百吨公里油耗=单车总油耗×100÷单车完成周转量=3.05升/(百吨·公里)。

单位运输成本分析表 表6

试点线路	运输模式	折旧费（万元/年）	燃油费（万元/年）	修理费（万元/年）	保险费（万元/年）	工资（万元/年）	通行费（万元/年）	税金（万元/年）	管理分摊（万元/年）	其他费用（万元/年）	运输成本（元/吨公里）
港口—淮安华达利	传统运输模式	8.1000	48.8032	2.2800	1.8000	6.0000	31.7863	14.8998	1.0000	0.6000	0.2901
	甩挂运输模式	10.8000	79.6262	2.7600	2.4000	12.0000	62.2342	24.3102	1.2000	0.6000	0.2519
港口—宿迁格林	传统运输模式	8.1000	52.8402	2.2800	1.8000	6.0000	34.4157	13.5851	1.0000	0.6000	0.2804
	甩挂运输模式	10.8000	81.6621	2.7600	2.4000	12.0000	63.8254	20.9952	1.2000	0.6000	0.2460
港口—徐州宏康	传统运输模式	8.1000	63.0374	2.2800	1.8000	6.0000	41.0573	0.8126	1.0000	0.6000	0.2430
	甩挂运输模式	10.8000	84.0499	2.7600	2.4000	12.0000	65.6916	1.0835	1.2000	0.6000	0.2199
港口—盐城富兴	传统运输模式	8.1000	61.1834	2.2800	1.8000	6.0000	39.8497	13.5851	1.0000	0.6000	0.2698
	甩挂运输模式	10.8000	83.2094	2.7600	2.4000	12.0000	65.0347	18.4758	1.2000	0.6000	0.2417

传统单车平均行驶里程的里程利用率将从以往的55%提升到70%，减少了26.05%的百吨公里油耗。单车每年可节约燃油9437.4升。按照连云港港口8条线路上214辆牵引车计算，每年可节约燃油3822147.6升，节约标准煤6475.87吨，最低节约在15%以上。单车燃油消耗对比分析见表7。

单车燃油消耗对比分析表　　表7

线路	运输方式	总行驶里程（车公里）	年运输周转量（吨公里）	年总耗油量（升）	百车公里油耗（升/百公里）
港口—中韩物流站场	传统运输模式	36592.9412	905675.294	14637.1765	30
	甩挂运输模式	95704.6154	2842427.08	38281.8462	30
	增减量	59111.6742	1936751.78	-23644.67	—
	增减率	161.54%	213.85%	-161.54%	—
港口—中哈物流站场	传统运输模式	36592.9412	905675.294	14637.1765	30
	甩挂运输模式	95704.6154	2842427.08	38281.8462	30
	增减量	59111.6742	1936751.78	-23644.67	—
	增减率	161.54%	213.85%	-161.54%	—
港码头—集装箱堆场	传统运输模式	98967.2727	2449440	39586.9091	30
	甩挂运输模式	114593.684	3403432.42	45837.4737	30
	增减量	15626.4115	953992.421	-6250.5646	—
	增减率	15.79%	38.95%	-15.79%	—
港口—华达利	传统运输模式	160536.774	3973285.16	64214.7097	30
	甩挂运输模式	261928.421	7779274.11	104771.368	30
	增减量	101391.647	3805988.94	-40556.659	—
	增减率	63.16%	95.79%	-63.16%	—
港口—格林	传统运输模式	173816.471	4301957.65	69526.5882	30
	甩挂运输模式	268625.455	7978176	107450.182	30
	增减量	94808.984	3676218.35	-37923.594	—
	增减率	54.55%	85.45%	-54.55%	—
港口—宏康	传统运输模式	207360	5132160	82944	30
	甩挂运输模式	276480	8211456	110592	30
	增减量	69120	3079296	-27648	—
	增减率	33.33%	60.00%	-33.33%	—
港口—富兴	传统运输模式	201261.176	4981214.12	80504.4706	30
	甩挂运输模式	273715.2	8129341.44	109486.08	30
	增减量	72454.0235	3148127.32	-28981.609	0
	增减率	36.00%	63.20%	-36.00%	0

4. 碳排放对比分析

二氧化碳排放量是衡量汽车尾气排放量的重要指标，按照国家发展和改革委员会目前计算碳排放所确定的值，1 升柴油按排放 2.72kg 二氧化碳计算。

传统运输模式下，采用单车运输，二氧化碳排放量 = 4.1 × 2.72 = 11.2 千克/（百吨·公里）；甩挂运输模式下，采用甩挂运输，二氧化碳排放量 = 3.0 × 2.72 = 8.3 千克/（百吨·公里）。

同传统单车运输方式相比，甩挂运输燃油消耗减少了 1.1 升/（百吨·公里），百吨公里碳排放量减少了 2.92 千克/百吨公里，下降了 26.05%。按使用 214 辆牵引车计算，每年连云港集装箱多式联运甩挂运输可实现减少二氧化碳排放 10408.5 吨，减少碳排放超过 25%。

四、企业发展思路

通过大力发展以连云港港口为中心，辐射苏鲁豫皖的跨省区集装箱甩挂运输，逐步扩大甩挂运输的范围和规模，连云港港口力争在“十三五”期末集装箱甩挂运输生产力得到显著提高，集装箱甩挂运输周转量在公路货运中的比例明显增加，为发展现代物流业，实现国家江苏沿海开发战略做出积极贡献。重要的目标有以下几个方面：

1. 培育骨干企业

重点扶持以连云港集装箱公路运输甩挂联盟作为具有示范效应的规模化、集约化、网络化集装箱专业运输企业，引领集装箱甩挂运输市场的规范运作和健康发展。

2. 提高设施和装备水平

建设一批以连云港港口为中心，辐射淮安、徐州、临沂、宿迁、郑州、阜阳等周边能够满足甩挂运输作业要求、装备先进的集装箱货运站场，大力推广应用现代信息技术，积极发展适应集装箱甩挂运输要求的大吨位牵引车和挂车，为集装箱甩挂运输的高效运作创造条件。

3. 探索运营管理模式

引导连云港集装箱甩挂运输企业积极创新营运组织管理方式，探索形成适合不同区域、不同货类的若干种集装箱甩挂运输典型模式，建设布局合理、功能完善的集装箱物流站场枢纽，促进经营主体联盟化、站场设施标准化、配送服务准时化，为集装箱甩挂运输推广积累经验。

4. 完善政策标准

根据港口集装箱甩挂运输发展的实际需要,在充分学习借鉴国内外先进经验的基础上,紧密结合港口实际,建立健全标准、规范的集装箱甩挂运输体系。

随着"一带一路"战略建设的深入,连云港港将充分发挥"一带一路"交汇点和新亚欧大陆桥东端起点的区位优势,不断完善陆海联运条件,积极打造中哈(连云港)物流转基地和上海合作组织出海基地建设,致力于为"一带一路"沿线国家和地区提供便捷、高效的物流和仓储服务,推动新亚欧大陆桥国际物流大通道建设,大力推动日本、韩国货物通过连云港中韩陆海联运通道运输,同时为中哈物流国际基地提供优质的甩挂运输服务。

案例14:江苏一联物流有限公司

一、总经理致辞

近年来,江苏一联物流有限公司(以下简称“公司”)坚持走特色物流、第三方物流发展道路,通过调整经营结构,强化上下游联盟,不断建设全国性的网络渠道,力争获得综合物流服务的华东地区领先地位,成为中国领先的综合物流服务供应商。公司先后与巴斯夫、扬子石化—巴斯夫、拜耳、阿克苏诺贝尔、阿科玛、杜邦、中海壳牌、中化国际、中国蓝星集团、中国石化集团、可口可乐、益海嘉里、APP 纸业等多家世界 500 强企业及大型国有企业建立了长期业务合作关系,一跃成为业界颇具规模实力和相当影响的物流企业。2012 年 7 月,公司被纳入江苏省第二批甩挂运输企业,在积极开拓甩挂运输业务的基础上,不断加强甩挂运输车辆、站场、信息系统建设,大力发展甩挂运输,取得了阶段性进展和成果。

二、企业发展概况

(一)企业简介

目前公司现有员工 200 余人,其中中高级技术管理人员 40 人,管理人员大多为高学历且精通物流、化学、经济、英语的复合型人才。公司注册资本 4010 万元,总资产 1.1 亿元,自有货运车辆 143 辆(其中包括公司所属全资子公司“一联物流泰州有限公司”的 3 辆牵引车、2 辆挂车;公司所属全资子公司“一联物流(上海)有限公司”的 6 辆牵引车、11 辆挂车)。公司承租经营泰兴火车站,货场占地面积 232 亩,投资建设综合物流基地 50 亩。

公司现已取得“货运三级”运输资质,并通过国家 ISO 9001 质量体系认证以及国际化学品制造商协会(AICM)组织的 RSQAS 评审,是国家 AAAA 级综合服务型物流企业、江苏省重点物流企业、江苏省十佳物流企业、江苏省服务业创新示范企业、江苏省五十佳质量信誉企业、泰州市服务名牌企业、泰兴市服务业重点企业,公司连续多年被政府管理部门评为“先进集体”和“示范单位”。

(二)发展历程

公司成立于1982年,前身为泰兴市联运总公司。自2005年改制以来,公司以“引领物流市场、服务高端客户”为经营理念,坚持国家物流产业发展方向,致力于绿色环保、高新技术物流项目开发和应用,依托丰富的行业经验、规范的企业管理、完善的运行机制、高效的服务团队,在激烈的市场竞争中,一直保持着快速发展的态势,逐步成长为物流功能齐全、技术含量领先、发展空间宽广的集水上航运、陆上汽车运输、集装箱运输、公铁联运、国际货运代理以及综合货运站(场)服务为一体的多功能综合性物流企业。2014年,公司获得巴斯夫神行太保奖。

(三)主营业务

公司在国内30多个港口城市以及东南亚地区主要港口都有长期合作伙伴和代理,具备了覆盖全国以及近洋地区的化学品多式联运综合物流网络。经过多年为上述世界500强及国有大型客户提供门到门的一站式服务,公司建立了一套完整的多式联运标准操作流程,同时根据不同产品属性制订了多式联运操作流程。

在铁路运输方面,公司自成立以来不断打造铁路运输网络。2009年,公司取得泰兴黄桥火车站的运营权,成功进入铁路内部系统,能够为客户提供全国各地铁路发送和到达业务以及配套仓储和配送服务,同时提供快速和精确的铁路货物动态查询服务。同时,公司在国内其他多个火车站具有发运铁路集装箱单柜的能力。目前,公司铁路月平均发运量为2250标箱(含泰兴站发运量)。

在水陆联运业务方面,公司从1998年起从事该项业务,成立了货运代理分公司,与国内多家船公司如中远、中海、中外运、中谷新良、洋浦中良、南青等都建立了长久的合作关系。产品覆盖广泛,平均箱量可达到3750标箱/月,业务覆盖全国30多个港口。在水陆联运的始驳和达驳配送方面除了自有车辆外,在上述30多个港口都有合作车队,可整合社会车辆资源1000多辆。

在公铁联运业务方面,可提供铁路车皮发运以及集装箱、篷车、铁路槽车、铁路集装罐、集装箱内衬袋等多种出运方式,并且可以办理上海或全国各地始发和到达业务。公司依托深厚的公铁联运运营网络和实力,还为多家客户提供铁路槽罐车和铁路集装罐定制服务,以及铁路优惠费率办理,在特殊产品、特殊包装以及其他定制化和一体化服务方面具有较丰富的经验,尤其在计划和箱源紧张时可以最大限度地帮助客户及时发运。

三、甩挂运输发展情况

(一)推进甩挂运输的历程

公司自开展甩挂运输项目以来,积极推进甩挂运输的发展,集中资金投入车辆运输设备和甩挂运输作业站场建设,对甩挂运输作业信息系统进行改造升级,截至2015年年底,公司共投入了3034.41万元。

1.甩挂运输车辆投入

甩挂运输项目期间,公司共投入1298.36万元陆续分批购置33辆牵引车、64辆挂车用于甩挂运输,截至2015年年底,公司甩挂运输车辆达到46辆牵引车、84辆挂车的经营规模,牵引车与挂车比例1∶1.83。主要是开展泰兴火车站甩挂运输、阿科玛偏二氟乙烯配送上海港业务甩挂运输以及中外运瑞驰(壳牌)塑料粒子疏港业务甩挂运输,年甩挂运输量约30万吨,实现年甩挂运输收入2400万元,利润250万元。

2.甩挂运输作业站场改造及建设

甩挂运输试点项目期间,公司共投入1692.33万元对泰兴火车站甩挂运输作业站场进行改造建设,并在泰兴火车站旁边征地50亩,建设综合物流基地甩挂运输作业站场。目前泰兴火车站甩挂运输作业站场已改造建设到位,并具备铁路集装箱运输资质。现在泰兴火车站甩挂运输作业站场拥有装卸作业区10523平方米、仓库5000平方米、堆场5000平方米、停车场5000平方米、集装箱正面吊1辆、叉车3辆、平板拖车1辆、大型电子地磅1套、托盘2200个。

3.甩挂运输作业信息系统改造升级

公司共投入43.72万元对甩挂运输作业信息系统进行改造升级,自主开发了物流信息管理系统,包含仓储管理系统、订单管理系统等,在泰兴火车站甩挂运输作业站场安装了视频监控系统,所有车辆均安装了GPS调度管理系统。

(二)甩挂运输组织的特点

目前公司自有货运车辆143辆,主要服务于阿科玛、壳牌等世界500强企业,主要是从事综合物流服务业务,活动范围主要集中在华东、华北和华南,尤其是长江中下游地区。公司甩挂运输模式主要有“单节点甩挂”、“一线两点、两端甩挂”、“一点多线、轮流拖挂”。

1. 单节点甩挂

以泰兴火车站甩挂运输为例。

公司以泰兴火车站(货场)为甩挂运输作业站场,充分利用铁路到发业务,开展以粮食、化肥、豆粕、塑料粒子为核心业务的甩挂运输。2015 年公司陆续配备了 3 辆牵引车、8 辆挂车(栏板车),年甩挂运量 4.5 万吨,周转量 512 万吨公里。组织方式如图 1 所示。

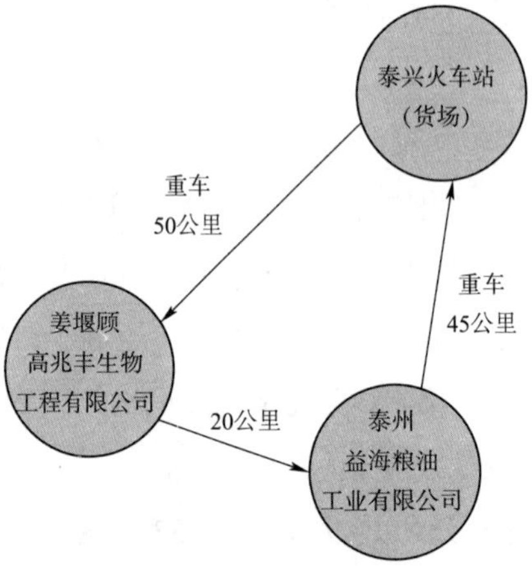

图 1　泰兴火车站(货场)甩挂运输示意图

以泰兴火车站(货场)为核心,在泰兴火车站(货场)、姜堰顾高兆丰生物工程有限公司、泰州益海粮油工业有限公司开展甩挂运输。粮食、化肥等物资到达泰兴火车站后,在火车站装汽车,运往姜堰顾高兆丰生物工程有限公司,在顾高甩下装货的重挂车,前往泰州益海粮油拉上装有豆粕的重挂车送到泰兴火车站装运发送。此时泰兴火车站送往顾高的货物已装好,牵引车再拉上重挂车送到姜堰顾高,甩下装货的重挂车,拉上已卸完货的空挂车前往泰州益海粮油,拉上已完成装载豆粕的挂车前往泰兴火车站,如此往复循环。原来车辆装卸时间在每个点大约各需 2 小时,这样极大地节约了装卸作业等待时间,一个循环趟次可节约装卸等待时间 6 小时。在避免装卸等待时间的同时,也减少了车辆空驶,提高了实载率。由于粮食、化肥、豆粕均具有季节性,全年运输时间在 8 ~ 10 个月,车皮到达集中发送/发运。采用甩挂运输后,一天一辆牵引车运行 3 个循环趟次,每个牵引车运行 345 公里,其中重车里程 285 公里、空车行驶里程 60 公里,实载率由过去的 50% 提高到 82.6%。

2014 年,公司又引进了新疆天业塑料粒子通过铁路到达泰兴火车站后的仓储和配送业务，年运量约5万吨，开展火车站站场内甩挂运输，节约了装卸作业等待时间，目前塑料粒子仓储配送业务运行平稳。

2. 一点多线、轮流拖挂

以中外运瑞驰(壳牌)塑料粒子甩挂运输为例。

中海壳牌是荷兰壳牌和中国中海公司共同投资成立的中外合资企业，厂址在广东惠州大亚湾。该公司每年有约20万吨塑料粒子以8000个左右的集装箱海运到上海港、太仓港、江阴港、常州港、南京港，并委托江苏一联物流有限公司实施下游配送。2015年，公司陆续配备30辆牵引车、60辆挂车用于该项港口客户端甩挂运输，每月运输集装箱约6920个，年甩挂运量17.3万吨，周转量3612万吨公里。壳牌塑料粒子甩挂运输如图2所示。

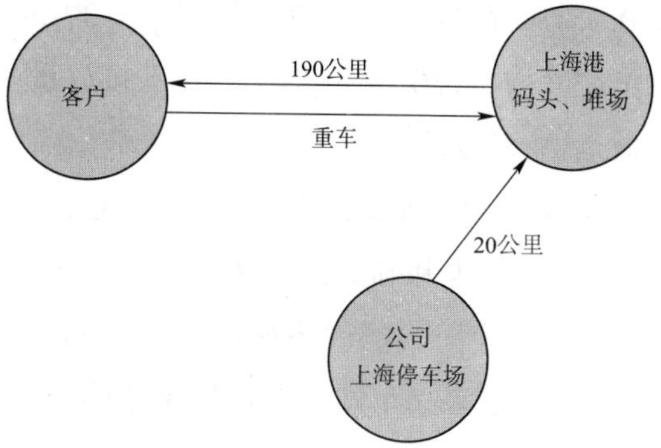

图2　壳牌塑料粒子甩挂运输示意图(以上海港为例)

第一步，公司车辆从上海停车场出发，到上海港码头提壳牌塑料粒子重箱，送至客户，甩下重箱挂板。

第二步，到上海停车场拉上空挂板再到上海港码头提上重箱，送至客户，甩下重箱挂板，带着已卸货完毕的空集装箱返回上海港堆场。

第三步，在上海港码头提上重箱，送至客户，甩重箱挂板，再带着已卸货完毕的空集装箱返回上海港堆场。

如此往复循环。

壳牌塑料粒子甩挂运输节省了客户端单次卸货时间3小时，采用甩挂运输前每辆牵引车每天只能装运一车，采用甩挂运输后，每辆牵引车每天可循环2次，每天每车实际运量由25.5吨提高到51吨，重车里程由190公里提高到380公里，工作效率翻了一番。该业务由于下游终端客户分布较为零散,公司根据客户需求实施配送,各节点客户配送时间不一、运量不稳定,因此多节点甩挂运输难以形成成熟的线路,目前来看,上海港、太仓港—上海远胜物流、上海恒统塑胶、苏州中储仓库、上海金发科技、江阴港—长泾通利、无锡方成彩印这些门点相对稳定。

(三)甩挂运输取得的成效

2015 年甩挂运输量约 26.8 万吨,周转量 5420 万吨公里,实现年甩挂运输收入约 2225 万元,利润 232 万元。2016 年,公司甩挂运输项目根据业务市场情况平稳发展,预计实现年甩挂运输量 28 万吨,周转量 5880 万吨公里,年甩挂运输收入 2400 万元,利润 250 万元。

采用甩挂运输模式与传统运输模式相比较,车辆平均里程利用率大于 80%,单车百吨公里油耗减少 0.35 升/百吨公里,总耗油量减少了 301583 升/年,节省油耗折合 312.36 吨标准煤/年,减少 664.30 吨/年的二氧化碳排放量。甩挂运输组织模式减少了车辆空驶和无效运输,有效地提高了车辆利用效率。

甩挂运输还有利于与其他运输方式的多式联运,海上的滚装运输、铁路的驼背运输等,都需要道路甩挂运输作为基础支撑。这种半挂车整体多式联运,可以减少途中货损货差,方便"门到门"运输和中转"零库存"。在甩挂运输作业站场建设完成的情况下,公司还要积极探索泰兴火车站及综合物流基地公路、铁路多式联运甩挂运输、铁路零担快运甩挂运输以及多接驳点网络甩挂运输,促进公司车辆运营转型升级,提升物流产业层次。

从社会效益上来看,由 2 辆车辆完成的计划变为 1 辆车辆来回运输完成,减少车辆损耗,减少了尾气的排放,为国家节能减排与环境保护做出了贡献,也降低能源耗费。

四、企业发展思路

(一)甩挂运输项目的目标

截至 2020 年年底,公司甩挂运输车辆将保持 50 辆牵引车、100 辆挂车的经营规模,牵引车与挂车比例达到 1∶2。将建成成熟的具有示范效应的甩挂运输线路 3~5 条,争取年甩挂运输量达 35 万吨,周转量 7500 万吨公里,实现甩挂运输收入 3375 万元,利润 380 万元。公司将"甩挂运输"项目纳入"十三五"规划重点发展项目,拟新

增投入3630万元开展甩挂运输项目。截至2020年底,具体目标如下:

(1)甩挂运输车辆保持50辆牵引车、100辆挂车的经营规模,牵引车与挂车比例达到1:2。

(2)完成综合物流基地甩挂运输作业站场建设,综合物流基地甩挂运输作业站场以泰兴火车站为依托,建设成为集公路、铁路、多式联运、甩挂运输、仓储等为一体的物流集聚区。

(3)完成甩挂运输作业信息系统升级改造,具备完善的视频监控管理系统、订单管理系统、仓储管理系统、装卸理货管理系统,所有牵引车均安装GPS调度管理系统。

(4)建成成熟的具有示范效应的甩挂运输线路3~5条,节能减排效果明显。

(5)预计年甩挂运输量达35万吨,周转量7500万吨公里,实现运输收入3375万元,利润380万元。

(二)甩挂运输项目开展的工作计划

1.车辆投资计划

公司在积极开发甩挂运输业务的基础上,根据市场环境,结合车辆强制报废、被淘汰等因素,对甩挂运输车辆投入作保守预估,公司2016—2020年拟投入2000万元,购置增加50辆牵引车、50辆挂车用于甩挂运输试点项目。

2.站场投资计划

"十三五"规划期间,公司将再投入1580万元建设综合物流基地甩挂运输作业站场15000平方米,项目分步实施建设,边建设边经营。

3.甩挂运输作业信息系统升级改造计划

"十三五"规划期间,公司再投入50万元对甩挂运输作业信息系统进行升级改造,重点完善甩挂运输作业站场视频监控管理信息系统、仓储管理系统、甩挂运输车辆GPS调度管理系统。

4.甩挂运输线路发展计划

积极开拓货源市场,大力构建、培育成熟的具有示范效应的甩挂运输线路3~5条,探索开展公路、铁路及公路、水路多式联运甩挂运输和区域性网络化甩挂运输。

(三)甩挂项目建设的支持保障措施

1.组织保障

公司是一家成熟的综合物流企业,建立了现代化的管理组织机构,设立了行政科、财务科、安全科、车管科等职能管理科室，拥有集装箱运输分公司、储运分公司、货代分公司三家经营分公司，以及一联物流泰州有限公司、一联物流（上海）有限公司、上海上泰供应链管理有限公司三家全资子公司，公司人力资源管理、财务管理、车辆运营管理、业务开发管理等职责分工明确。

为推进公司甩挂运输项目发展，公司将甩挂运输作为车辆运营的重点工作，每年制订和下达甩挂运输的各项发展指标并督促执行，同时设立甩挂运输工作小组，执行甩挂运输发展计划，监督甩挂运输项目的运行，为甩挂运输提供技术支持。

2. 制度保障

公司建立了规范、完整的《安全管理制度》、《行政人事管理制度体系》、《财务管理制度体系》三大管理制度体系，涵盖公司经营、管理等方面。制定出台了《车辆运营管理制度体系》、《从业人员岗位安全规范培训内部教材》、《责任追究制度》等规章制度，规范车辆运营管理。通过规范化的安全、质量管理，公司通过 ISO 9001 质量管理体系认证以及国际化学品制造商协会（AICM）组织的 RSQAS 评审。

3. 资金保障

公司强化财务管理，规范资金运作，提高银行授信额度，获得中国工商银行和江苏银行的贷款，为项目建设提供了良好的资金保障。

案例点评

近年来，江苏省多式联运甩挂运输发展迅速，以“一带一路”核心区为平台，以新亚欧大陆桥沿桥为主线，按照省甩挂运输试点实施方案的要求，积极开展了多式联运甩挂的试点工作。在“十三五”期间，试点企业将根据各自业务发展的需要，进一步加大加快投入、完善运输管理，逐步建设成熟的具有示范效应的甩挂运输线路，以实现显著的经济效益和效果明显的节能减排目标。

连云港港口集团有限公司在充分整合现有运输资源、提高集装箱甩挂运输能力和运输效率的同时，不断推动铁水、海陆联运和集约化水平的提升，力图打造出丝绸之路经济带的集装箱甩挂运输示范品牌，更好地为国家战略服务。江苏一联物流有限公司建立了一套完整的多式联运标准操作流程，同时根据不同产品属性制订了多式联运操作流程，着力于全国性网络渠道的建设，力图在综合物流服务方面占据华东地区的领先地位，成为中国领先的综合物流服务供应商。

第四章

企业联盟甩挂

企业联盟甩挂是指物流企业间通过签订协议，以网络技术为依托，实现风险共担与资源共享，通过共同确定运行路线、共同执行作业和任务，由联盟统一优化调度和管理的运作模式。这种模式的特点是：（1）联盟成员有自己的独立性，只从联盟成员总体实力上分出部分实力进行合作开展甩挂运输，保留法人资格，企业互相信任通过签订协议进行合作；（2）互补资源，联盟成员在基础设施建设上不求广泛布点，而是根据联盟需求着力于各自的核心资源建设，既解决了资源资金不足的问题，又使得现有的设施设备能够被充分利用，减少重复投入和设备闲置;（3）信息与利益共享，甩挂运输联盟是互相信任的协议联盟，建立信息交换平台，获得充足稳定货源，统一调度车辆，计算各联盟成员对联盟的贡献，奖励和惩罚并存。企业联盟甩挂的适用情况为：区域内物流企业数量多、规模小，车辆的调度不科学、技术水平不高，道路的货运门槛低，没有发挥带头作用的行业龙头物流企业。

案例15：无锡众盟物流有限公司

一、总经理致辞

无锡众盟物流有限公司（以下简称“众盟物流”）于2014年入选成为“省公路甩挂运输试点项目”，项目依托联盟自身的货运专线和铁路运输优势，发展以集装箱甩挂运输为主体、平板挂车甩挂运输为辅的长短途甩挂运输服务。众盟物流坚持致力于甩挂运输模式的不断探索和创新，致力于在长途干线运输以及多式联运短途公路运输中发挥甩挂运输的最大效能。

众盟物流甩挂运输现有的模式是“一线两点对流长途甩挂以及多式联运中短途甩挂”，在已经实施的甩挂运输运输项目中取得了一定的成功，但众盟物流的甩挂运输发展规划还在逐步推进，依托联盟整合的资源优势和网络优势，众盟物流甩挂运输下一步还将发展“长途接力甩挂和区域短驳甩厢”作业模式，不断提升甩挂运输的组织化水平、效率及服务功能，向着高质量、高层次的甩挂运输模式不断探索奋进。

二、企业发展概况

（一）企业简介

众盟物流是一家以“联盟＋甩挂运输＋公铁联运”为主要特色的综合物流企业，是江苏省甩挂运输试点企业、江苏省道路货运五十佳质量信誉企业、江苏省快货品牌企业、江苏省重点物流企业、无锡市交通物流龙头企业、无锡市重点物流企业。公司位于无锡市锡山经济开发区芙蓉三路138号，注册资金3000万元，自有运营车辆200多辆，合作联营车辆1000多辆，站场合计使用面积100000平方米，各类大中型装载机械100余台（套）。

众盟物流从事公路、铁路、海运、空运、集装箱、大件运输等多运种服务，是中国铁路总公司多式联运加盟商，是中远、中海中铁、中储、中国物流等大型央企合作商。内部下设运营部、市场部、信息化部、财务部、综合部、车辆管理部、仓储、配送中心、客户服务等多个部门。现有快货线路近50条,专线直达华东、华南、华北、东北山省、西南、西北等全国大中城市,其中有34条被江苏省评为品牌快货线路,业务覆盖长三角、珠三角、东北三省、华南、华中、华北、西南、西北等广大地区,市场信誉好,口碑好,服务品质一流。

(二)发展历程

无锡市物流业起步较早,依托交通区位优势和市场先发优势,无锡已经成为长三角地区物流枢纽中心城市。无锡物流业态也秉承了国内"小散多弱"的物流形态,据有关部门统计,目前无锡注册登记的物流运输企业达到13000户之巨,充分证明了无锡物流市场是一个竞争激烈的"红海"市场;此外,受累全球经济低迷,国内经济遭受冲击的大环境影响,生产企业产量下降,货流量的减少同时也加剧了物流企业的困境。在此严峻的形势下,物流企业如何生存、如何发展,成了物流企业必须要思考的首要问题。

2013年起,众盟物流的几个初创企业敏锐感受到了市场形势的变化,主动思考转型发展,由夏氏物流有限公司董事长牵头,组织无锡市多家知名品牌专线企业负责人进行研讨,根据市场变化决定发展方向,推行企业联盟,在江苏省交通运输厅的引导下从提高运输的组织化程度着手,开始积极探索联盟发展之路。2013年6月,由无锡夏氏物流、中卡、诚亿、众达、正连、好加杰、益源、达利园物流8家以道路专线运输为主的物流企业正式成立联盟,使用统一的品牌,在保证自身独立性的同时探索资源共享、利益共赢、风险共担的发展模式,联盟将各成员企业在提货、干线运输、配送等方面的优势资源进行了统一调配和共享,在运输组织方式转型上做了探索和转变,同时优化了运输流程,不仅提高了实载率,综合成本大幅下降,而且客户数量和利润提升明显,市场竞争力和企业的抗风险能力也显著增强。

在进行内部研讨与外部调研的基础上,众盟物流的联盟致力于形成一个紧密的联盟体,坚持高品质稳步前行原则,走"紧密型"联盟发展的道路。

众盟物流对联盟成员走精品路线,原则上采取补充性优质企业加入联盟、避免同一线路进行竞争的方式,如果发生了同一条线路两家企业加盟现象,众盟鼓励推动两家企业进行兼并重组。

众盟物流在利益分配上从一开始就约定了众盟与各联盟成员之间的利益分配关系和比例,采用静态投资收益加上动态业绩贡献分成模式,很好地解决了联盟成员利益分配机制，推行至今该分配机制一直未变，说明了该分配机制的合理性。此外，在联盟推进过程中，实行分阶段、分步骤推进整合，由浅到深。第一步整合：包括统一标识、统一合同、统一运单、统一票据、统一保险、统一采购等。目前正在实施第二步整合工作：已经完成了统一客户资源共享、统一采购、统一信息平台、集中站场资源（在建，预计2016年9月底完工）等。

下一步推进统一运作服务标准、统一支付结算乃至于统一财务与人员管理，最终实现联盟的模式输出、管理输出、人才输出目标。

通过发展联盟，在此基础上给企业带来了新的前景，一是通过联盟，甩挂运输产品得到了迅猛的发展，缘于企业的优质专线数量增多，符合甩挂条件的线路增多，在企业原有甩挂线路的影响带动下，甩挂条件成熟的线路纷纷选择时效快、档次高的甩挂运输，“以老促新、以老带新”，老的甩挂线路在经验和标准化等方面可以给新甩挂线路更多的帮助和支持，因此企业甩挂运输的规模不断扩大，企业竞争力不断增强，开拓了甩挂运输新的局面。

二是多式联运尤其是公铁联运取得了突破，2015年初达成与上海铁路局的铁路货运合作协议。自此众盟物流多式联运走向了爆发性发展，到目前已开通了无锡—东莞、无锡—广州、苏州—东莞、苏州—广州、无锡—成都、无锡—喀什、沈阳—无锡、沈阳—上海等8条公铁联运线路。目前企业每月公铁联运的运输量在8万吨。并且，众盟的多式联运和甩挂运输紧密结合，多式联运的两端以短途甩挂的方式实现多式联运，以甩挂运输方式助推多式联运更好地开展。

众盟物流在今后的规划中，还将开通更多的多式联运线路，并积极整合水运资源以及国际线路资源，为我国的多式联运大发展做出应有的贡献。

（三）主营业务

众盟物流依托联盟的综合资源优势，从事集装箱运输、双重甩挂运输、多式联运、内陆水路运输、仓储堆场、城市配送等服务。主要服务对象包括签订货物运输协议的无锡市周边200多家生产型及商贸型客户企业，300多家货代企业，具体服务的主要企业有苏州福基斯、苏州蓝格赛电器有限公司、锡压股份、中天科技、中远物流、中海物流、中铁物流、中储物流、中国物流、应达工业（无锡）有限公司、宏达科技、无锡华鹏、无锡豪普钛业、金坛正兴有限公司、无锡正发有限公司、江阴法尔胜有限公司、苏州东方铁塔有限公司、无锡会通新型材料有限公司等大中企业。

企业依托股东企业经验与资源，大力发展甩挂运输，先后开通了无锡—沈阳、广州、东莞、长春、大连、北京、上海、南京、哈尔滨、重庆、镇江、成都、天津、临沂、营口、丹东等16条长途甩挂，甩挂运输量占到了总运量的30%。

三、甩挂运输发展情况

（一）推进甩挂运输的历程

众盟物流的前身夏氏物流，早在2006年就开始尝试单重集装箱短途甩挂运输，即利用牵引车把集装箱从货场直接运送到客户所在地，甩下挂车上的集装箱留待客户卸载，再把空箱挂车拉回货场。

在短途甩挂运输取得效益后，2011年12月，夏氏物流开始尝试无锡—沈阳长途线路甩挂，在干线试行甩挂也取得了显著的效益之后，按照“择优培育、精心实施”的原则逐步发展到多条甩挂线路。

（二）甩挂运输组织模式

根据现有甩挂货源、线路结构等资源，众盟物流现已开通了多条长途和短途甩挂线路，并采取物流联盟+甩挂运输+多式联运的发展模式，依托联盟体的不断扩大，扩展甩挂线路的范围，进而形成全国的甩挂运输网络。众盟物流采用的主要是“一线两点”对流长途甩挂和“一线四点”分别两端甩挂的短途作业+多式联运的模式。

单程甩挂只能实现单程的快运时效，而在货物充足和满足操作条件的情况下，双向对流甩挂运输模式是最好的甩挂运输模式，能实现整体的快捷时效，增加运营的趟次，车辆利用率最高，众盟物流的甩挂挂线路都致力于采用两端对流甩挂，发挥最大的甩挂运输效果。

1.“一线两点”，两端甩挂

众盟物流“一线两点”甩挂运输模式，以无锡—沈阳甩挂运输作业车辆为例（图1）。

线路一：众盟物流的甩挂站场—众盟物流沈阳区域分拨中心，运距为1600公里。

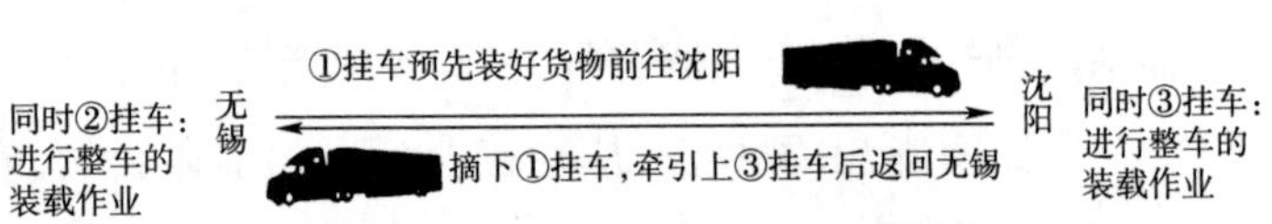

图1　无锡—沈阳甩挂运输作业模式

步骤1:在众盟物流甩挂站场预留2个半挂车(①半挂车和②半挂车,①半挂预先装好),在众盟沈阳甩挂站场预留一个半挂车(③半挂车),进行整车的装载作业。

步骤2:牵引车从众盟物流甩挂站场牵引完成装载①半挂车前往众盟沈阳甩挂站场,在众盟沈阳甩挂站场甩挂运输作业站场摘下①半挂车。

步骤3:牵引车挂上在众盟沈阳甩挂站场已完成装载的③半挂车,返回众盟物流甩挂站场。

步骤4:在众盟物流甩挂站场,牵引车挂上已完成装载的②半挂车前往众盟沈阳甩挂站场,重复步骤1,进行下一个循环。

2. 多式联运 + 甩挂运输

众盟物流在多式联运的过程中采取了两端短途甩挂运输的模式,提高了整体多式联运的效率,减少了装卸的次数,降低了货损,提高了车辆利用率,推动了多式联运的快捷化运作方式,创新了甩挂运输在多式联运中的综合运用,起到了综合运输的组合示范作用。

众盟物流"一线四点"甩挂运输模式,以众盟物流的甩挂站场节点到无锡铁路南站货场,广州铁路货场运达众盟广州区域分拨中心为例(图2)。

线路一:众盟物流的甩挂站场节点到无锡铁路南站货场,运距20公里;

线路二:广州铁路货场运达众盟物流广州区域分拨中心,运距10公里。

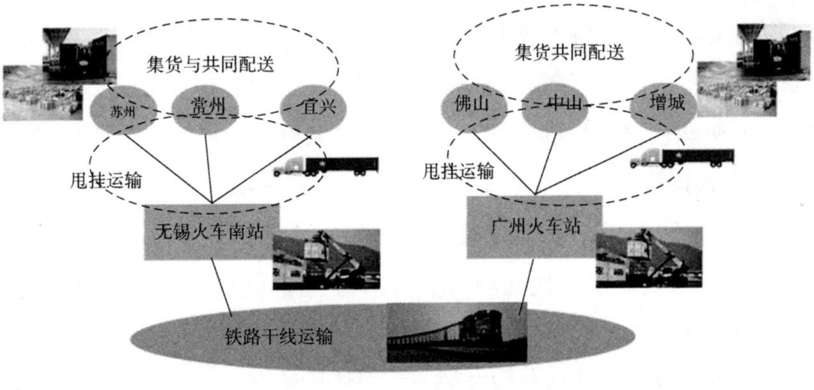

图2 "一线四点"短途甩挂 + 铁路运输 + 短途甩挂

无锡起运点:

步骤1:在众盟物流甩挂运输作业站场预留2个半挂车(①半挂车和②半挂车,①半挂预先装好),在无锡铁路南站货场预留一个半挂车(③半挂车),进行整车的装载作业。

步骤2:牵引车从众盟物流甩挂运输作业站场牵引①半挂车前往无锡铁路南站货场,在无锡铁路南站货场甩挂运输作业站场摘下①半挂车。

步骤3:牵引车挂上在无锡铁路南站货场③半挂车,返回众盟物流甩挂运输作业站场。

步骤4:在众盟物流甩挂运输作业站场,牵引车挂上②半挂车前往公无锡铁路南站,重复步骤1,进行下一个循环。

广州到站点:

步骤1:在广州铁路货场甩挂运输作业站场预留2个半挂车(①半挂车和②半挂车,①半挂预先装好),在众盟物流广州区域分拨中心甩挂站场预留一个半挂车(③半挂车),进行整车的装载作业。

步骤2:牵引车从广州铁路货场甩挂运输作业站场牵引①半挂车前往众盟物流广州区域分拨中心甩挂站场,在众盟物流广州区域分拨中心甩挂站场摘下①半挂车。

步骤3:牵引车挂上在众盟物流广州区域分拨中心甩挂站场的③半挂车,返回广州铁路货场甩挂运输作业站场。

步骤4:在广州铁路货场,牵引车挂上②半挂车前往众盟物流广州区域分拨中心甩挂站场,重复步骤1,进行下一个循环。

众盟物流既有区域公路干线之间的两端甩挂,又有多式联运环节中的集货点与铁路货场端的集装箱甩挂运输。具体的运作以"一线两点、两端双重对流甩挂"和"一线四点"的两端接力甩挂的操作方式为主,以无锡为中心,面向东北、华南、华北、华中、西南开设长途甩挂通道,利用无锡周边的业务资源在无锡周边开设多条短途甩挂运输线路。"一线四点"的两端接力甩挂在多式联运中发挥了重要的作用,加快了公铁联运的时效,提高了车辆的利用率,减少了运营成本,大大增加了集运的效率。

(三)甩挂运输组织的特点

1. 众筹方式兴建甩挂运输枢纽站场

众盟物流原有的站场面积较小,甩挂运输作业受到了严重的束缚和限制,无法实现甩挂运输线路集中、高效、便利化的运作,影响了众盟物流甩挂运输高档产品整体效应的发挥,制约了企业甩挂运输的发展。为了打破这个瓶颈,众盟物流采取众筹的方式筹资购置了新的场地,新建众盟物流甩挂枢纽站场,该枢纽站场位于无锡市锡山经济开发区,具有区位优势,距无锡硕放机场、铁路南站、无锡港口较近,西与无锡高速出口相距4公里,北距228省道1公里,南距342省道、312国道3公里。东濒临张家港、常熟,北濒临江阴市,南临近无锡新区,辐射面较广。道路四通八达,交通方便。众盟物流枢纽站场的建立将进一步助力企业更快地发展,今后众盟物流将采用更多的众筹方法推动项目的实施。

2. 选择确定适宜的甩挂运输线路

众盟物流的甩挂运输线路是从货运专线的基础上发展起来的,企业首先选择货源量大、数量充足、物件小、货型适宜集装箱的零担专线开始试行。为了保障货源的供应,企业组织销售人员加大甩挂业务的开发力度,积极商谈拓展大宗客户;同时在当地的物流市场上大力宣传甩挂运输产品的优点,吸引和促进一些三方的物流企业和做物流代理的散户选择甩挂运输,同时提高服务水平和时效。

3. 确定甩挂事项优先原则

为保证甩挂运输的顺畅运行,众盟物流做出了甩挂事项优先解决的原则规定。"六优先"包括甩挂投入的资金优先安排;甩挂运输车辆优先装卸,不参加排队装卸车;团队人员选拔优先;车辆购置优先、车辆附件配备优先、费用结算优先等。优先保证用于甩挂运输资金的拨付,甩挂团队企业人员任凭挑选,需要购置的甩挂运输车辆优先购置。甩挂运输车辆装卸载时,其他车辆让位让道,不能与甩挂运输车辆装卸载相冲突。车辆上需配置的附件如夹板、垫木、隔板、雨布、网兜、大绳、边绳等优先配备,运输费用优先结算。企业在内部明确了甩挂运输优先的地位,从而为企业甩挂运输的发展奠定了基础。

4. 加大甩挂运输车辆的投入与信息化建设

为实现稳定强大的运力保障,众盟物流新购置了8台沃尔沃、25台欧曼、18台陕汽德龙等品牌的牵引车,挂车100多台,来保证甩挂运输线路的用车需求,新车的购置有效地提高了车辆的利用率,降低了车辆的故障率,提高了车辆的运行效率。信息化系统是甩挂运输不可或缺的条件之一,对甩挂运输有重要的支撑作用,因此,众盟物流十分重视信息化建设,专门请相关单位为本企业研发甩挂运输信息化系统,包括甩挂运输车辆管理系统、统一订单管理系统、统一集配送系统、甩挂运输车辆在途监控系统、货物信息查询系统、甩挂站场监控系统等。

5. 做好岗位人员的培训

为做好甩挂运输的运营,众盟物流成立了甩挂运输运营管理中心,下设运作部、结算部、客服部、人事部等部门,运作部负责具体业务的运作,下边还设立现场调度、装卸组等岗位。对于设立的部门岗位,企业针对不同的岗位要求制订岗位职责,进行专门、严格的培训,以达到岗位人员所要具备的技能。

6. 订立制度与奖惩

针对甩挂运营与服务,众盟物流制订了月度、年度甩挂发车量考核制度,用于考核运营部及运营经理。驾驶员"五定"制度:一定车辆在途时效,根据路程确定甩挂运输车辆的在途时间标准(车辆在途跟踪制度考核驾驶员的在途时效);二定趟次、月度、年度油耗标准;三定安全责任制,保障安全行驶;四定月度、年度出勤考核指标;五定车辆维护保养制度,用于考核驾驶员。货物配载制度考核现场调度员的业务能力。货物装卸制度考核装卸组人员的装车时效、货损、货差的装卸质量。车辆跟踪及到货通报制度考核客服人员的岗位绩效。

7. 注重总结与查找问题

在甩挂运输运行的过程中,必然会出现一些问题和困难,比如,驾驶员要考核在途运行时效和油耗,时速慢了,油耗可以降低,时速快了,油耗增加,这样就需要在二者之间做出合理与平衡的一个标准,就要根据试行的数据合理进行调整。车辆在途有时因为道路堵车、事故或故障等原因,而无法准时正点到达,因此要做好应急预案,总公司与分公司站场要预留 1 ~ 2 辆牵引车,以保障应急的需要,保证甩挂运输车辆的准点发车。有些货物已排入当天的甩挂装运计划,由于提货或送货送达的时间较晚,赶不上甩挂运输车辆的装车,为了提高满载率,现场调度要及时对装车计划进行调整,补充其他货物装车,或在经停分公司补充装载,以提高满载率。甩挂干线车辆在途运行异常情况处理预案如图 3 所示。

众盟物流运营部根据发现的问题,及时通报,及时调整,每月 15 日企业运营管理中心要组织远程视频会议,对上月甩挂运输的整体情况(发车量、车辆准点率、满载率、分拨及时率、利润率等)及发现的问题进行通报、分析、完善。

(四)甩挂运输取得的成效

众盟物流通过甩挂运输经营方式的转变,货运时效、运输成本、车辆利用率、盈利效益、客户满意度等都有了提高,货差货损、客户投诉率有了明显的下降,并且节能减排,取得了良好的经济效益和社会效益。同时,提升了企业核心竞争力,提升了专线品质档次,企业整体水平上了一个新台阶。主要体现在:

1. 到货时效加快

通过整体比较，甩挂运输的到货时效比普通的货运模式快 12%，主要原因是减少了装卸等待的时间，以及车辆的改善，提高了货运的时速，增加了车辆行驶的稳定性。

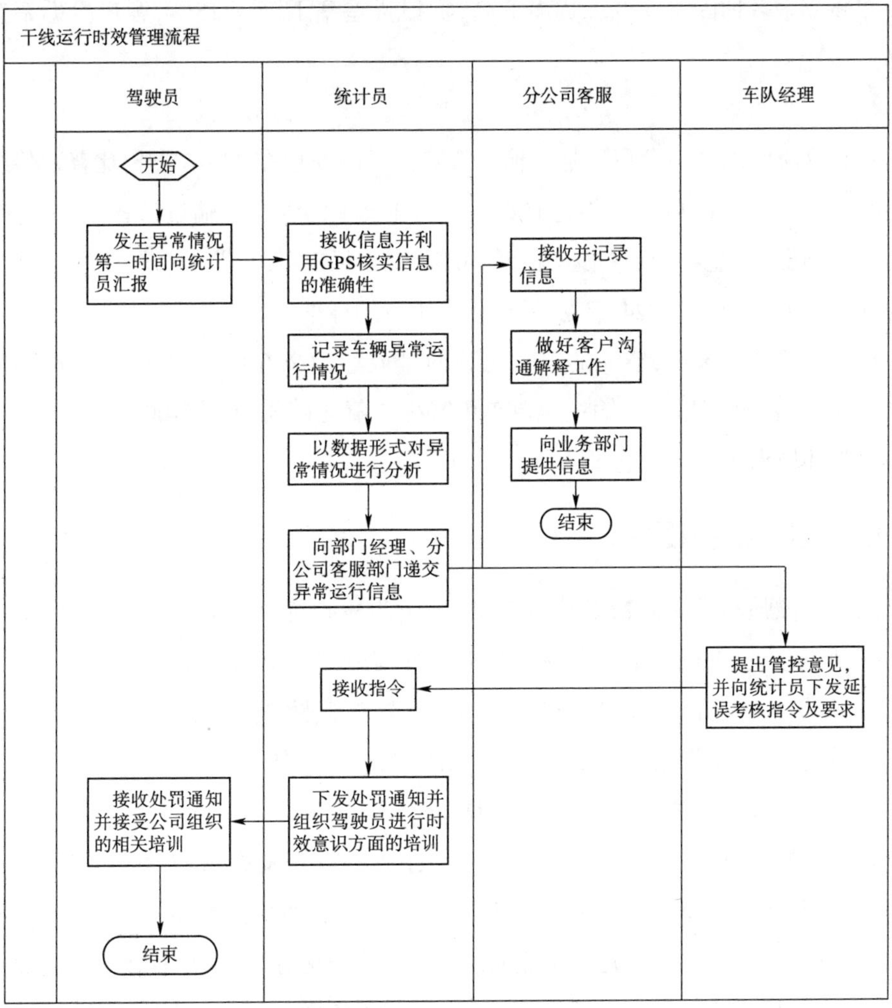

图 3　甩挂干线车辆在途运行异常情况处理预案

2. 运输成本减少

通过众盟物流的综合计算，在运输成本上，甩挂运输方式单位成本节约了 0.022 元/吨公里，比普通货运下降了 10.7%，单车年平均运输周转量 6235644 吨公里，单车年可节约成本13.7万元。

3.货差货损减少

采用甩挂运输方式装卸的货物,装卸制度比较严密,装卸管控力度加大,有的货物可有提送货车辆直接装到干线甩挂车上,不用进入仓库后再装到车上,减少了一次装卸环节。多种因素降低了货损货差,货损货差率下降了15%,客户投诉率有了下降。

4.节能和减排

众盟物流经测算吨公里甩挂运输每百吨公里的油耗在33~35升,比普通传统货运下降了0.13升,以单车每年完成6235644吨公里的综合运输量计算,单车每年可节约8106升。众盟物流甩挂运输每年可节约燃油729540升,1升轻柴油折算标准煤为0.84×1.4571=1.224千克标煤,相当于节约标准煤892吨。

根据相关指标统计,柴油的二氧化碳的排放量为2.63千克/升,单车每年节约8106升的油耗,使用甩挂运输一年单车可减少二氧化碳排放量21000吨。甩挂运输同时也为环境保护做出了重要贡献。

四、企业发展前景

以做大做强和做深做精甩挂运输,提升企业核心竞争力为指导思想,以企业专线为基础,众盟物流致力于大力发展甩挂运输,增强服务功能,提升运输产品竞争优势,进一步扩大市场份额,增强企业整体实力,节省能源,减少汽车排放,降低物流总成本,为社会创造新价值。规划“十三五”期间做好以下工作:

1.加快区域网络节点布局,扩大规模

在众盟物流自身货运专线的基础上,计划到2020年发展到40条甩挂运输线路,还将发展“长途接力甩挂和区域短驳甩厢”作业模式,加快网络布局,建设国内各个集散分拨中心之间的线路,建立企业通达全国的甩挂运输网络,甩挂运输量达200万吨,占企业年货运总量的一半,甩挂货物周转量达240000万吨。

2.发展信息甩挂运输,提高效率

把物联网技术运用到众盟物流的甩挂运输运营中,把货物的储存、出库、装运、分拨等流动过程全部系统化、数字化、清晰化管控,减少货差货损的出现,降低货差货损率。

3. 新建甩挂枢纽站场建设,集约甩挂

目前众盟物流甩挂枢纽站场正在建设,占地 80 亩的一期工程将交付使用,全部工程计划于"十三五"期间完成,为众盟物流的甩挂运输发展奠定良好的基础。计划到"十三五"末投入牵引车 280 辆、挂车 580 辆,用于企业甩挂运输的运营。通过甩挂运输实现运输成本、车辆百吨公里油耗下降 10% 以上的节约目标,创造节能减排新的经济效益和社会效益。

众盟物流具有甩挂运输、联盟和有多式联运的优势,在此基础上众盟物流将不断学习,不断提升和进步,保持方向、保持韧性、保持活力、保持创新,努力开拓甩挂等综合运输的新空间、新模式、新方法,树立新标杆,努力打造国内一流品牌,以现代化、集约化、信息化、标准化为目标,为把企业推向一个更高的发展水平而不懈努力。

案例16：丹阳飓风物流股份有限公司

一、总经理致辞

丹阳飓风物流甩挂运输试点项目(与江苏铭源物流有限公司联合申报)于2015年10月成为“公路甩挂运输第四批试点项目”。项目依托优质客户业务资源的积累,凭借其对无车承运人经营思想、运营体系、市场定位的准确把握以及对业务流程的精确掌控,创新了甩挂运输的盈利模式。项目通过组织以镇江、南通等地为中心的网络型甩挂运输方案,改变传统物流运作模式,致力于提升甩挂运输的组织化程度、效率和盈利水平,提升联盟的市场竞争力,向着网络型甩挂运输的目标逐步前进,进而积极推进物流业的跨区域交流与合作,打破区域壁垒。

二、企业发展概况

(一)企业简介

丹阳飓风物流股份公司(以下简称“飓风物流”)定位于第三方物流领域,以“经济、时效、服务、安全”为价值核心,运用“物流+互联网”升级改造传统三方物流运作模式,致力于为客户提供高品质、高效率、优质体验的专业一站式第三方物流服务。公司注册资金3230万元,为镇江市物流企业中首家在全国中小企业股份转让系统挂牌上市并被授予“国家级高新技术企业”称号的公司。

飓风物流主营业务为第三方物流综合服务,服务范围涵盖新能源、汽车、食品、建材、工程、钢铁、化工、设备等多个领域的上市公司、国企、集团型大中型生产贸易企业,业务关系遍及全国,在天津、上海、南京、沈阳、广东和山东等地设有分部。截至2016年4月20日,公司拥有牵引车32辆、挂车50辆,牵引车与挂车比例达到1:1.56,镇江—上海、镇江—杭州及镇江—广州等线路牵引车与挂车比例达到1:2。2015年,公司货运量为105万吨,营业收入为1.67亿元,企业自有运输站场1个,占地面积总计66843平方米,其中甩挂运输货运量为30万吨,周转量为18000万吨公里。

（二）发展历程

飓风物流成立于2004年8月，依托物流园区和物流信息平台的建设向第四方物流迈进，并向客户提供一体化、技术化、网络化、透明化、个性化的物流供应链服务。

2013年建立的飓风物流园区，充分利用综合运输优势为国内外产业转移创造有利条件，以提升镇江大港战略地位、推动镇江产业发展为目标，以资源整合、区域统筹为手段，依托镇江新区及丹阳滨江新城制造业和商贸业基础，发挥公路交通优势，重点建设"1港3中心"，即公路物流港、保税物流中心、供应链物流中心和甩挂运输中心（图1）。

其中，甩挂运输中心为发展的基础层，飓风物流通过集聚与整合物流资源，建设甩挂运输站场，为需要进行甩挂运输的货物和车辆提供装卸、甩挂、停车、调度、信息等于一体的物流服务，通过甩挂运输中心的带动作用，大力推进丹阳市乃至苏南地区甩挂运输的发展。

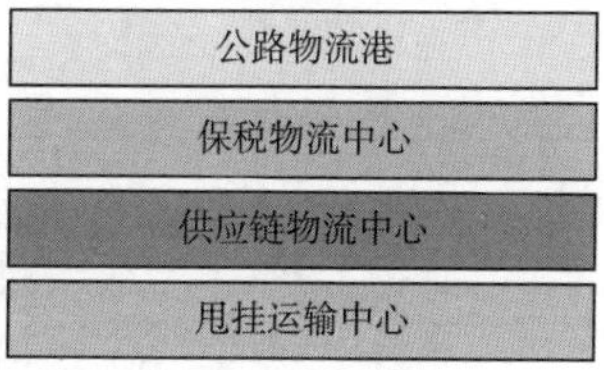

图1　战略定位示意图

（三）主营业务

飓风物流经过十余年的不懈努力和探索，依托自主研发建设的智能一站式第三方物流平台，为大中型制造企业提供专业的第三方物流服务，通过信息化和标准化运作模式实现货物运输全程安全可控、运输成本管控、物流风险控制的经营目标。飓风物流高体验度的物流服务赢得了国家电网、中储粮、中节能、三一重工、特变电工、沃得集团、大全集团、毅马集团、天工集团、音飞储存、建华集团、大亚集团、南京金龙等多家上市公司及国内知名企业的认可，并形成了长期的战略合作关系。

三、甩挂运输发展情况

（一）推进甩挂运输的历程

飓风物流自2013年起依托"江苏省甩挂运输试点项目"开展甩挂运输，所占比例从无到有发展迅速，该项目被纳入丹阳市城市总体规划（2013—2020年）、镇江市物流产业发展规划（2015—2020年）。2014年与铭源物流、安邦物流合作，开展甩挂运输联盟,2015 年 10 月被评为“交通运输部甩挂运输试点企业”。公司的基础设施建设如图 2 ~ 图 4 所示。

图 2　公司办公楼

图 3　公司仓库及堆场

图 4　公司停车场

目前纳入交通运输部甩挂运输试点的线路有四条,分别为:镇江—合肥、镇江—上海、镇江—南通、镇江—广州。其中镇江—南通为与铭源物流合作线路、镇江—广州为与安邦物流合作线路,两条线路均采用“一线两点,两端甩挂”模式。以上四条线路具体开展情况见表 1。

公司四条甩挂运输线路 表1

序号	线路	单程距离（公里）	本线路甩挂运输去程货物种类	本线路甩挂运输回程货物种类
1	镇江—南通	275	构支架、零部件	粮油、纸品
2	镇江—合肥	225	构支架、粮油	零部件、钢材
3	镇江—上海	140	零部件、灯具、粮油	金属材料、塑料粒子、纸品
4	镇江—广州	1600	钢构、零部件、粮油、橡胶	机械

（二）甩挂运输组织的特点

1. 信息化的高效管控

实行甩挂运输后，飓风物流对甩挂运输进行信息系统、客户关系管理系统（CRM），并和有资质的全球定位系统（GPS）运营商共同研发针对公司的GPS监控管理信息系统。

飓风物流于2014年开始建设“智能一站式物流OTO平台”，该平台建设对甩挂运输业务支撑、整合区域的物流资源、改善区域物流经济环境有非常重要的意义。平台于2015年年底完成二次迭代更新，实现网络客户端操作模式，初步形成信息网络化操作。飓风物流自建信息平台，对货运经营业务实行信息化管理，能够实现公路甩挂运输信息全程透明与实时交互，为消除行业交易和诚信壁垒创造条件，为物流行业整体效率的上升、货主和物流企业物流成本的下降定制方案。

该平台可拆分为四大子平台：货主服务平台、物流企业定制化管控平台、承运人服务平台、运力云平台，综合流程如图5所示。客户首先通过客户服务平台（CSP）下单，飓风物流再通过运输管理系统（TMS）受理该订单，应用运力云平台前端“来货拉手机应用软件”（来货拉APP）（图5）进行车辆资源的调度，再通过客户APP确认承运人，现场发货后客户可通过CSP对实货物进行实时追踪监控（图6）。

通过货主服务平台，货主可实时查询货物和资金的流动，确认货物到达并进行评价。货主服务平台的定制版可协同大中型货主企业完成物流全程的数据交互，对接ERP数据，并管理货主企业所有物流需求及物流服务供应商。飓风物流客户服务平台界面如图7所示。

图5　来货拉 APP

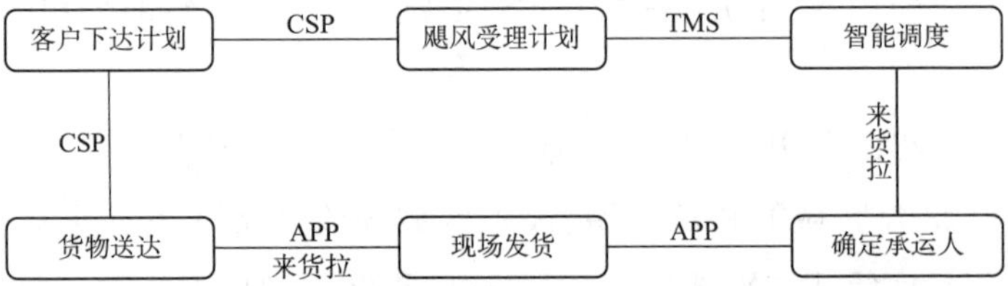

图6　综合物流流程图

运力云平台是为承运人服务的平台，它汇集成大数据库，该数据库独立于定制系统，发挥云存储和云计算的优势，将成为企业最有价值的资源池。飓风物流运力云平台操作界面如图8所示。

2. 标准化的推进

飓风物流于2014年承担了两项江苏省地方标准——《甩挂运输运作模式和保障措施研究》和《第三方物流作业服务规范》的撰写工作，为甩挂运输的顺利开展奠定了坚实的理论基础。

1）甩挂运输作业牵引车、挂车运营组织流程

（1）指令受理流程。客户下发运输指令至飓风信息中心；经管理系统受理后，通过飓风物流一站式OTO智能控制中心，将受理结果以指令形式发送至甩挂车辆上的车载终端和现场调度人员手持的调度管理终端，同时将信息反馈至客户端处。

图7　客户服务平台

图8　运力云平台操作界面

(2)调度监控流程。甩挂车驾驶员通过车载终端接收智能控制中心的调度指令;现场调度工作人员通过手持终端,利用甩挂车辆的动态GPS、打电话、发短信息等方式随时把握车辆动态;依据车辆情况做好车辆排班工作,确保车辆司乘人员的有效工作和休息时间；合理安排挂车的货位，确保所有挂车高效循环利用；对脱班、故障车辆及时安排替班车辆，确保各甩挂线路不脱班、准点运营。

(3)安检控制流程。对车场内待用的挂车进行安全检查，确保挂车可靠；对车场内轮休牵引车辆进行检查，确保牵引车辆技术安全，并对上述两项检查进行登记，对发现的隐患进行整改、维修；监控货物收发过程，杜绝“三品”上车；监控挂车装载过程，确保货物安全、装车合理，减少货损货差；对待发车辆进行技术安全检查，对牵引车与挂车连接情况进行检查，对车辆保险情况进行检查，确保车辆无隐患发车；安检无异常后通知调度可以发车，并向驾驶员发放车辆相关证件。

(4)货物组织、装载流程。业务部门取得货源信息；客户送货到公司或公司派货车将货物接回；各网络单位将货物运回总部分拣中心，转运至相关货位；货位保管员接收客户、驾驶员或中转分拣保管交接的货物(在视频监控范围内)；货位保管员安排装卸工将货物装入货位上的挂车(装车位置在监控范围内，其他车门上锁)；货位保管员在指定时间将挂车封门上锁，并制作随车货物清单；货位保管员将货物清单交接给牵引车驾驶员，完成装车流程。

(5)在途控制流程。车辆一旦离开站场或接点，要定时报告或由调度询问其到达位置，随时了解车辆动态；车辆在途停驶、加油和休息必须在调度规定的地点和位置，不得擅自做主，确保车辆可以按要求准时到达；车辆在途发生拥堵等无法按指定速度行驶时，必须第一时间通知调度部门，调度部门在接到相关报告后应立即调增车辆安排，确保相应班次不受影响；车辆在途发生事故后应第一时间报警，同时报保险公司，并通知公司安全及调度部门。

(6)到货处理流程。无论是总部还是接点，货物到达应第一时间组织人员卸车分拣，确保在指定时间内挂车可以上货位；货物分拣后，受理货物方应立即按客户要求通知提货、送货或进行中转；按客户要求回收回单、代收货款等附加服务条款。确保货物安全准确到达；及时定期组织人员回访客户，及时处理客户投诉及货损货差理赔。

2)甩挂流线规划

站场内的流线主要分成4类：车辆流线(包括外部甩挂列车流线和内部挂车牵引流线)、货物流线、人员流线和信息流线。其中车辆流线、货物流线、人员流线是实体流，而信息流线是信息流。各实体流互不干扰、相互独立地运行是保证整个站场有序、高效运作的基础。各个流线在站场的情况如图9所示。

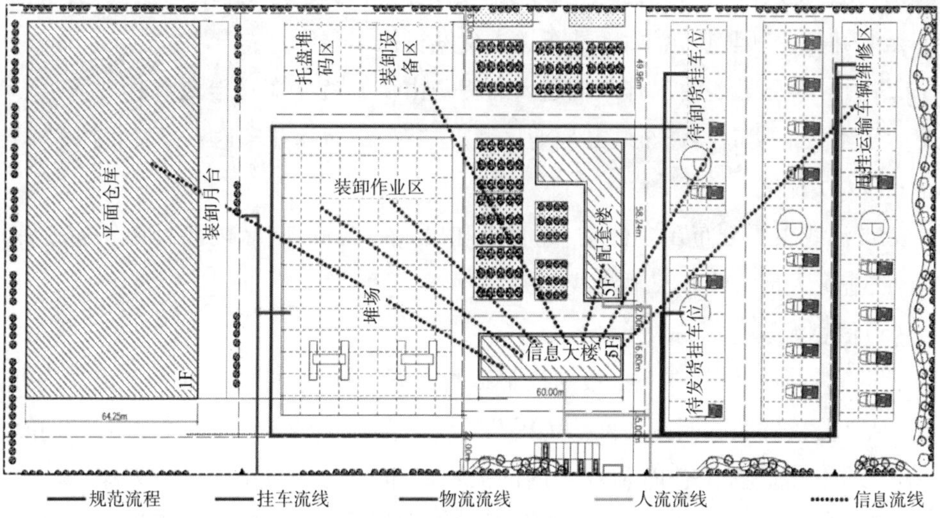

图9　项目流线示意图

(1)列车(牵引车+挂车)流线。

①作业流线：根据甩挂运输作业的要求，牵引车拖带挂车进站后，行至待卸货挂车车位甩下挂车，之后牵引车到待发货挂车车位挂上新挂车后直接出站，设计上最大程度地减小了牵引车/列车在园区内的作业时间，以充分利用甩挂运输的优势。

②检修流线：对需要维修或检查的列车，则进入甩挂车辆维修区域，园区内配有备用牵引车。

(2)挂车流线。

①卸货流线：挂车在待卸货挂车车位被甩下后，由站内牵引车(2~3辆)牵至装卸作业区卸货(或换上新货)，之后空挂车停放至常规挂车停车车位，换上新货的重挂车停放至待发货挂车车位。

②装货流线：需要装货的空挂车由牵引车从常规挂车停车位牵至装卸作业区装货，之后停放到待发货挂车车位。

③检修流线：需要维修的挂车由牵引车牵至甩挂车辆维修区域检查和维修。

(3)货物流线。

货物来源有货主送入、常规车送入、甩挂车辆送入3种。货物存储区域有平面仓库和堆场。

①货主/常规车送入：由货主或常规车送入的货物直接入库或入场，牵引车拖带挂车至装卸作业区装货，然后随挂车送入待发货挂车车位。

②甩挂车辆送入：由甩挂车辆送入的货物由待卸货挂车送至装卸作业区后卸货入库/场，需要装货时再送至装卸作业区装上挂车，最后随挂车送入待发货挂车车位。

(4)人员流线。

人员流线主要分布在办公楼、配套楼和出入口区块，园区内各处由特定工作人员监控，避免人员流线和车辆流线冲突。

(5)信息流线。

园区内各项操作都在办公楼的控制和调度下执行，信息由园区各区汇总到办公楼，又从办公楼发散到园区各区。为提高甩挂运输作业的效率，流线以尽量简单、直接为原则，甩挂货物在仓库和堆场内的摆放尽量接近装卸作业区。列车、挂车、货物、人员的流线皆达到简明便捷、作业形式考虑周全的要求，且全程受到信息中心(办公楼)的控制，以保证园区内甩挂运输的顺畅有序进行。

(三)企业甩挂运输的作业模式

飓风物流主要采用的是"一线两点、两端甩挂"的作业模式，主要有镇江—广州、镇江—上海、镇江—杭州3条线路。该模式具有在线路上有2个节点，且在节点处均进行甩挂运输作业的特点。具体运营模式如下。

1. 镇江—广州

服务对象：橡胶(南帝化工)、五金工具(天工工具)、铝卷(鼎盛铝业)等。

步骤1：在飓风物流站场预留2个半挂车(A半挂车和B半挂车，A半挂车预先装好)，在广州林安物流园预留1个半挂车(C半挂车)，进行整车的装载作业。

步骤2：牵引车A1，将A半挂车拖至广州林安物流园区，路途时间约18小时，将A半挂车放下，等待卸货，卸挂、装挂、点货和交接手续0.5小时。

步骤3：牵引车A1挂上预先装载好的C半挂车，从广州林安物流园区出发返回镇江，路途时间约18小时。

步骤4：牵引车A1拖在飓风物流站场甩挂站场卸下C半挂车，等待卸货，卸挂、装挂、点货和交接手续0.5小时，挂载已装货的B半挂车，然后重复步骤1。

2. 镇江—上海

服务对象：变压器(南京大全)、铜材(大港通达)、钢结构(盈都钢构)等。

步骤1:在飓风物流站场预留2个半挂车(A半挂车和B半挂车,A半挂车预先装好),在上海市祁连山路预留1个半挂车(C半挂车),进行整车的装载作业。

步骤2:牵引车A1将A半挂车拖至上海市祁连山路,路途时间约3小时,将A半挂车放下,等待卸货,卸挂、装挂、点货和交接手续0.5小时。

步骤3:牵引车A1挂上预先装载好的C半挂车,从上海市祁连山路出发返回镇江,路途时间约3小时。

步骤4:牵引车A1拖在飓风物流站场甩挂站场卸下C半挂车,等待卸货,卸挂、装挂、点货和交接手续0.5小时,挂载已装货的B半挂车,然后重复步骤1(图10)。

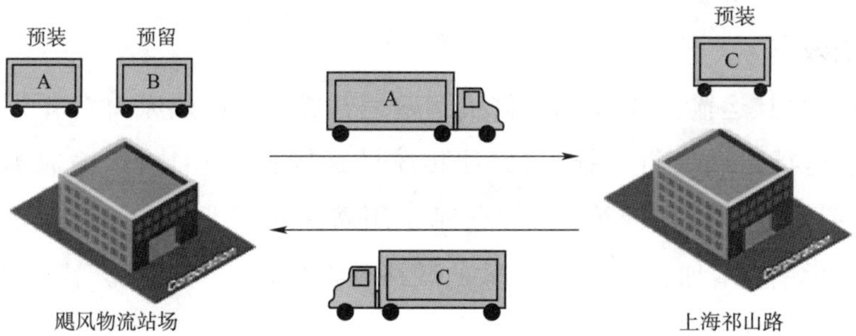

图10　镇江—上海甩挂流程图

3. 镇江—杭州

服务对象:铜材(大港通达)、沃得重工(柴油机)、钢结构(中天钢管)等。

步骤1:在飓风物流站场预留2个半挂车(A半挂车和B半挂车,A半挂车预先装好),在杭州市下沙市开发区预留1个半挂车(C半挂车),进行整车的装载作业。

步骤2:牵引车A1将A半挂车拖至杭州市下沙市开发区,路途时间约4小时,将A半挂车放下,等待卸货,卸挂、装挂、点货和交接手续0.5小时。

步骤3:牵引车A1挂上预先装载好的C半挂车,从杭州市下沙市开发区出发返回镇江,路途时间约3.5小时。

步骤4:牵引车A1拖在飓风物流站场甩挂站场卸下C半挂车,等待卸货,卸挂、装挂、点货和交接手续4小时,挂载已装货的B半挂车,然后重复步骤1。

该模式经典示意图如图11所示。

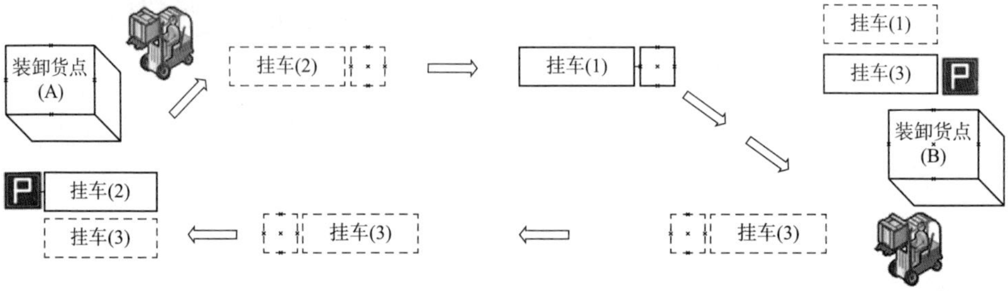

图11 “一线两点、两端甩挂”

(四)甩挂运输取得的成效

1. 经济效益

1)运输效率

(1)实行甩挂运输,可以有效地降低运输运营成本。以飓风物流来说,如将公司现在的重点运行路线实行甩挂,与以往传统的运输模式相比,运输成本可降低约30%,人工劳动成本可降低约50%,仓库租用费用可降低60%,其他费用降低约30%。随着货量的增加,实行甩挂运输的线路越来越多,必将实现规模效应,从而进一步提升企业的竞争力。

(2)可以减少货损货差,减少事故理赔。实行甩挂运输,可提高各环节货物交接的工作效率,各环节有更充足的作业时间,更能保证货物交接的准确性和及时性,减少了货损货差,减少不合格品的发生,从而减少事故理赔,提高企业的营运质量。

(3)可以提高运输时效,减少等待时间。目前,一个12.5米半挂厢式车货物的装车、卸车、理货时间在6小时左右,如果实行甩挂运输,一个点可以节省3小时的装车理货时间,来回可节省6小时,对提高货物运输时效方面有着非常显著的效果(表2和表3)。

镇江—上海运输效率对比分析 表2

运输方式	车辆配置	单车周转次数(次)	单车行驶里程(公里)	单车载重里程(公里)	单车周转量(吨公里)	完成单次运输所需时间(小时)
传统运输模式	26牵 26挂	120.0	69600	62400	2088000	72
甩挂运输模式	26牵 54挂	230.7	129228	116305	3876840	12
对比分析	+28挂	+110.7	+59628	+53905	+1788840	-60

镇江—杭州运输效率对比分析(每年) 表3

运输方式	车辆配置	单车周转次数(次)	单车行驶里程(公里)	单车载重里程(公里)	单车周转量(吨公里)	完成单次运输所需时间(小时)
传统运输模式	12 牵 12 挂	120	72000	64800	2160000	72
甩挂运输模式	12 牵 24 挂	200	120000	108000	3600000	12
对比分析	+12 挂	+80	+48000	+43200	+1440000	-60

2)运输成本

通过采用甩挂运输,项目运输效率的提升主要体现在牵引车装卸等待时间的减少,有效增加了牵引车的载重行驶里程以及完成的总周转量。以年度为单位,针对该运输项目,采用传统运输模式和甩挂运输模式的效益对比两种运输模式平均利润率的对比见表4。

企业每年效益对比分析 表4

运输方式	完成总周转量(吨公里)	单位运输成本(元/吨公里)	年度运输总收入(亿元)	年度运输总成本(亿元)	税前利润率(%)
传统运输模式	9942	0.71	0.71	0.61	14.76
甩挂运输模式	12927	0.61	0.79	0.67	15.47
对比分析	+2985	-0.1	+0.08	+0.06	+1.05

对飓风物流完成相同周转量下的单位运输成本进行对比分析,包括总的成本和各项成本结构(燃油、车辆折旧、保险等)对比发现,从企业运营成本的角度来看,采用甩挂运输能够有效减少企业的运营成本,增加企业的经济效益,主要体现在两个方面。

(1)减少牵引车购置成本。相对于一对一的单体车运输,采用甩挂运输能够通过“一车多挂”,减少对牵引车的需求,从而减少牵引车的购置费用。飓风物流现有集装箱甩挂线路,若采用传统运输模式共需投入单体车100辆,而采用甩挂运输模式,按照牵引车与挂车比例1∶2.5测算,只需投入牵引车50辆,半挂125辆,按照一台牵引车30万元的价格计算,可节省购置成本1500万元。

(2)减少牵引车的运营成本。由于减少了牵引车数量,相应地,牵引车运营的人工投入(司乘人员)、车辆维护费用等都将大幅度降低,从而降低企业总体运营成本(表5和表6)。

镇江—上海同等周转量下的运输成本对比表 表5

运输方式	投入车辆数(辆)	单位运输成本(元/吨公里)	其中燃油费(万元)	车辆折旧(万元)	通行费(万元)	人工(人数×工资)(万元)	各项规费(万元)	车辆维护费用(万元)	管理费用(万元)	其他费用(万元)
传统运输模式	37牵 37挂	0.22	101.5	16.7	55	25	12.5	12.5	5	18
甩挂运输模式	26牵 54挂	0.21	101.5	11	55	25	7	6.5	5	18
节约	11牵	0.01	0	5.7	0	0	5.5	6	0	0

镇江—杭州每月完成1万吨周转量下的运输成本对比表 表6

运输方式	投入车辆数(辆)	单位运输成本(元/吨公里)	其中燃油费(万元)	车辆折旧(万元)	通行费(万元)	人工(人数×工资)(万元)	各项规费(万元)	车辆维护费用(万元)	管理费用(万元)	其他费用(万元)
传统运输模式	17牵 17挂	0.23	35.07	5.67	20.4	8.5	4.25	4.25	1.41	6
甩挂运输模式	13牵 25挂	0.22	35.07	4	20.4	8.5	3	3	1.41	6
节约	4牵	0.01	0	1.67	0	0	1.25	1.25	0	0

注:主车和挂车管理费按100元/月,税费5%,人工工资5000元/月计算。主车、挂车拆旧按10%计算,挂车暂不计,油费按3.5元/公里计算。车辆维修按3万元/年计算。

2.社会效益

(1)实施效率高、车辆周转快、节能减排效果好的甩挂运输,是发展"绿色环保物流"的重要运输方式,能够减少牵引车和驾驶员的数量,节省人工成本和牵引车的购置费用。

(2)实施甩挂运输能够"以挂代库",实现企业"零库存",提升仓库作业效率,减少仓库的建筑,节约国家土地。

(3)实施甩挂运输能够促进多式联运的发展,可衔接多种运输方式,采用整箱搬运装卸,几乎可以完全消除货损货差,实现“门到门”运输,有利于建立循环经济运输产业。

(4)实施甩挂运输可以进一步实现物流企业集约化经营,进一步带动整个行业的集约化经营,有助于整个物流行业的“升级换代”。

如前所示,在传统运输模式下,由于缺乏集约化、网络化、信息化的组织,车辆在运营中难以保证回程货源,从而造成车辆的空驶,带来较大的能源浪费;采用甩挂运输作业模式,通过在各个节点上的集约化组织,除保证稳定的货源供给外,还可在运营网络内根据需要合理调度牵引车,以保证牵引车的重载运输,减少车辆空驶。

四、企业发展思路

甩挂运输方式具有节能减排、有利于建设资源节约型、环境友好型社会等特点,是道路运输企业改善运输组织结构、提高物流效率的有效手段,对组织效率的提升、运营成本的降低、管理的信息化建设等方面有着重要意义。根据飓风物流甩挂运输基地运作的实践和甩挂运输发展的前景,对企业未来甩挂运输的发展提出以下举措。

1. 加快从干线、专线甩挂延伸至网络型甩挂

甩挂运输试点线路中,飓风物流都是为特定客户服务,整车干线甩挂是飓风物流主要的甩挂运输作业模式之一,但仅仅依靠自建线路,采用简单的“一线两点、两端甩挂”作业模式,难以发挥网络化运作的效益。飓风物流通过组建联盟的形式,在扩大企业甩挂运输的辐射范围和加盟强信息化系统建设的基础上,致力于资源(站场、线路、车辆)的整合,构建起覆盖全国的网络型甩挂运输体系,实现从专线甩挂向网络型甩挂的转型,全面提升整体的运作效率。

2. 针对运输淡旺季特点,制订合适的发展模式

通过分析以往几年公司的运营数据,可以看出,每年旺季的时间主要集中在下半年,物流货运公司的经营管理者科学、辩证地理解和对待这一特点,一方面调整人员分配,另一方面在淡季积极争取更多的客户或在淡季加大对其他物品的货运量,力求淡季不淡,争取更多的经济效益。

3. 加强对从业人员的培训,提高整体素质

甩挂运输作业需要专业化的管理与操作。因此,企业员工的专业素质对于甩挂运输作业的顺利进行十分必要。针对飓风物流的现况,企业需积极开展相关人员的

业务培训，提高员工的整体绩效水平，对员工进行精细化管理，组织员工部门间互动、掌握行业上下游相关基础知识，并针对相应岗位进行理论指导与实践操作，提升人员的整体素质。

4. 进一步加强甩挂运输信息化建设

积极完善集智能调度、运单管理、仓储管理、监控监测等功能于一体的信息管理系统。以市场需求为重点，高效整合货运与物流资源，促进企业甩挂运输网络化发展、提高企业信息化管理水平。

案例17:江苏铭源物流有限公司

一、总经理致辞

江苏铭源物流有限公司(以下简称"铭源物流")甩挂运输项目起步于2012年,结合业务发展需要和运营模式的创新,公司开展甩挂运输项目。2015年,公司与合作单位开始探索甩挂合作试点思路,在原来甩挂线路的基础上,与丹阳飓风物流有限公司(以下简称"飓风物流")共建部分甩挂运输专线,形成"江苏省公路网络型甩挂运输",并于2015年10月入选成为"全国第四批甩挂运输试点项目"单位,项目运营路线由铭源物流独立运营路线和合作路线两部分组成。本项目依托毗邻上海港、南通港等地理优势以及周边工业园区和优质客户业务资源的积累,以优质的服务和具有竞争力的价格,与众多客户建立了战略合作关系。项目对于降低物流成本、推动现代物流和综合运输发展、促进节能减排、提升经济运行整体质量,都具有重要意义。

二、企业发展概况

(一)企业简介

铭源物流成立于2010年,注册资本3000万元人民币,总资产9000多万元人民币,仓储面积30000余平方米,是集公路整车零担运输、仓储、配送、国际货运代理、多式联运等功能于一体,具有跨区域、网络信息化、仓储规范化、装卸专业化、配送系统化的专业性第三方物流企业,是江苏省重点物流企业,全国AAAA级综合服务型物流企业(图1)。

铭源物流业务范围包括:普通货物运输、特种大件货物运输、普货仓储、货物装卸、货运信息交易服务等。公司通过了ISO 9001:2008国际质量管理体系认证,是国家4A级综合服务型物流企业、省重点物流企业。公司拥有各类车辆150辆,其中牵引车36辆、挂车51辆,社会签约协议车辆350辆。全国自有、联营运营网点50多个，运营线路遍布全国各地。2015 年营业收入 2.5 亿元，货运总量 200 万吨左右，周转量 50000 万吨公里。

图 1　铭源物流公司办公楼

(二)发展历程

铭源物流成立于 2010 年，从传统公路运输业务起步，多年来已经形成了以运输业务为核心，含仓储、配送、包装、货运代理等各种物流业务的多元化经营模式。公司营业收入从成立时的每年 1200 万元，发展到现在每年 2 亿元，税收突破 1000 万元大关，实现了快速增长。

2012 年，铭源物流为了增强物流市场的竞争力度，实现传统运输业务运营模式的变革，由传统运输方式改为了甩挂运输的运营模式。累计到目前，从原来的 2 条甩挂运输试点专线拓宽至 6 条成熟运输专线，年累计节约成本约 160 万元左右，形成了新的利润增长点。

2015 年，铭源物流征地 50 亩，斥资 1.6 亿元，筹建智慧物流港一期工程，一期工程主要为公路港信息交易中心和甩挂站场。2016 年下半年，二期工程 68 亩将顺利开工，二期工程结束后，智慧物流港将形成“一港三中心”，即公路物流港、保税物流中心、供应链物流中心、甩挂运输中心。

“十三五”期间，铭源物流将立足南通，面向长三角，打造集仓储、运输、信息化交易、货物集散、综合服务为一体的现代化物流基地。力争到 2017 年公司的主营业务收入达 5 亿元，各项税收超 3000 万元，成为江苏物流龙头骨干企业。

(三)主营业务

铭源物流依托上海(南通)科技产业园、南通开发区、苏通工业园集中区的地理位置，拥有 100 多家长期合作客户，为客户提供一站式物流外包服务，公司集公路整车零担运输、仓储、配送、国际货运代理、多式联运等功能于一体，形成了跨区域、网络信息化、仓储规范化、装卸专业化、配送系统化的业务运作特点。公司业务主要是以原材料采购物流、生产物流、销售物流为主线的各种物流外包服务。

三、甩挂运输发展情况

（一）推进甩挂运输的历程

铭源物流结合业务发展和运营模式创新的需要，于2012年开始推行开展甩挂运输，累计目前公司共有甩挂专项6条。2015年公司与飓风物流、安邦物流合作开展甩挂运输，共建联营专线2条，2015年10月纳入"交通运输部—江苏省公路网络型甩挂运输试点企业"。纳入甩挂运输试点的线路见表1。

甩挂运输试点线路 表1

单位	线路		单程距离（公里）	本线路甩挂运输货物种类	
				去程	回程
铭源物流	线路一	南通—上海	170	家纺、光缆	集装箱
	线路二	南通—宁波	300	化工、家纺	化工
	线路三	南通—武汉	800	家纺、化工	钢卷、石材
	线路四	南通—福州	900	家纺、化工	石材
	线路五	南通—常州	135	纸浆、金属材料	设备、金属材料
	线路六（合作线路）	南通—镇江	275	塑料粒子、橡胶	构支架、零部件
飓风物流	线路七（合作线路）	南通—镇江	275	构支架、零部件	粮油、纸品

通过多年的项目开展，铭源物流深刻体会到，只有将甩挂项目与各物流节点形成联盟，才能真正提高运输效率、降低运输成本，同时达到节能减排的目标。2015年以来，公司甩挂运输专线年营业收入达6500万元，与传统运营模式相比，每条专线上运输成本节约0.02~0.1元/吨公里。2015年公司新建铭源智慧物流港区设甩挂运输中心（图2）。

图2　铭源物流公司甩挂站场

（二）甩挂运输组织的特点

1. 依托生产制造企业客户端，发展网络甩挂

甩挂运输网络依赖于客户端，客户端及其所在区域范围决定了网络型甩挂辐射的力度和范围。

本项目在外向型经济发展较好、生产企业物流外包率较高的苏南地区，初步建成以镇江区域性枢纽站场为中心，辐射周边各大厂矿、码头、企业、站场等货物集散地的甩挂运输网络。本项目在企业充分调研所在区域内生产制造企业运输服务需求的基础上，紧密结合本地区优良的制造产业环境，开展客户端甩挂运输，推动制造业与物流业的联动发展。

2. 依托“两业联动”，降低制造业存货成本

“两业联动”指工业制造业与物流业的相互融合、联动发展。目前，我国国民经济进入中高速增长阶段，我国制造业和物流业发展较快，但两者联动相对滞后。制造业物流社会化需求不足和专业化服务能力不够，缺乏必要的物流服务市场体系与政策环境，导致资源利用率偏低，成本居高不下。

本项目，一方面，通过组织网络型甩挂运输，加强了物流企业与制造企业之间的合作，引导制造企业与物流企业联动发展。另一方面，物流企业能更好地满足工业制造业的物流需求，为社会提供涵盖运输、仓储、包装、加工、配送等业务的一体化物流服务，提高物流运作效率，使得制造企业订单完成周期、存货周期及物流成本更大幅度降低，从而进一步加快两业联动的合作进程，深化两业合作力度。本项目的实施不仅可以推进物流服务社会化，提高运作效率和效益，而且将有效支撑制造业转

型升级,促进结构调整和发展方式转变,从而减少对 GDP 高速增长的依赖,减轻资源环境负担,实现可持续发展。

3. 加大信息化建设

为满足甩挂运输站场运输组织、管理和信息服务等要求,铭源物流大力开展信息系统建设。目前,公司主要开发一套“铭源物流甩挂运输调度系统”,专门用于甩挂运输项目,具有车源、货源的资源整合,以及货运量、货运周转量的统计功能,以及网上跟踪功能。在正式投入甩挂运输项目以后,公司还将开发“基于 RF 技术的仓储管理系统”,用于甩挂项目的零担仓储管理,以便进一步提高服务水平和物流效率。信息系统主要为 7 个子系统。

1)业务数据处理系统

按应用隔离的业务模型容器,将业务过程中涉及的机构化数据抽象为实体模型,以及处理这些数据的业务逻辑及工作流程抽象化业务服务模型存储在容器内,各类客户端设备通过“统一消息通信框架”,以透明调用的方式递交、处理、查询分析业务数据。

2)甩挂运输调度系统

甩挂运输调度系统基于“业务数据处理系统”,并根据甩挂运输的特点设计甩挂运输系统的可行性方案,主要用于实现以下功能:运输指令管理、甩挂运输作业管理、甩挂调度管理、作业跟踪管理、异常情况管理、财务结算管理、决策分析管理,从而实现关系匹配及全程状态跟踪。

3)行业管理平台接口

甩挂运输调度系统保留与现有行业管理平台的接口方案,用于将甩挂运输过程中的实时数据传输至行业管理平台,供行业主管部门汇总统计分析甩挂运输数据。该接口方案主要提供以下数据:甩挂车辆的身份识别信息,包括车牌照、所属公司等基本信息;甩挂车辆的检验检测信息;甩挂车辆的状态信息,包括地理位置、速度、车况等信息;甩挂车辆的运行记录信息,包括运行时间、货物吨位、货物周转量等信息。该方案的指导思想是为行业主管部门提供甩挂运输车辆及区域甩挂运输的实时准确的管理依据。

4)端物流系统和移动打印终端系统

这两大部分是基于甩挂智能终端系统的统一消息框架与业务数据处理系统开

发的,为确保与其他系统的兼容和对接,该系统组要解决人、车、物中的人这一环节。该系统具有五大功能:现场调度、电子转账、作业跟踪、信息采集、电子运单。

5)甩挂运输站场管理系统

结束物联网技术的区域优势,将物联网技术充分应用,对站场进行智能化管理将车辆、挂车、工作人员有机地结合。

6)智能仓储管理系统

基于RFID及条形码等技术,对每批产品生成唯一的基本条码序列号标签并在所有货物上粘贴条形码,金库和出库的物品通过机器扫读,通过系统智能管理货物的进出。

7)智能道闸管理系统

基于RFID无线射频技术,在车辆或人员进入战场时自动感应上下落杆或开启道闸,同时将车辆与人员信息即时传递至控制中心进行管理,杜绝非法侵入。

4. 完善的组织保证

为了加强甩挂运输管理,铭源物流新增甩挂运输项目除硬件设施投入外,还保证了人力资源的投入,以确保项目顺利开展,同时能够更好地与其他合营企业之间做好业务对接,甩挂运输项目的组织人员由公司原相关专线人员和新增人员组成。根据规划要求,甩挂运输分公司人员本着"因事设岗,一人多岗"的原则成立相关组织机构和确定人员数量。另外,本着专业化管理要求,公司聘请有关专业咨询机构专业人员作为公司管理决策顾问,以促进公司甩挂事业健康、持久、科学发展。

(1)建立技术负责人制度。项目技术负责人是甩挂运输项目中从事运营组织、管理、指挥和决策的技术骨干,本甩挂项目聘任具有专业技术资格的人员担任项目技术负责人。

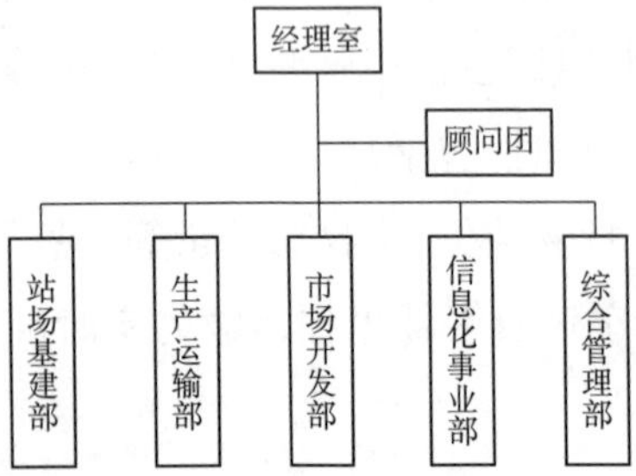

图3 公司组织结构

(2)优化组织机构。甩挂运输分公司(项目部)下设站场基建部、生产运输部、市场开发部、信息化事业部和综合管理部。其组织机构如图3所示。

(三)甩挂运输的模式

铭源物流目前自有的甩挂运输线路均采用"两点一线,两端甩挂"的运营模式,在甩挂两端场地各配两台公共牵引车，专门从事场内挂车在场区内装车、卸车的牵引作业（图4）。

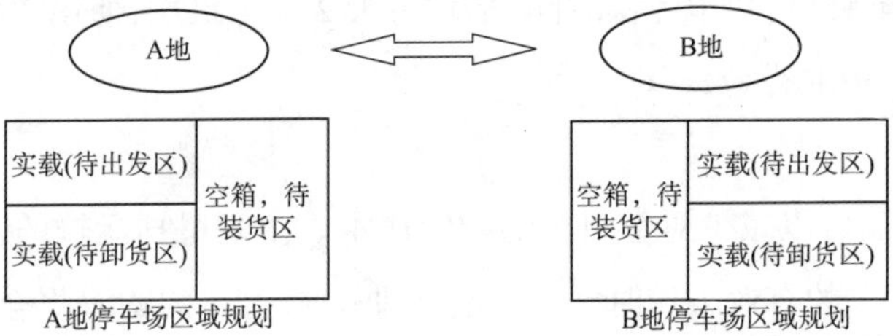

图4　甩挂运输项目作业示意图

运营装车作业步骤如下（以A地为例）：

步骤1：在甩挂空柜区域由牵引车根据调度中心指令，随时将空柜拖到A地装货区平台装车。

步骤2：由空柜实施装载作业，牵引车与挂车分离，接受其他调度作业。

步骤3：挂车装好货物后，由装车作业人将信息反馈给信息中心调度。

步骤4：信息中心做出调度指令，由公共牵引车将满载挂车拖至停车场实载（待出发区）。

步骤5：满载挂车停停车场实载（待出发区）后，牵引车与挂车分离，公共牵引车接受其他调度作业。

步骤6：挂车等待调度指令由干线牵引车拖至B地。

运营卸车作业步骤（以B地为例）：

步骤1：干线牵引车将实载挂车停停车场实载（待卸货区），牵引车与挂车分离，牵引车接受调度指令，牵引其他实载挂车返回A地。

步骤2：B地调度中心，根据到货情况，将信息反馈给公共牵引车。

步骤3：公共牵引车接受指令后，将停放在停车场实载（待卸货区）的挂车牵引至指定平台卸货。

步骤4：牵引车与挂车分离，牵引车接受调度中心指令，进行其他牵引作业。

步骤5：挂车卸完货物后，由卸货人员将信息反馈给调度中心。

步骤6：调度中心调度牵引车将空车牵引至停车场空箱区，等待装箱。

步骤7：牵引车与挂车分离，牵引车接受调度中心指令，进行其他牵引作业。

“两点一线”甩挂运输模式提高了牵引车的使用效率。原来南通—上海专线运输业务的实际操作中，平均装车、卸车时间为4小时，每一班次从装车开始至目的地卸完货，全程大约需要12小时，2天3个班次，平均每天1.5班次。采用甩挂运输后，节省了牵引车装车、卸车等待时间，平均每天2.5个班次，使用效率提升。

（四）甩挂运输取得的成效

1. 社会效应

（1）甩挂运输可以减少对牵引车的购置成本。由于甩挂运输的基本工作模式可以提高每辆牵引车的有效工作时间，因此，企业对牵引车的购置将会减少，在节约购车成本的同时，也避免了车辆无效行驶费用的发生。按一辆牵引车配两辆挂车计算，运输企业可节约50%的牵引车购置费。

（2）促进结构调整和发展方式转变。本项目的实施推进了物流服务社会化，提高运作效率和效益，将有效支撑制造业转型升级，促进结构调整和发展方式转变，从而减少对GDP高速增长的依赖，减轻资源环境负担，实现可持续发展。

（3）甩挂运输可以实现零存库。正是由于甩挂运输创造的时间效益和增强的货品流动性，使得材料随订随到变为可能。

（4）物流成本低，整车价值高。由于甩挂运输采用的是全密封的厢式车或集装箱运输，因此安全运输将会得到根本保障。同时，甩挂运输采用自动化辅助设备装卸，因此货品的破损率几乎为零。

除此之外，牵引车数量的减少，降低了企业自身对停车场面积的需求，降低了企业自有车辆的维修维护费用，还对能源的节约和环境的保护带来积极的效果，这对于缓解铭源物流发展更多业务面临的资源困境有了很大帮助。

2. 经济效益

采用甩挂运输方式后，运输效率的提升体现在：首先，减少了主牵引车的装车和卸车的等待时间，提高了车辆使用效率；其次，减少了车辆投入数量，减少了资金占用成本；最后，雇佣驾驶人员单位时间内创造的财富增加，带来营业收入的提高。从数据分析来看，以南通—上海专线甩挂实施的情况分析，传统运输模式下的运输和甩挂运输模式下的运输效率对比如下。

传统运输模式：单程150公里，平均每天1.5班，单车全月为45班次，运输总里程为6750公里。每车按照32吨计算，全月货运周转量为216000吨公里。

甩挂运输模式：单程150公里，平均每天2.5个班次，单车全月为75班次，运输总里程为11250公里。每车按照32吨计算，全月货运周转量为360000吨公里。

经过上述对比，通过运输模式的改变，牵引车月总行驶里程提高了 4500 公里，牵引车完成的月货运周转量比原来提高了 144000 吨公里，提高了 66.7%。南通—上海甩挂运输牵引车完成运输任务的工作效率对比见表 2。

南通—上海甩挂运输牵引车完成运输任务的工作效率对比　　表 2

运输方式	单车核载吨位(吨)	月行驶公里数(公里)	月货运周转量(吨公里)
传统运输模式	32	6750	216000
甩挂运输模式	32	11250	360000
增减量	0	4500	144000
增减率	0	66.7%	66.7%

运输成本分为固定成本和变动成本，其中固定成本包括车辆保险费、车辆折旧、驾驶员基础工资等，变动成本包括通行费、燃油费、驾驶员的效益工资等。

1）折旧费

(1)传统运输模式下，单车平均价格 40 万元左右(1 辆牵引车加 1 辆拖挂)，通常货运车辆按照 5 年提取折旧，残值为 10%，折旧费为 7.2 万元/年，平均 0.6 万元/月。

(2)甩挂运输模式下，单车平均价格 58 万元左右(1 辆牵引车加 2.3 辆拖挂)，按照 5 年提取折旧，残值为 10%，折旧费为 10.44 万元/年，平均 0.87 万元/月。

2）燃油费

(1)传统运输模式下，采用核定载质量 32 吨的普通单车，百公里油耗为 42 升，则月单车总油耗 = 6750 公里 × 42 升/百公里 = 2835 升，燃油价格按照 7.18 元/升计算，月度燃油费 = 2835 升 × 7.18 元/升 = 20355 元。

(2)甩挂运输模式下，单车核定载质量依然为 32 吨，由于牵引车使用效率增加，单月形式总里程为 11250 公里，则月单车总油耗 = 11250 公里 × 42 升/百公里 = 4725 升，燃油价格按照 7.18 元/升计算，月度燃油费 = 4725 升 × 7.18 元/升 = 33925.5 元。

3）修理费

(1)经过统计核算，铭源物流牵引车维修费约 3000 元/月，挂车维修费为 1000 元/月。

(2)传统运输模式下，修理费为 4000 元/月。

甩挂运输模式下，修理费为 3000 + 1000 × 2.3 = 5300 元/月。

4）保险费

单车全年保险费包含4项，分别为牵引车及强险、第三责任险、机动车险、驾驶员意外伤害险和货物险。

(1)传统运输模式下，单车(含1辆拖挂)全年保险费大约为2.6万元，月保费为0.22万元/月。

(2)甩挂运输模式下，单车(含2.3辆拖挂)全年保险大约为2.7万元，月保费为0.23万元/月。

5)基础工资

无论传统运输模式还是甩挂运输模式，驾驶员的工资都采取基础工资加效益工资的基本原则，基础工资为3000元/月。

6)效益工资

在传统运输模式下，在途时间长，一车配一人，驾驶员的数量较少，驾驶员疲劳度大，工资水平按产值计算；而甩挂运输模式下，由于减少可等待装车时间，车辆利用率较高，采用两人一车。

(1)传统运输模式下：原来一车一月45班次，按照南通—上海一个班次效益工资为150元，则一个驾驶员当月效益工资为4500元/月，公司支出成本为6700元。

(2)甩挂运输模式下，一个牵引车每月75班次，每个驾驶员的效益工资为75×100÷2=3750元，公司支出成本为7500元。

虽然驾驶员工资会有所下降，但是员工满意度上升。

7)通行费

目前，江苏省高速公路采用计重收费的方式，15~30吨货车按照0.09元/吨计算，公里线性递减，如果车辆不超载，传统运输模式和甩挂运输模式下的实际通行费标准为0.08元/吨公里。

(1)传统运输模式下，平均每辆牵引车全月通行费=周转量×通行费=216000×0.08=17280元。

(2)甩挂运输模式下，平均每辆牵引车全月通行费=周转量×通行费=360000×0.08=28800元。

8)税金

根据南通—上海运输价格，约85元/吨，税金按照营业收入4%缴纳。

(1)传统运输模式下，单车月产生营业收入：45班次×32吨/班次×85元/吨=

122400 元,月度税金成本:4896 元。

(2)甩挂运输模式下,单车月产生营业收入:75 班次 ×32 吨/班次 ×85 元/吨 = 204000 元,月度税金成本:8160 元。

9)管理成本

(1)传统运输模式下,单车月管理成本约 0.035 元/月。

(2)甩挂运输模式下,单车月管理成本约 0.043 元/月。

10)单月成本核算情况

(1)传统运输模式:总成本费用为 56231.86 元/月,月货物周转量 216000 吨公里,运输成本为 0.26 元/吨公里。

(2)甩挂运输模式:总成本费用为 89686.14 元/月,月货物周转量 360000 吨公里,运输成本为 0.24 元/吨公里。

通过上述分析,从单位运输成本来看,传统运输方式成本为 0.26 元/吨公里,甩挂运输方式成本为 0.24 元/吨公里,节约了 0.02 元/吨公里。

四、企业发展思路

2014 年国务院印发了物流业发展的中长期规划(2014—2020 年),规划中明确提出,大力发展甩挂运输、共同配送、统一配送等先进的物流组织模式,提高储运工具的信息化水平,减少返空、迂回运输。推广使用甩挂运输等先进运输方式和智能化管理技术,完善物流园区管理体制,提升管理和服务水平。支持仓储和转运设施、运输工具、停靠和卸货站点的标准化建设和改造,制订公路货运标准化电子货单,推广托盘、集装箱、集装袋等标准化设施设备,建立全国托盘共用体系,推进管理软件接口标准化,全面推广甩挂运输试点经验。目标就是要实现物流基础设施及运作方式衔接更加顺畅,物流园区网络体系布局更加合理,多式联运、甩挂运输、共同配送等现代物流运作方式保持较快发展。根据铭源物流以及飓风物流甩挂运输基地运作的实际和甩挂运输发展的前景,采取以下措施。

1. 培养专业甩挂运输人员

甩挂运输在国外得到了长足的发展,在我国却是新生的运输方式,国内需要借鉴国外先进的经验和运输方式。铭源物流将针对甩挂运输成立专门的队伍进行不断地研究,进一步探索甩挂运输基本原理与本企业实际的相结合方式。

2. 加强对从业人员培训方面，提高整体素质

原有站场为一个中转仓库，配备管理人员的知识水平及业务素质较低，而甩挂运输对于站场管理人员业务水平要求很高。因此，企业将结合现有构架，完善甩挂运输管理体系和组织结构，充实相关人员，并在既有基础上，进一步优化项目运营策划方案，加强站场经营战略规划、市场营销策略的制定与实施、服务产品项目的开发乃至现代企业人力资源管理运作模式，以全面提升站场管理和运营服务水平。

3. 加快信息系统建设

通过建设电商供应链管理与信息交易中心、多式联运分拣配送中心、精益物流及城市配送分拣中心、电子商务产品体验与展示中心、铭源总部基地及综合配套服务中心、调度运力中心等，打造“以信息化平台建设为支撑，以服务创新为核心，以车源、货源为载体，以流量经济为导向，以建成物流生态圈为目标”的新业务模式。借助信息平台与实体平台的协同，实现信息交易的线上线下互动，实现制造业、商贸业和物流业的三业联动，实现国内与国际物流、公路与其他运输方式联运，提供产业集群式创新供应链解决方案。

随着新常态经济的持续运行，国内的经济结构和发展方式将不断优化升级，适合甩挂运输的货物和规模将大幅度增长，这将为大力发展甩挂运输带来难得的宝贵机遇。

案例18:江苏安邦物流有限公司

一、总经理致辞

2014年8月,“江苏省网络型公路甩挂运输主题性试点项目”试点工作开始,通过筛选,江苏安邦物流有限公司(以下简称“安邦物流”)入选全国甩挂运输试点企业,项目由江苏省交通运输厅运输管理局组织实施。本主题性试点项目是以常州、南通、镇江为核心节点,由当地试点承担企业构建本地化的运输网络,组织货源,然后通过三个核心节点之间的甩挂运输,构建更大的运输网络,实现网络内运输效率的提升与运输成本的下降。

二、企业发展概况

(一)企业简介

安邦物流成立于2003年,注册资金5600万元,现已转型升级成为一家现代和专业的第三方物流服务供应商,为客户提供完善的国际国内货物运输代理(海运、空运、铁路、和公路运输)、报关报检、仓储、配送、装卸、流通加工、代收款、保险代理、信息咨询等物流一体化服务。历经10年拼搏,安邦物流取得了骄人业绩,先后获得中国AAA级物流企业、江苏省重点物流企业、江苏省物流企业技术中心、江苏省甩挂运输试点企业、江苏省经信委“三带一帮”联系企业、常州市物流信息化示范企业、常州供应链示范企业、常州市制造业和物流业联动示范企业等荣誉称号,是中国物流与采购联合会常务理事单位,中国十大诚信物流企业家单位。

安邦物流秉承“随您而变,立即行动”的服务宗旨,本着“重合同,守信用”、“诚信做人、用心做事”的原则,以独特的执着与虔诚在物流业精耕细作,不断追求卓越,赢得了客户和业界的广泛认可,铸就了今天的“安邦”。10年来,安邦物流造就了一支团结进取、作风务实的员工队伍,从机制体制创新到经营管理理念的转变,创建了物流信息、物流设计、物流技术和物流管理四大物流系统,以服务一体化、服务专业化和供应链管理三大特色，为客户提供一站式“保姆管家”服务。

2012年，根据战略发展规划，安邦物流在新北区春江镇投资1.8亿元，兴建了江苏安邦第三方物流基地，现已建成投运。依托港口和四通八达的公路交通区位优势，安邦物流大力发展集装箱甩挂运输，目前以长三角为中心的短途甩挂运输专线已成态势，后期将辐射至珠三角、京津塘、西南成渝等地区。通过信息化手段，为第三方物流企业提供物流信息交互对接、资源共享、物流预订等特色服务，实现低碳、环保和高效的现代物流。

（二）发展历程

安邦物流的具体发展历程如图1所示。

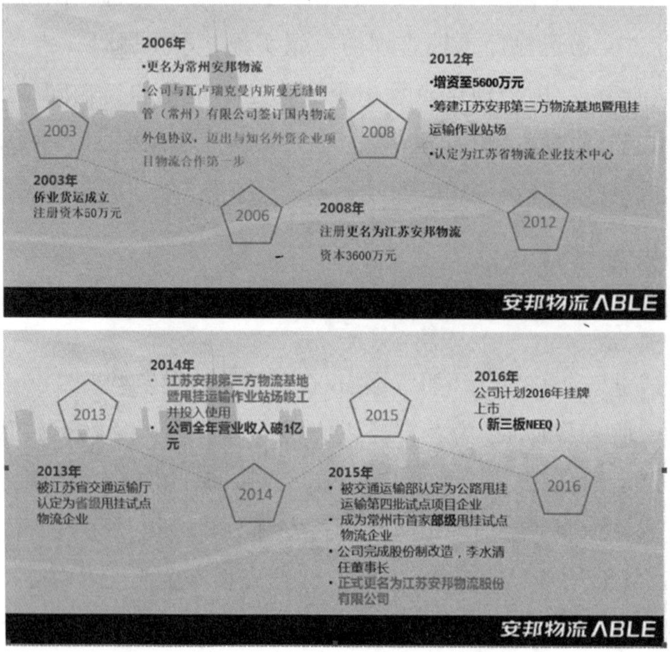

图1　安邦物流公司发展历程

（三）主营业务

1. 以第三方物流一体化为模式的整体合同物流服务

安邦物流是一家现代化第三方物流服务供应商，以提供第三方物流整体外包服务为主要服务，在物流外包中为目标客户提供完善的国际国内货物运输代理（海运、空运、铁路和公路运输）、报关报检、仓储、配送、装卸、流通加工、代收款、保险代理、信息咨询等物流一体化服务。

2. 以甩挂运输为方式的零担配载专线物流

甩挂运输是一种集约化的货物运输组织方式,即通过牵引车将装满货物的挂车运往目的地后,将挂车甩在当地,同时挂上装满货物的挂车返回(或驶往第三地)的货运组织方式。这种运输方式具有显著的单位成本低、运输效率高和货物周转快的特点,是国家和交通运输部重点支持的货物运输方式。

3. 以物流为载体提供金融服务的物流供应链金融

安邦物流在银行认可的情况下,对企业自身或企业集团系统合法拥有的货物做24小时全流程封闭监管,保证总体价值高于银行授信所要求的最低价值,并在完善抵押登记的基础上,银行向企业提供融资。公司在物流金融中提供物流流通加工、融资、评估、监管、资产处理和金融咨询。

4. 以甩挂联盟为基础线上线下相结合的B2B甩挂运输电子商务平台

安邦物流大力发展线上甩挂运输电子商务平台,以公司现有线下专线甩挂运输服务以及第三方物流整体外包服务中运输环节的数据为基础,以银行授信下的物流金融为保障,以加盟或会员的方式,利用互联网电商技术组建运输综合交易平台,并能以此平台为基础,为加盟或会员提供仓库、运输、结算管理服务,提升企业经营效益。

采用加盟或会员的方式,由会员自主发布货物运输信息,支持EDI方式自动发布,支持甩挂运输和普通运输模式。支持会员通过平台达成交易,系统自动向会员推送相关货物运输信息,所有交易都有安邦公司参与,并对货物运输负责和监管。交易完成后对交易评价,进行等级评级。牵引车或挂车进场,甩挂运输执行支持条码、RFID方式,利用手持终端现场调度。对于甩挂交易中的运输车辆,进行运输监控,GPS北斗定位跟踪。甩挂运输交易回单完成,进行甩挂交易结算,运输货物需保险的运单数据,通过接口自动和保险公司进行数据交换。

三、甩挂运输发展情况

(一)推进甩挂运输的历程

2014年8月,交通运输部规划研究院接受安邦物流、南通吉化物流有限公司、丹阳飓风物流有限公司、融达物流4家公司的委托,开始安邦物流甩挂运输项目试点工作。本主题性试点项目由以上4家物流企业独立的甩挂线路以及合作线路构成,共包含10条试点线路。其中项目一为安邦物流甩挂运输试点项目,该子项目由常州地区的安邦物流和融达物流两家企业参与,负责甩挂运输站场建设、运营以及试点。采用了三种运作模式:“一线两点,两端甩挂”甩挂运输、“一线多点,循环甩挂”甩挂运输以及“一线多点,接驳甩挂”运输。目前公司现有线路包括:

线路一:安邦—(天合)—常州港,也即:常州—常州港(“一线多点,循环甩挂”);

线路二:常州—张家港(“一线两点,两端甩挂”);

合作线路一:常州—上海(“一线两点,两端甩挂”);

合作线路二:南通—常州—镇江(“一线多点,循环甩挂”)。

(二)甩挂运输组织模式

安邦物流采用两种运作模式,主要是“一线两点,两端甩挂”甩挂运输和“一线多点,循环甩挂”甩挂运输。

1.“一线两点,两端甩挂”甩挂运输模式

“一线两点,两端甩挂”即在线路上的两节点处采用甩挂运输模式,以安邦物流常州—张家港线为例,基本流程如图2所示。

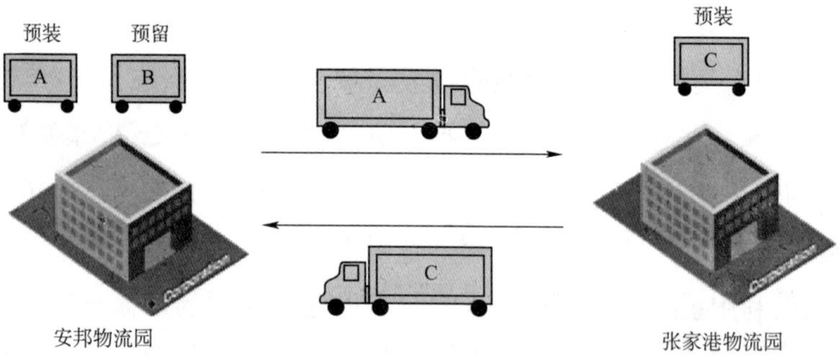

图2 “一线两点,两端甩挂”基本流程

步骤1:在安邦物流园预留2个半挂车(A半挂车和B半挂车,A半挂车预先装好),在张家港物流园预留1个半挂车(C半挂车),进行整车的装载作业。

步骤2:牵引车A1将A挂车拖至张家港物流园区,路途时间约1.5小时,将A挂车放下,等待卸货,卸挂、装挂、点货和交接手续0.5小时。

步骤3:牵引车A1挂上预先装载好的C挂车从张家港物流园区出发返回常州,

路途时间约1.5小时。

步骤4:牵引车A1拖在安邦物流园甩挂站场卸下C挂车,等待卸货,卸挂、装挂、点货和交接手续0.5小时,挂载已装货的B挂车,然后重复步骤1。

2."一线多点,循环甩挂"甩挂运输模式

以安邦物流的合作线路南通—常州—镇江线为例,该循环线路可分为正向循环与反向循环两种模式。该线路为合作路线,依托4家参与企业站场资源为节点,科学调度合理调配运力,将货品运送至客户指定区域,再由参与企业进行市内配送,形成循环甩挂辐射状甩挂运输组织模式。包括正向循环和反向循环。

1)正向循环(图3)

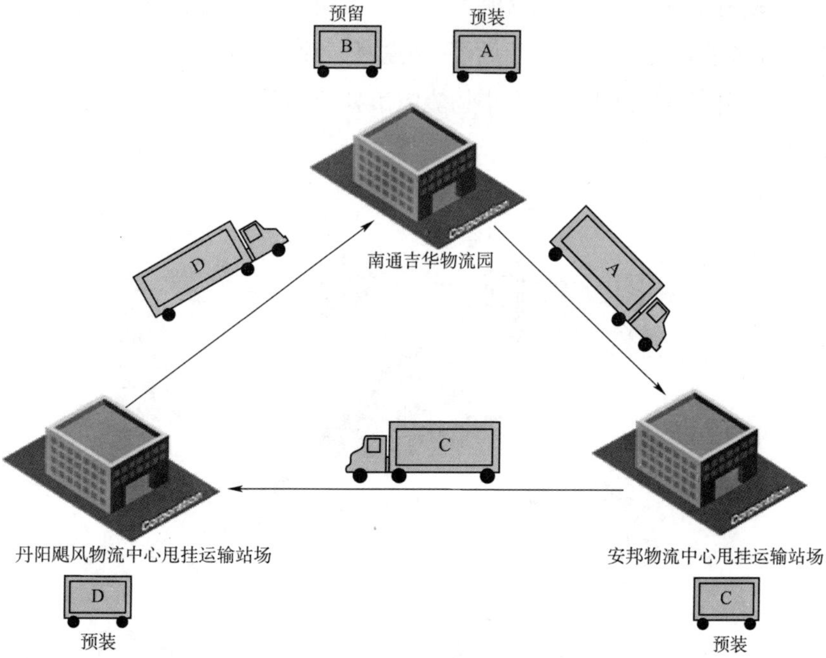

图3 "循环甩挂"正向循环甩挂运输作业运营组织模式

步骤1:在南通吉华物流园甩挂运输作业站场预留2个半挂车(A半挂车和E半挂车,A半挂车预先装载好集装箱),在常州安邦第三方物流基地甩挂运输作业站场或者常州融达国际金属商贸物流中心甩挂运输作业站场预留B或C半挂车,在丹阳飓风物流中心甩挂运输作业站场预留D半挂车,进行整车的装载作业。

步骤2:牵引车A1根据系统指令从南通吉华物流园甩挂运输作业站场挂上A半

挂车,前往常州安邦第三方物流基地甩挂运输作业站场或者常州融达国际金属商贸物流中心甩挂运输作业站场,路途时间约2.5小时。

步骤3:牵引车A1到达常州安邦第三方物流基地甩挂运输作业站场或者常州融达国际金属商贸物流中心甩挂运输作业站场,卸下A半挂车,等待卸货,卸挂、装挂、点货和交接手续0.5小时。

步骤4:牵引车A1挂上常州安邦第三方物流基地甩挂运输作业站场或者常州融达国际金属商贸物流中心甩挂运输作业站场已完成装载的B挂车或者C挂车,前往丹阳飓风物流中心甩挂运输作业站场,路途时间约1.6小时。

步骤5:牵引车A1到达飓风物流中心甩挂运输作业站场,卸下B挂车。

步骤6:牵引车A1挂上飓风物流中心甩挂运输作业站场已完成装载的D挂车,前往南通吉华物流园甩挂运输作业站场,路途时间约3小时。

步骤7:牵引车A1到达南通吉华物流园甩挂运输作业站场,卸下D挂车。然后重复步骤1。

2)反向循环(图4)

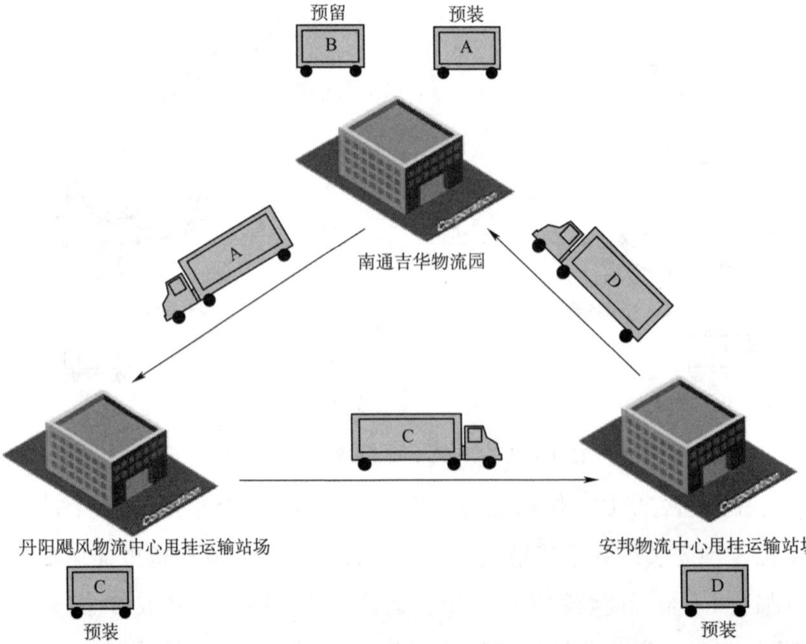

图4 "循环甩挂"反向循环甩挂运输作业运营组织模式

步骤1:在南通吉华物流园甩挂运输作业站场预留2个半挂车(A半挂车和E半挂车,A半挂预先装载好集装箱),在常州安邦第三方物流基地甩挂运输作业站场或者常州融达国际金属商贸物流中心甩挂运输作业站场预留B或C半挂车,在丹阳飓风物流中心甩挂运输作业站场预留D半挂车,进行整车的装载作业。

步骤2:牵引车A1根据系统指令从南通吉华物流园甩挂运输作业站场挂上A半挂车,前往丹阳飓风物流中心甩挂运输作业站场,路途时间约3小时。

步骤3:牵引车A1到达丹阳飓风物流中心甩挂运输作业站场,卸下A半挂车,等待卸货,卸挂、装挂、点货和交接手续0.5小时。

步骤4:牵引车A1挂上丹阳飓风物流中心甩挂运输作业站场已完成装载的D半挂车,前往常州安邦第三方物流基地甩挂运输作业站场或者常州融达国际金属商贸物流中心甩挂运输作业站场,路途时间约1.6小时。

步骤5:牵引车A1到达常州安邦第三方物流基地甩挂运输作业站场或者常州融达国际金属商贸物流中心甩挂运输作业站场,卸下D半挂车。

步骤6:牵引车A1挂上常州安邦第三方物流基地甩挂运输作业站场或者常州融达国际金属商贸物流中心甩挂运输作业站场已完成装载的B或C半挂车,前往南通吉华物流园甩挂运输作业站场,路途时间约2.5小时。

步骤7:牵引车A1到达南通吉华物流园甩挂运输作业站场,卸下D半挂车。然后重复步骤1。

(三)开展甩挂运输的特点

1.运营组织流程规范

本项目以企业信息平台为支撑,发展网络化整车干线甩挂运输,在主题试点中要解决的关键问题包括货源组织和网络化运作等。

1)货源组织

本主题性试点项目货物运输的组织模式是以整车专线运输为主,零担运输为辅。组织目标是保持各企业现有的每年增长幅度稳定的大客户,同时积极开拓新的客户群体。

本主题性试点项目各企业通过国际、国内各大知名企业(金属制造与加工以及延伸的配套使用单位、汽车零部件及组装、新能源产业和进出口外贸企业)合作,组织专线运输网络辐射全国,同时各参与企业利用自身站场优势为当地提供具有集散为整、灵活性、安全性和便捷性的特点的零担运输服务。

2)网络化运作

本主题性试点项目以南通、常州和镇江为中心,以高效的通信信息技术为管理手段,形成以南通、常州和镇江为网络中心,以全国主要中心城市、沿海地区、经济发达地区为重点,辐射中部地区、全国主要省会城市和枢纽城市的甩挂运输网络,实现省际衔接,构建全国性的网络化干线运输。通过利用有效的运输组织,依托网络化的甩挂站场集散货源,使用高效节能、性能可靠的甩挂车辆,不间断地把牵引的装载货物的挂车"甩"在目的地站场,同时在目的地站场"挂"上其他装载货物的挂车运送到下一目的地站场,网络中的车辆在运输网络中不停地"甩"与"挂",实现货物准确、快速运达的运输组织形式。

3)接驳运输的组织调度

本主题性试点项目线路7(镇江—合肥—武汉)采用"一线多点,接驳甩挂"作业模式,该线路全程(镇江到武汉)750公里,丹阳飓风物流中心与合肥、武汉格力和美的空调合作开设线路,去程货物为原材料和零配件,回程货物为空调整机。由于距离较长,不能充分保证原材料和零配件抵达生产厂商的时间,为了降低生产厂商的库存成本,保证货物运输的时间效益,充分发挥甩挂运输的经济效益,公司选择合肥甩挂运输站场(距武汉300公里,距镇江450公里)作为中转中心,合理安排对向车辆的发班时间,降低牵引车等待时间,不仅能够满足制造生产企业JIT(准时制)生产,还可以大大提高牵引车的周转速度和车辆的里程利用率,创造了时间效益,增强了货物的流动性。通过增加周转挂车的数量来增加运力,大大降低牵引车购置成本和整体的运输成本,既满足客户的服务需求,又提高自己企业的运输生产效率,从而提高物流服务质量。同时,本试点线路开展之初,选择车辆技术标准一致的牵引车和挂车,随着货量的增大和试点的推进,可以通过新购置标准化的车辆来增加运力。

本次参与试点的4个企业拟将信息系统统一接入"江苏省公共物流信息平台",在该平台上实现信息的共享与交换。

2. 特色的电子商务云平台

安邦物流投资2000万元专门配套开发了安邦物流甩挂运输电子商务云平台(图5),该平台充分运用云计算、物联网、3G无线监控、GPS、GIS等先进信息技术,以系统功能模块整合方式,把涉及甩挂运输业务的运输管理、仓储管理、车辆管理、商务管理、运营控制、结算管理、质押保险、安防管理、OA 办公 9 大管理环节的重要信息有机整合起来。通过信息化项目的实施,对各物流节点的信息进行统一的采集、分析和监控,建立起一体化的信息共享、管理集约、功能强大、使用便捷的甩挂运输综合服务和信息交互平台。

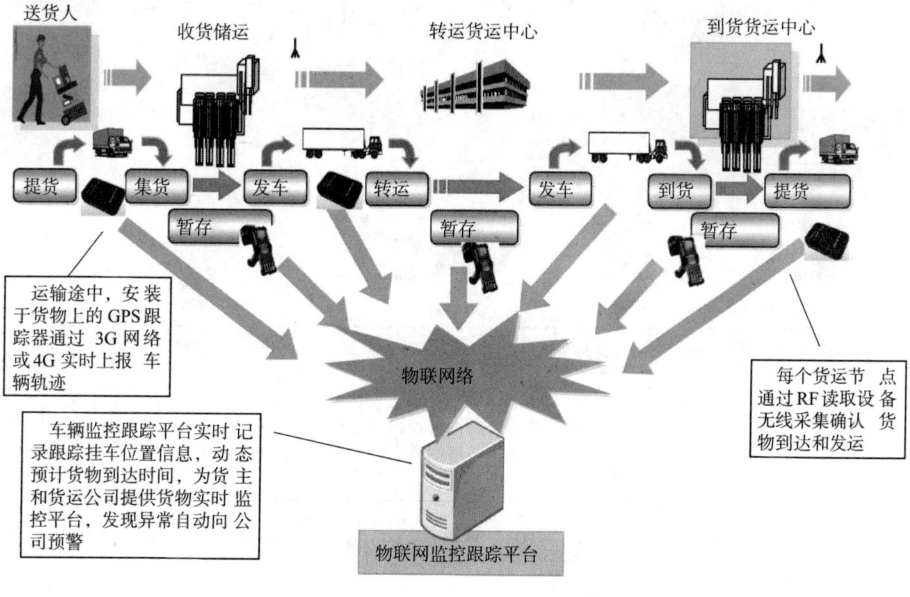

图 5　安邦物流甩挂运输电子商务云平台

1)运输管理系统和 WMS 仓库管理系统

此系统针对运输和仓储中每一个物流节点的物流作业进行规范,提升作业效率,实现运输和仓储的精益化管理。特别是仓储管理系统,对所有入库货物进行条码识别,并应用到收货、拣货、库存、发货、物流跟踪等各个环节,实现库存自动报警、空间监控、货物信息跟踪、报损管理等功能,大大提高了物流全程整体效率(图 6)。

2)安邦物流车载监控系统

此系统具有数据实时传输、视频应急调试、疲劳驾驶预警、货物监控等重要功能。不仅能跟踪记录车辆的地理位置,还能通过 3G 车载终端搜集包括车速里程、地理位置、油表、胎压等车辆运行信息;通过视频摄像头可对驾驶员、车辆正前方、后方等信息进行实时监控,对加强货运车辆管理、防止违规操作和提供纠纷仲裁依据等非常实用。

此外，商务管理系统还具备在线下单、运单追踪、物流增值服务、在线客服、软件下载等功能；安防管理系统还包括数字监控系统、远红外监测系统、车辆出入记录系统、一卡通系统、移动 APP 终端增值服务等模块。

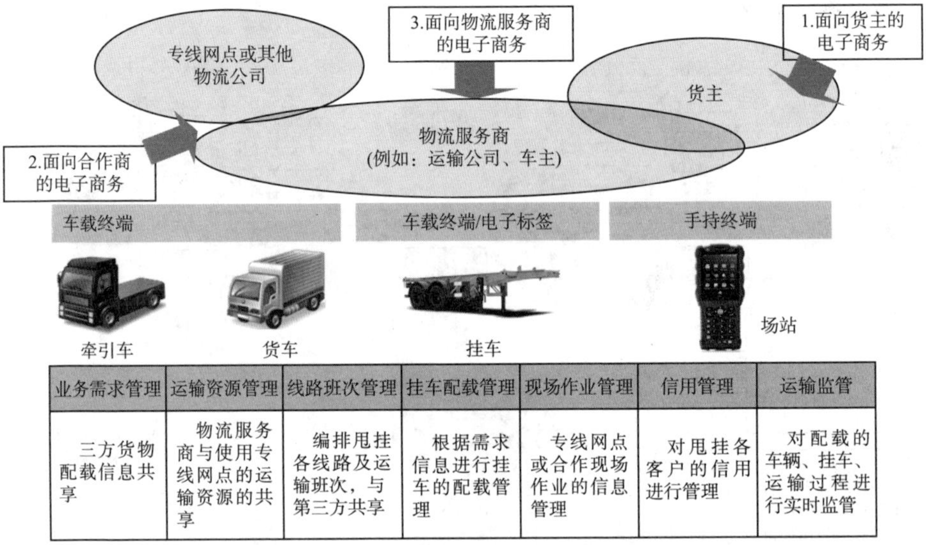

图 6　安邦运输及仓库全程管理流程示意图

（四）甩挂运输取得的成效

1. 运输效率对比分析

采用甩挂运输方式后运输效率的提升主要体现在牵引车装卸等待时间的减少，从而有效减少牵引车的使用数量，增加单车载重行驶里程以及完成的总周转量（表 1 和表 2）。

江苏网络型运输传统运输模式与甩挂运输模式相关效率参数比照分析表　　表 1

公司名称	线路	传统运输模式			甩挂运输模式		
		每月运行趟数（次）	里程利用率（%）	实际载重吨（吨）	每月运行趟数（次）	里程利用率（%）	实际载重吨（吨）
安邦物流	安邦—天合—常州港	40.50	0.75	35	76.24	0.9	35
	常州—张家港	22.15	0.75	35	45.47	0.9	35

江苏网络型运输试点运输效率对比分析(2016 年)　　表 2

线　路	运输方式	车辆吨位(吨)	单车年总行驶里程(车公里)	单车年载重行驶里程(重车公里)	单车完成周转量(吨公里)
常州—张家港	传统运输模式	35	74436.92	55827.69	1842313.85
	甩挂运输模式	35	152791.58	137512.42	4537909.89
	增减量	—	78354.66	81684.73	2695596.05
	增减率	—	105.26%	146.32%	146.32%
安邦—天合—常州港	传统运输模式	35	53460.00	40095.00	1323135.00
	甩挂运输模式	35	100630.59	90567.53	2988728.47
	增减量	—	47170.59	50472.53	1665593.47
	增减率	—	88.24%	125.88%	125.88%

2. 能源消耗对比分析

运输成本主要包括固定成本和可变成本,其中固定成本有车辆折旧、修理费、保险费、其他费用和税金等,可变成本一般包括燃油费、通行费和驾驶员工资等。以线路常州至张家港为例,分析平均运输成本的变动情况。

1)折旧费

(1)传统运输模式下,单车平均价格 50 万元(含 1 挂车、牵引车 35 万元、挂车 15 万元),通常货运车辆按照 5 年计提折旧,残值 10%,按照平均年限折旧法,折旧费为 9 万元/年。

(2)甩挂运输模式下,单车平均价格 65 万元(牵引车、挂车比例 1∶2),按 5 年计提折旧,残值 10%,折旧费为 11.7 万元/年。

2)燃油费

$$单车年总油耗=\frac{单车年行驶里程(公里)}{100\times 百吨公里油耗(升/百公里)}$$

(1)传统运输模式下,采用的核定载质量 35 吨的普通单车,百公里油耗为 38 升,则单车总油耗 = 136080 公里/100 × 38 升/百公里 = 51710.40 升,以燃油价格 5.85 元/升计算,燃油费为 51710.40 × 5.85/10000 = 30.25 万元/年。

(2)甩挂运输模式下,采用的实际载质量 35 吨厢式车,百公里油耗为 40 升,则单车总油耗 = 256150.59 公里/100 × 40 升/百公里 = 102460.24 升,以燃油价格 5.85 元/升计算,燃油费 = 102460.24 × 5.85/10000 = 59.94 万元。

3)修理费

年维修费用 = 牵引车维修费 + N × 挂车维修费

式中,牵引车与挂车比例为 1 : N。

本项目对于甩挂运输的牵引车维修费限额为 1.8 万元/年,挂车维修费为 0.48 万元/年。

(1)传统运输模式下,年维修费 = 1.8 + 0.48 × 1 = 2.28 万元。

(2)甩挂运输模式下,年维修费 = 1.8 + 0.48 × 2 = 2.76 万元。

4)保险费

(1)单车全年保险费包含 5 项,分别为牵引车交强险、第三责任险、机动车险、驾驶员意外伤害险和货物险。

(2)传统运输模式下,单车全年保险费为 1.80 万元。

甩挂运输模式下,全年单车(平均含 2 个挂)保险费为 2.33 万元(现挂车不投保交强险)。

5)工资

驾驶员工资 = 单车配备驾驶员人数 × 人均年薪

在传统情况下是一车配 1 人,驾驶员的数量少,在途时间长,驾驶员疲劳度大,工资水平按产值计算,而甩挂运输情况下由于在途时间减少,以一车配 2 人来保证驾驶员的充分休息,工资水平仍以产值计算,甩挂运输模式下的驾驶员工资会有所下降,但其疲劳度下降,员工满意度上升。

(1)传统运输模式下,一车 1 人制,5000 元/月 × 12 月 = 6 万元。

(2)甩挂运输模式下,一车 2 人制,2 人 × 5000 元/月 × 12 月 = 12 万元。

6)通行费

年通行费 = 年周转量 × 通行费标准(元/吨公里)

江苏省目前高速公路采用计重收费的方式,15 ~ 30 吨的车辆按 0.09 元/吨公里线性递减,如果车辆不超载,传统运输模式和甩挂运输模式下的实际通行费标准均为 0.08 元/吨公里。

(1)传统运输模式下,平均每部车全年通行 = 单车完成周转量 × 通行费/10000 = 26.94 万元。

(2)甩挂运输模式下,平均每部车全年通行 = 单车完成周转量 × 通行费/10000 =

60.86 万元。

7)税金

$$税金=增值税税额\times(1+城建税率+教育附加税率)$$

$$增值税=(年运输收入/1.11)\times 11\%-(燃油费/1.17)\times 17\%-(修理费/1.17)\times 17\%-(购车费/1.17)\times 17\%$$

式中,城建税率是7%,教育附加税率是3%。

对于常州—上海线路,每吨收取运费85元,则:

(1)传统运输模式下,单车年税金为14.86万元。

(2)甩挂运输模式下,单车年税金为27.97万元。

8)管理分摊

(1)传统运输模式下,单车年均摊销管理费用1.00万元。

(2)甩挂运输模式下,单车年均摊销管理费用1.20万元。

其他费用(货损货差、随车工具等)传统运输模式下,单车年平均0.6万元;甩挂运输模式下,单车年平均0.6万元。

9)运输成本

$$运输成本=(折旧费+燃油费+修理费+保险费+工资+通行费+管理分摊+其他费用+税金)\times 10000/单车完成周转量$$

同理,可以计算出其他条线路运输成本,各试点线路运输成本比较分析表见表3。

单位运输成本分析　　表3

试点线路	运输模式	折旧费(万元/年)	燃油费(万元/年)	修理费(万元/年)	保险费(万元/年)	工资(万元/年)	通行费(万元/年)	税金(万元/年)	管理分摊(万元/年)	其他费用(万元/年)	运输成本(万元/年)
安邦—天合—常州港	传统运输模式	8.10	16.25	2.28	1.80	6	10.59	1.83	1	0.6	0.37
	甩挂运输模式	10.80	30.59	2.76	2.40	12	23.91	3.44	1.2	0.6	0.29
常州—张家港	传统运输模式	8.10	12.12	2.28	1.80	6	7.90	2.11	1	0.6	0.42
	甩挂运输模式	10.80	24.88	2.76	2.40	12	19.45	4.32	1.2	0.6	0.32

四、企业发展思路

安邦物流从2014起开通专线路线，未来以实现长三角地区与珠三角地区网络全覆盖为目标，功能分区合理，作业流程顺畅，技术上可行。同时由经济效益分析表明，自公司实施甩挂运输以来，财务评价各项指标均较好，具有较好的经济效益，经济上是可行的。

目前常州市的经济发展步伐日益加快，交通基础设施逐步完善，产业布局日趋优化，各项基础设施建设工作正紧张进行。安邦物流甩挂站场的改建，不仅能获得直接的经济效益，同时作为常州市物流发展的重要基础设施，充分利用了交通便利条件，不仅为服务区域内的生产企业和商贸流通企业提供完善的物流服务，还完善了常州市物流服务系统，促进了常州市物流发展，从而改善了投资环境，提高了地区经济竞争力，产生了巨大的社会效益。因此，以常州物流甩挂站场为基点的长三角区域专线网络辐射珠三角乃至全国是非常可行的。未来有以下几点发展思路。

1. 组建运营机制，加快建设步伐

在积极推进工程建设的同时，建设单位更应重视与之相配套的管理体制的建设和运营模式的研究。建议投资单位结合现有构架，完善甩挂运输管理体系和组织结构，充实相关人员。并在既有基础上，进一步优化项目运营策划方案，加强园区经营战略规划、市场营销策略的制定与实施、服务产品项目的开发乃至现代企业人力资源管理运作模式，以全面提升站场管理和运营服务水平。

2. 拓宽投融资渠道，促进甩挂站场快速发展

安邦物流甩挂站场投资大，开发建设需要大量资金的投入。因此，在积极争取国家资金支持的同时，将建立和完善投融资体制，拓宽投融资渠道，广泛吸收社会资金投入，加大资本运作力度，促进中心快速发展。

该项目作为国家甩挂运输项目试点项目，政府应加强对项目建设的引导、协调和监督，并发挥其权威性，运用各种形式进行项目推广招商活动，提供各种方便条件，吸引企业入驻，扩大项目知名度。最后，政府应在项目开发建设和运营管理过程中，提供政策法规咨询和监督，并积极帮助企业培育人才，加快项目建设与发展。对项目的发展提供政策保障。

案例19:连云港吉安物流有限公司

一、总经理致辞

2015年9月,连云港吉安物流有限公司入选成为2015年省级甩挂运输项目库一般企业。企业定位是以提高信息化服务水平、优化车辆运输组织模式为主,采取货物双重运输、物流金融扶持优秀运输管理企业的成长方式,提高港口集装箱公路运输的竞争力,提高港口公路运输服务水平。

二、企业的发展概况

(一)企业简介

连云港吉安物流有限公司(以下简称"公司")创建于2010年,位于连云区中华东路15号,拥有专业的集装箱牵引车辆和高素质的驾驶员队伍,主要从事国内普通货物的集装箱公路运输,网络遍及南京、徐州、宿迁、盐城、淮安、南通、扬州、苏州、临沂、济宁、商丘等周边地区。现自有80辆牵引车、110辆集装箱半挂车,其中液化天然气(LNG)牵引车36辆,另外公司拥有加盟牵引车120辆、集装箱半挂车120辆。公司依托着自主研发的甩挂运输运输管理系统(TMS)信息平台,进行集约化管理,各级员工权责分明,条理清晰,通过TMS系统与驾驶员手机APP实时无线数据传输交换数据,使得信息指令高度集成、快捷、准确。公司还以将服务当成实体产品来销售的理念,统一服务标准、配置标准,为客户带来更高层次的服务体验。公司不断努力和创新,致力于推进连云港乃至苏北地区的集装箱陆路运输运营服务的信息化、标准化、流程化、产品化进程。

(二)发展历程

公司自成立以来,始终坚持以安全第一,以诚信和优质服务为根本,以经济便捷为方针,以做大做强为发展目标。公司重视内部安全管理和服务质量,依托网络优势和信息平台,形成了富有成效的企业管理制度和质量管理体系。所有道路货物运输从业人员都持证上岗,公司车辆安装全球定位系统(GPS)达到100%,车辆等级全部一级。公司是省级甩挂运输企业、部级甩挂运输试点企业,2014年被评为江苏省50佳企业,2011、2012、2013、2014年度荣获道路货物运输企业质量信誉考核优秀单位(AAA级)称号。

(三)主营业务

公司自2012年以来,依托连云港港口的独特地理优势,以连云港为中心,构建面向苏北腹地的点状辐射式甩挂运输扇形网络,从事集装箱甩挂运输。货种包括家具、电子产品、棉花、轮胎、服装、纤维、食用包装油、食用盐等,货主为苏北地区大中型生产制造企业、商贸流通企业,以及从事国际货运代理的口岸进出口企业。

三、甩挂运输发展情况

(一)推进甩挂运输的历程

自2010年国家将公路甩挂运输发展纳入"国民经济和社会发展十二五规划"中,将甩挂运输发展上升为国家战略以来,公司也响应国家号召,在连云港市交通局运管处、连云港港口集团、社会各界人士的指导、支持下应运而生,是专业从事集装箱陆运甩挂运输的陆路运输企业。现自有运力80辆牵引车、110辆集装箱半挂车,其中LNG牵引车36辆,是连云港市最大的自有集装箱车队和LNG车队。公司发展迅猛,在连云港港口集装箱甩挂运输中起到了带头作用。

(二)开展甩挂运输的特点

1.具有丰富的甩挂运输实践与经验

公司致力于甩挂运输专线的打造,具有丰富的甩挂运输运作经验和基础。已开通的5条甩挂运输线路基本情况如下。

(1)连云港至淮安线。线路辐射范围包含灌云、灌南、涟水、淮安、金湖、洪泽、盱眙等。目前主要客户是淮安开发区的中大型生产企业,如华达利家具、新国纺织等。实行甩挂运输以来,单重每车次每日可以往返码头1.5趟次,双重每车次每日可以往返码头1.5~2趟次,效率远超普通运输。

(2)连云港至宿迁线。线路辐射范围包含泗阳、宿迁。目前主要客户是格林手套、杰盛手套等,已经开发的客户产品有木制品、纺织品、化工品、医疗用品、劳保用品等。

(3)连云港至沭阳线。目前主要客户是福田家居、沭阳宝连成等,公司正在与沭阳百盟货运有限公司进行合作，整合当地多而散的货源形式，依托沭阳百盟物流产业园在当地的优势建立甩挂站点，存放集装箱的空重箱。公司提供运输车辆负责站点到工厂、站点到连云港新东方码头的集装箱运输。开展甩挂运输，以进一步提高效率。

(4)连云港至盐城线。线路辐射响水陈家港和盐城等。目前主要客户是响水陈家港的大型造纸企业富星纸业和隆亨纸业，年运量 3 万吨 EU。

(5)连云港至徐州线。线路辐射范围包含邳州、新沂、贾汪、徐州、沛县、丰县等，目前主要客户是川江木业、昶嘉木业等，已经开发的客户产品有机械，木制品、轮胎、电器、玻璃制品等。

已开通的 5 条及拟开通的甩挂运输线路，采用的主要是“一点多线”的甩挂与甩箱双重结合的作业模式。其中，“一点多线”即以连云港集装箱中转站为节点，向徐州、宿迁、淮安、盐城、沭阳多个方向辐射，并形成来回封闭的甩挂运输作业路径。以连云港—淮安线路(图 1)为例，具体操作步骤如下：

步骤 1：在连云港港庙岭集装箱中转站预留空 A 挂车用于货物集中装运，在淮安集装箱作业基地(以下简称“淮安基地”)预留空 B 挂车，用于货物集中装运。

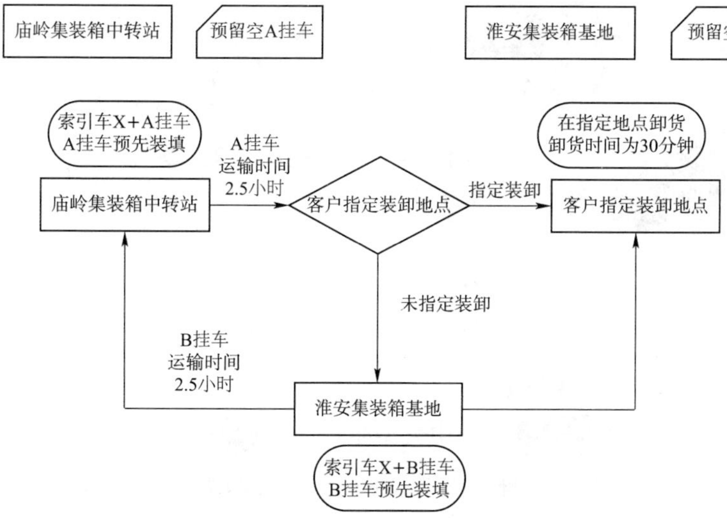

图 1　连云港—淮安甩挂运输运营组织流程图

步骤 2：牵引车 X 带上满载重 A 挂车运往淮安。

步骤 3：牵引车 X 到达淮安地区与淮安客户联系，在客户要求的指定地点卸货或

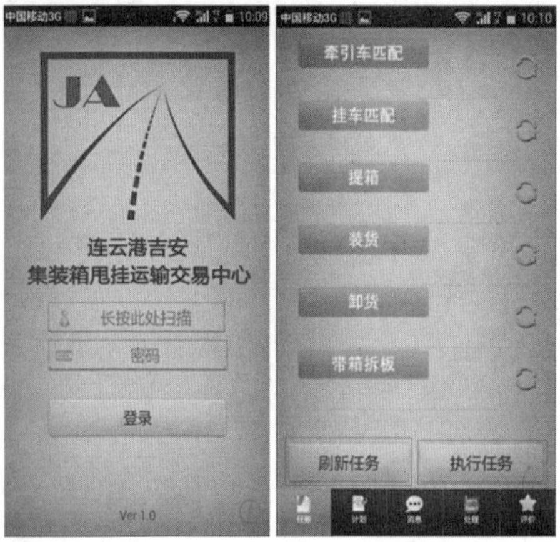

图2　驾驶员手机APP客户端示意图

直接运达工厂卸货，卸货时间30分钟，卸货完毕后，牵引车X带上空A挂车到达淮安基地，甩下空A挂车，挂上已填装好重B挂车返回庙岭集装箱中转站；如客户未要求指定地点甩挂，则直接运达淮安基地，甩下重A挂车，挂上重B挂车返程，运输时间1.5小时。

步骤4：牵引车X抵达庙岭集装箱中转站后，甩下B挂车，挂上已填装好的挂车，重复步骤2。

驾驶员手机APP客户端界面及"一点多线"甩挂组织模式如图2和图3所示。

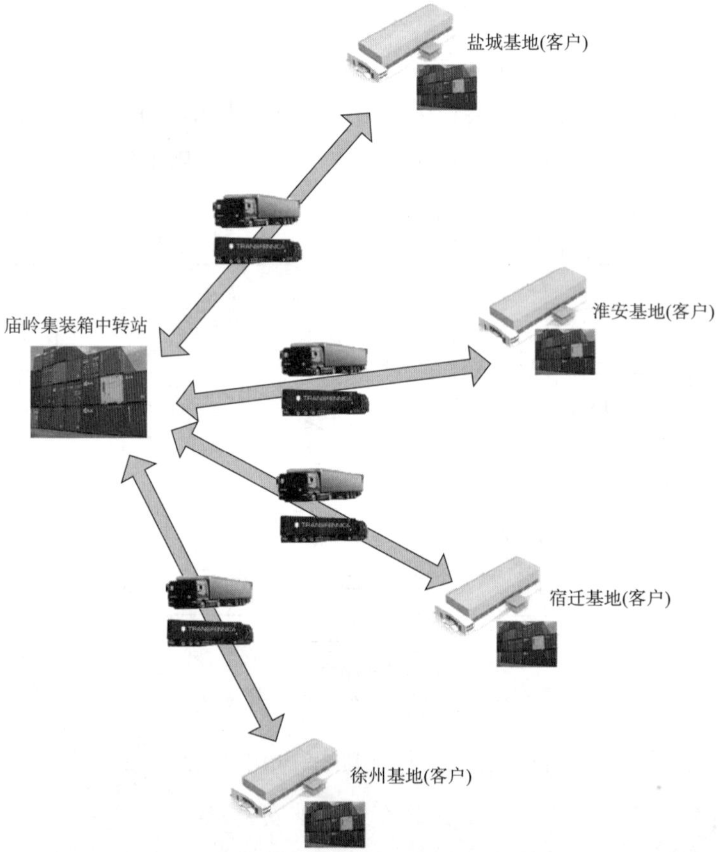

图3　"一点多线"甩挂组织模式示意图

以上甩挂方式为公司目前常用的甩挂运作形式，在此基础上，根据业务增长需要还可以继续发展成为设置固定短驳车辆在港区完成提箱、零担装卸、挂车周转等任务，甩挂牵引车在港区几乎可以不做停留地驰骋于专线运输。届时，即可实现全程各节点的综合甩挂运输，也必将甩挂的优势发挥到极致。

2. 依托集装箱甩挂交易中心，平台资源丰富

连云港吉安集装箱甩挂运输交易中心是由连云港吉安物流有限公司和连云港凯达国际物流有限公司合作经营的，专业从事集装箱陆运甩挂运输的第三方公共交易平台。集装箱甩挂交易中心依托自主研发的甩挂运输 TMS 信息平台，将原本零散、粗放的集装箱陆路运输整合成为由各条专线组成的庞大的运输网络，从而实现集装箱陆路运输服务信息化、标准化、流程化、产品化运营。交易中心打破传统，以超市交易平台模式（网络信息方式和办公大厅方式）+大客户直销销售模式+出租车式公车公营管理模式+专线运输模式进行商业运作，在港口陆运领域独树一帜，如图 4 和图 5 所示。

3. 倾力打造甩挂联盟，市场空间广阔

以合资控股方式，整合连云港、淮安、盐城、宿迁、徐州的甩挂运输资源，以连云港为辐射点，发展苏北 5 市甩挂运输联盟。连云港吉安集装箱甩挂运输交易中心为主体，以港口的基础设施如甩挂场站、机械设备等作为运作基础，以甩挂运输信息管理交易平台和管理团队作为运作条件，在淮安、盐城、宿迁、徐州以发展当地加盟或设立分部的形式，确立苏北五市甩挂网络。加盟方或分部负责在当地收集、整理货源结构和承运信息，管理当地的车辆，协调现场作业。加盟方或分部将信息集中反馈至连云港中心，由连云港中心进行全面整合和工作分配，以最优化的方案完成甩挂运输作业（图 6）。

4. 完善的 TMS 系统

公司有一个成熟的运营团队和完善的 TMS 甩挂运输信息系统，客户可通过 TMS 系统客户端在线下订单和实时在线查询对应货物的车辆位置、动态、运行轨迹以及实时查看货物照片、箱封号、货物状态等。TMS 系统操作平台是一个信息集散处理平台，一方面收到客户下达的运输计划，一方面向合作车队派送运输计划，实现了运输计划的在线接收和在线下达，如图 7 所示。它有 3 大特点：

（1）可以实时监控所有的牵引车、集装箱半挂车状态，实时进行牵引车与集装箱

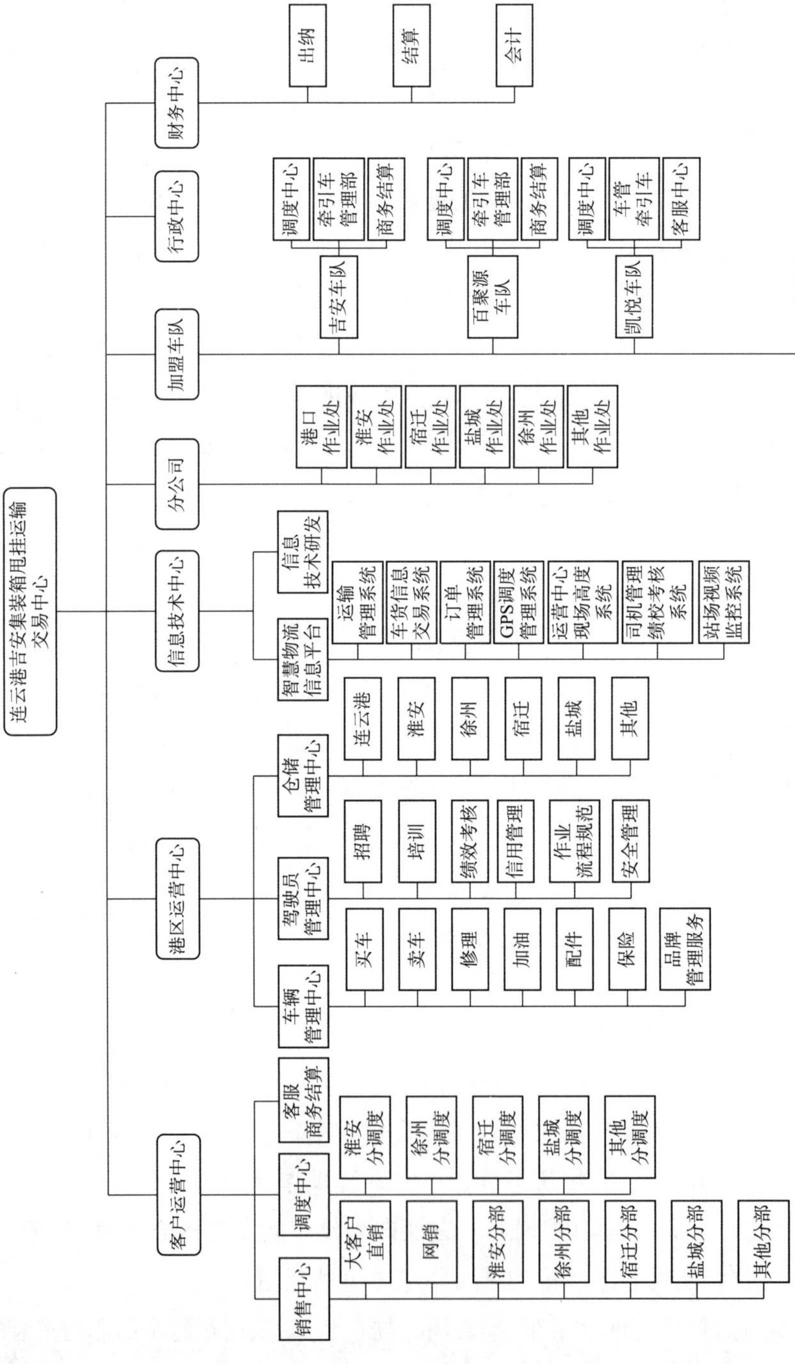

图4 集装箱甩挂运输交易中心总架构通

半挂车的挂接、拆分。

(2)实时监控驾驶员的工作情况。通过TMS系统向驾驶员手机APP下达运输任务,驾驶员将操作过程通过手机APP向系统内反馈信息,并可以在装卸过程中拍照片,实时上传到TMS系统中,以满足客户对装卸货过程了解的需求。

图5　先进的甩挂运输交易管理平台

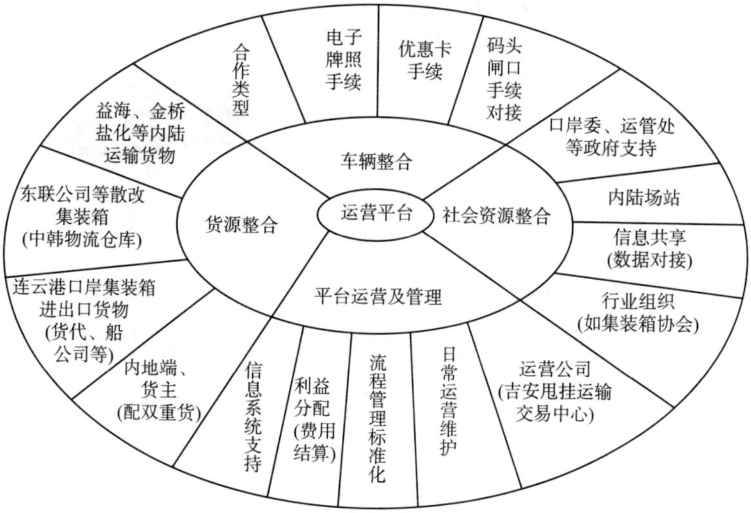

图6　甩挂运输联盟运营示意图

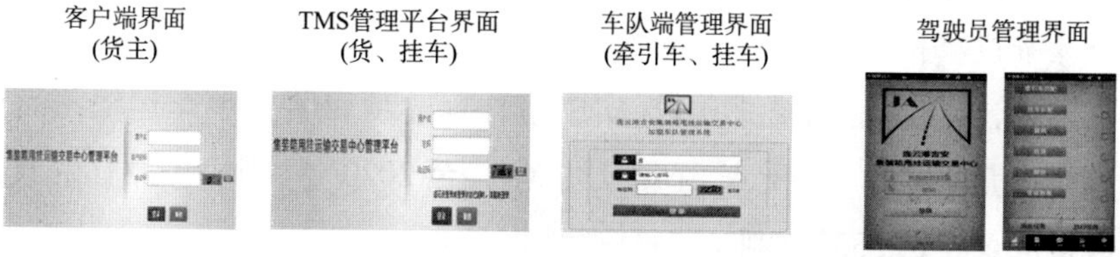

图7　TMS甩挂运输信息系统示意图

(3)业务数据实时上传,数据库随时更新。具有数据永不丢失(及时远端备份)、一键交接配对、实时统计数据、数字化指令等优点。

车队客户端系统通过此系统查询参与甩挂运输的车辆的运输情况和费用结算情况。通过本系统,还可以实现对业务的管理、车辆管理、驾驶员管理、财务管理等多项功能。挂车甩挂运作如图 8 所示。

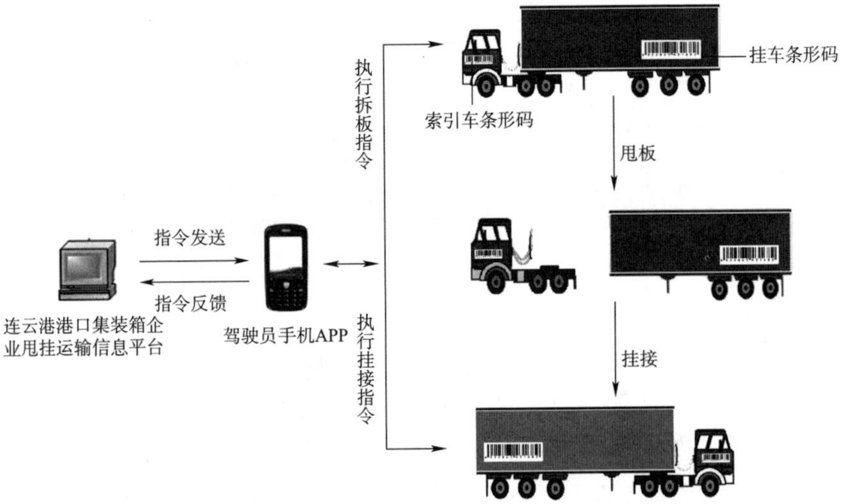

图 8　挂车甩挂运作示意图

(三)甩挂运输取得的成效

公司致力于甩挂运输专线的打造,通过现代物流双重甩挂运输模式,已实现了为客户降低 20% 以上的运费成本,为驾驶员降低劳动强度并提高收入 50%,为企业提高 30% 利润。双重甩挂运输与传统运输相比,成本更低,效率更高,车辆周转更快,节能减排效果更好。通过发展双重甩挂运输,可以大幅度降低全行业的能源消耗和污染排放,从而积极促进全社会的节能减排,不论是对企业,还是社会,都可以取得巨大的经济社会效益,具有重大示范意义,主要表现在以下几点:

1. 企业节能减排水平提升,社会效益显著

根据测算,与传统运输模式比较,实施甩挂运输项目将使单车运输每百吨公里二氧化碳排放量下降 0.91 千克、下降 18.1%。至 2020 年,当年可测算的直接减少二氧化碳排放量将达 3332.1 吨。

2. 车辆使用效率大幅提高，企业运输成本降低

由于甩挂运输的基本运作模式可以提高每辆牵引车的有效工作时间，因此实行甩挂运输不仅可减少牵引车的购置成本，而且也尽可能避免了车辆无效行驶活动的发生，这从一定程度上提高了道路货运车辆的实载率。牵引车单车年总行驶里程提高了52%，单车载重行驶里程和单车完成周转量均提高了83%。从单位运输成本看，甩挂运输方式将为企业节约成本0.03元/吨公里，与传统运输模式相比运输成本下降了7.7%。在甩挂运输项目的带动下，公司的整体生产成本也将大幅下降。

3. 有助于推动所在区域道路货运和物流产业结构调整

公司开展甩挂运输工作，对推动连云港市乃至全省道路货运资源优化整合，加快道路货运产业结构调整，推动现代物流业的发展，均能够发挥较好的示范效应，对推进区域道路运输组织化、网络化发展具有广泛的现实意义。

通过采取甩挂运输，公司的运输成本大大降低。运输成本主要包括固定成本和可变成本，其中固定成本有车辆折旧、修理费、保险费、其他费用和税金等，可变成本一般包括燃油费、通行费和驾驶员工资等。

四、企业发展思路

(一) 企业经营困境

1. 运费成本要求

20年来运价一直在降，运输成本却一直在涨，付款账期越来越长，坏账越来越多，导致运营成本不断增加，公司应该不断探索优化各个环节运输流程的方法，并通过信息化技术提高内部信息沟通效率，降低运营成本。

2. 服务质量要求

货主对运输到达时间、车辆调度及时性、货损、货差、货物动态跟踪、车辆服务质量的要求越来越高，同时车队老板、车主、驾驶员对相关增值服务、后勤服务的需求也越来越多，客户对运费、燃料、汽车配件等收付款结算方便性要求越来越高。

(二) 企业未来发展方向

1. 推广甩挂信息公共平台

为了更好地服务于整个港口集装箱集约化运输，公司下一步将推广甩挂物流信息公共平台，它是集市场交易、货物调度、专线运输、车队和车辆管理信息化、驾驶员管理信息化、投融资及众筹、综合服务O2O、支付钱包、站场服务为一体化的第三方

集装箱物流服务平台。

(1)客户市场交易平台为车主、货主、驾驶员、第三方服务商提供货运交易、第三方服务商综合服务交易、基本服务。

(2)货物调度系统包括订单指令下达、车辆配载、甩挂/箱调度、车辆货物动态跟踪、异常情况管理、费用结算等功能。

(3)公司根据专线运输模式优化运输线路组合,达到资源利用最大化,实现车辆最大有效运载,减少车辆空驶和无效运输,减少装卸等待时间,加速牵引车周转。

(4)车队、车辆管理信息系统可以实现业务管理、车辆管理、车辆后勤管理、业务结算管理、支付钱包等多项功能。

(5)甩挂/箱站场管理系统利用物联网技术,实现站场内的牵引车、挂车、集装箱、现场调度员的智能化管控,完成站场管理系统与调度系统业务信息的实时对接。

(6)驾驶员管理系统可以实现驾驶员数据初始化、业务管理、订单管理、结算管理、综合服务、理财等功能。

(7)投融资管理包括车辆投资、用户储蓄理财、账款担保、融资服务业务。

(8)平台为货主、车主、驾驶员、服务商等用户提供业务费用结算与钱包支付功能,用户可通过支付钱包进行账户充值、额度授信、余额查询、交易结算、现金提现、抵押贷款、储蓄理财等业务。

(9)O2O综合服务可以为车主、驾驶员提供线上线下综合服务,车主或驾驶员在线上完成交易,在线下提供或接受服务。

2.将再开辟22条以连云港为中心的甩挂运输专线(支线)

公司作为江苏省省级甩挂运输企业、部级甩挂运输试点企业,在今后的发展中,将再开辟22条以连云港为中心的甩挂运输专线(支线),实现江苏省甩挂运输线路网络化全境覆盖。通过合作、重组等方式努力实现集装箱甩挂车辆达500辆牵引车、1000辆挂车的水平,加快建设公司自有的甩挂运输站场,公司整体水平力争占到连云港集装箱陆运市场份额的50%以上,形成省内最先进的纵横交叉公路甩挂运输交通网,真正地以甩挂运输形式整合港口资源,降低港口集装箱物流成本,提高物流效率,增加港口货物吞吐量,提高港口竞争力,为港口快速发展增砖添瓦,为繁荣苏北地区集装箱运输事业尽微薄之力。

案例点评

企业联盟模式是江苏省甩挂运输大力发展的模式之一，旨在通过整合中小型甩挂运输企业，创建完善的物流平台。

无锡众盟物流有限公司以“联盟+甩挂运输+公铁联运”为主要特色发展综合物流，各企业在保证自身独立性的同时探索资源共享、利益共赢、风险共担的发展模式，综合成本大幅下降，客户数量和利润提升明显，市场竞争力和企业的抗风险能力也显著增强。丹阳飓风物流股份公司定位于第三方物流领域，以“经济、时效、服务、安全”为价值核心，运用“物流+互联网”升级改造传统三方物流运作模式，致力于为客户提供高品质、高效率、优质体验的专业一站式第三方物流服务。江苏铭源物流有限公司依托毗邻上海港、南通港等地理优势以及周边工业园区和优质客户业务资源的积累，以优质的服务和具有竞争力的价格，与众多客户建立了战略合作关系，致力于成为一站式物流外包服务商。江苏安邦物流有限公司依托信息化手段，以甩挂联盟为基础构建线上线下相结合的B2B甩挂运输电子商务平台，建立长三角与珠三角区域的甩挂电商云平台，为第三方物流企业提供物流信息交互对接、资源共享、物流预订等特色服务，实现了低碳、环保和高效的现代物流。连云港吉安物流有限公司以合资控股方式，整合连云港、淮安、盐城、宿迁、徐州的甩挂运输资源，以连云港为辐射点，发展苏北五市甩挂运输联盟。

第五章

干支衔接甩挂

在干线之间开展干线甩挂运输，两端运营中心与周边客户端的支线短驳甩挂采用与干线甩挂不同性能的牵引车，由此形成干支衔接甩挂。干支衔接甩挂有利于资源配置优化，提高运输效率，完善甩挂服务体系，实现效益最大化。该模式适用于客户货运数量大、货源稳定、装卸作业地点固定的地区，具有较大的区域配送和城市配送需求，基础设施条件较好，信息技术和技术装备较为先进，先进配送组织模式应用较为广泛。

案例20：苏州康诚仓储有限公司

一、总经理致辞

苏州康诚仓储有限公司甩挂运输作业开始于2008年，随着企业的不断扩大和政府对甩挂政策的鼓励和推动，公司车队规模由当时的16台牵引车、17台挂车发展至目前的105台牵引车、420台挂车。甩挂运输作业提高了作业效率，降低了投入成本，提高了经济效益。公司自车甩挂运输作业的推动带动了外车甩挂运输作业的进行，目前公司实行的是“自车+外车”的甩挂运输模式，公司提供挂车厢供外车公司进行甩挂，节约了外车公司的成本，达到双赢的目的。

二、企业发展概况

（一）企业简介

苏州康诚仓储有限公司为高鑫零售控股公司（2011年7月香港上市）旗下的上海大润发有限公司专属物流配送中心，为华东区大润发超市提供供应链整合及物流配送服务。苏州康诚仓储有限公司（以下简称“康诚仓储”）创立于2003年12月19日，是一家国际级现代化物流企业。2005年3月物流中心落成启用，所在地为苏州高新区浒墅关工业园（青花路9号），一期仓储面积4.5万平方米。2010年8月二期面积4.5万平方米建成投入使用，营运面积共110000平方米，公司员工人数达1650人。

康诚仓储是上海大润发旗下物流配送中心，主要负责大润发超市华东区152家店的配送作业，是目前超市业界规模最大、系统最完善、运作最高效的物流配送体系。仓库日均吞吐量为35万箱，尖峰期约为55万箱，仓库配送品项数为2.2万，日均运量需求为250~350车次，尖峰期为450车次。自有车队车辆数为582台，主要以集卡为主，外车178台，以全封闭厢式车为主(70%挂车集装箱运输)。全车队配备GPS定位系统，合理安排车辆及控管。公司占地面积16万平方米，仓库面积9万平方米，停车场面积2.5万平方米，收出货口数量为240个，拥有专用装卸机械273辆，堆高车37辆。公司优质的服务品质，得到大润发集团的肯定：货物配送的及时率达到99.85%，正确率达到99.99%，异常反馈及时率100%，客户满意率达到99.7%。

（二）发展历程

康诚仓储创立于2003年12月19日，是一家现代化物流企业，开仓初期成立车队，仓库负责华东地区27家门店的配送。

2005年5月，作为苏州高新区浒关工业园首家入户企业进驻工业园，员工人数为250人。随着货运量的不断增多，每年大批量购置牵引车和挂车，并于2008年开始实行甩挂运输作业。2010年9月，公司完成二期物流中心的建设并投入使用，负责华东地区69家门店的配送作业。目前企业营运面积共110000平方米，员工人数达1650人。

甩挂运输作业开展至今已8个年头，由最初的3条、5条、20条发展成为现在的100条线路，甩挂运输作业节约了时间，提高了作业效率，有利于节能减排。

（三）主营业务

康诚仓储之主营业务是为上海大润发旗下所有超市提供集中仓储、集中配送、集中库存管理服务及相关信息处理服务和有关咨询服务，货物品项为食品、日用百货、干杂、水果等。仓库分为食品仓、非食品仓、服饰仓三个库种，其中食品仓、非食品仓配送华东区大润发各门店（目前共152家），服饰仓配送全国各店（北至佳木斯，南至海口，西至西安/兰州）。

三、甩挂运输发展情况

（一）推进甩挂运输的历程

康诚仓储于2005年12月成立车队，初期购置单车5台，随着企业规模的不断扩大及政府对甩挂运输作业的鼓励及推广，公司每年大批量购置挂车牵引车，至今公司车辆共计582台，其中牵引车105台、挂车420台、单车57台。公司于2008年开展甩挂运输作业，甩挂初期实施配置车辆、甩挂站场评估改造等一系列举措，从初期甩挂线路只有3条的情况发展成至今的100条。通过多年的项目开展，由起初的自车甩挂逐渐带动了外车甩挂运输作业模式，外联盟运输公司提供牵引车，公司提供挂车供其甩挂，真正提高运输效率，降低运输成本，同时达到节能减排的目标。

康诚仓储以多年的甩挂运输发展基础带动平台合作车辆，共同推动甩挂运输的规模化，通过甩挂运输试点推动、示范引领，大力发展甩挂运输，逐步扩大甩挂运输的范围和规模，力争提高甩挂运输的生产力。甩挂运输周转量在道路货运中的比例明显增加，带动道路运输业节能减排取得明显成效，为发展现代物流业、实现国家节能减排目标做出积极贡献。

（二）甩挂运输组织的特点

康诚仓储为华东区152家门店的配送，甩挂线路达100条，均为双重甩挂，即货物的来回匹配，一方面实现了“箱停车不停”，另一方面大大提升运输效率，同时达到了节能减排的目的。甩挂运输中涉及门店、运输、仓储等多个环节以及多个外运方，因此在实际操作中需要在货运组织、车辆调度与信息化建设中对各方都进行统一调度。

1. 统一车辆调度

康诚仓储车队目前调度配置10人，驾驶员125人，其他主管及服务人员为8人。全天24小时调配车辆，采取轮休制度。仓库吞吐量日均为35万箱，货源充足。调度根据仓库管理系统中厂商的预约提前安排车辆，再根据实际的货物进行安排装车，保障货物及时准确到店。

（1）货物配载及车辆调配。康诚仓储仓库管理系统根据华东地区各门店所下订单进行收货、配货，根据各店所需商品进行拣货、装车、配送，货源充足，无须寻找其他货源。车队调度根据仓库现场拣货安排车辆靠码头装车，装车完毕后安排值班驾驶员将挂车停至指定停车场，再根据线路安排驾驶员进行送货作业，统一调配，合理安排，提高作业效率。

（2）牵引车及挂车管理。车队调度当天必须通过车辆管理系统了解挂车的在仓、在途、在店、维修信息，只有在车辆在仓且无维修状态下方可进行调配装车送货，牵引车除长途店家外都必须当天回仓，将车辆停在指定的停车场，并且需将车辆钥匙及行车资料交给车队当班调度存放。车队调度还需要定期查看车辆的保养记录，每月固定时间安排车辆进行保养，保障车辆在途送货的安全。

（3）在途控制。对车辆全面实施全球定位系统（GPS）监控、调度，及时了解车辆的在途情况，及时与门店沟通，确保门店随时掌握货物在途信息。如途中发生意外，第一时间积极组织应急处理，随时向门店报备处理情况。通过GPS合理安排车辆的下一趟次的送货。

2. 自车+外车甩挂结合

为提高外运输公司车辆的效率，减少外运公司的投入成本，康诚仓储提供挂车供外运公司进行甩挂，外运公司只要提供牵引车，接收本公司的调度管理便可进行甩挂运输作业，此举措不但降低了外运公司的成本，而且提高了送货效率，使得仓库空间的周转，达到双赢。本公司车辆送货至门店进行甩挂运输作业，回程将上一趟甩在门店的货柜载回，回程货柜中装有回程退厂、退库等回仓商品，打造了货柜双重甩挂运输的循环物流模式，极大提高了车辆的利用效率。例如：苏州配送中心（DC）车辆将货物配送至上海康桥店，康桥店待换柜车厢里已装载好需载回 DC，车辆到店后无须等待卸货及装车时间，可直接甩挂将已装满货的车载载回 DC，此举提高了作业效率，减少了驾驶员等待的时间，提高了车辆的周转率，降低了运输成本。

（三）甩挂运输取得的成效

康诚仓储自 2008 年开始开展甩挂以来，目前已开展甩挂线路 100 条，线路遍及江苏、上海、浙江、安徽等地，每条甩挂线路拖挂作业比达 1 : 2 以上。采用“一线两点、两端甩挂”的作业模式，公司调度安排挂车厢靠码头装车，装车封车完成将货单及车辆证件交给驾驶员送货至指定甩挂地点交货。

公司 100 条甩挂线路的年总趟次为 46236 车，总吨位为 78.6 万吨，总周转量为 29475.5 万吨公里，总里程 2073.2 万公里，年节约油柴油升数为 62.2 万升，节约油费 308.5 万元，节能减排量为 1635.7 吨。

四、企业发展思路

1. 增加配送仓储数量，缩短配送距离，降低运输成本

未来康诚仓储将持续进行甩挂运输的作业模式。随着大润发门店数量不断增加，仓库配送量将逐渐增多，为缩短门店的配送距离，降低运输成本，公司将在南京、浙江（选址中）以及西南重庆（选址中）等地新建仓库。公司的南京仓库（RDC）将于今年上半年投入使用，届时部分店家（安徽、苏北及南京市区店家）将纳入南京仓送货范围内，新仓库开业后将继续秉承甩柜作业的模式，缩短门店间的配送距离。

2. 增加干线运输甩柜模式

2016 年，康诚仓储将进行全国干线运输甩柜作业，每条干线运输全部实行甩挂运输作业模式。同时汇整全国 DC 厂商食品进入市场，把全国各地的特色商品通过干线运输的方法配送到全国各个门店。例如，东北厂商将货品送至公司的东北仓库，再进行干线运输（东北 DC—华东 DC），送货至苏州仓库配送至华东各门店。此举措节约了厂商的送货成本，增加了 DC 的收入，丰富了门店的售卖品种，使得消费

者可以买到全国各地的各类商品。

2016 年预计增设干线运输线路 6 条：华东—东北、华东—华北、华东—华南、华东—华中、华东—南京(华东 RDC)、华南—厦门(华南 RDC),6 条干线运输将全部实行甩挂运输作业模式,以华东 DC 为中心辐射全国各地。

3. 增加回程车的甩柜作业

过去,康诚仓储车辆去门店卸完货后再到厂商处去拉货时需要在厂商处等装货,等待装货时间太长,导致车辆周转不起来,利用率降低。后经过几次与厂商协谈,达成了甩柜协议,即公司把柜甩在厂商的提货点,厂商提前把需提回来的货装柜装好,公司的车辆到门店换完柜后直接去厂商提货点再进行换柜(如果车辆第二天需去厂商处提货,公司会提前通知门店把甩在门店的车辆放空),这样大大缩短了驾驶员提货等待装货的时间,回到公司后调度又可以安排其进行下一趟的任务。

4. 优化系统作业面

今年康诚仓储将对企业供应链体系进行优化,减少中间繁琐环节,使厂商、DC、门店间的作业更加快速便捷,更好地服务于厂商及顾客。

为适应时代的发展,康诚仓储已陆续引进仓储自动化设备、语音拣货设备、RFID 设备、无纸化作业系统、自动分拣机、遥控拖板车等,引进自动化设备大大降低了人工劳动强度,也降低了人事成本,提高了作业效率,降低了错误率。公司通过不断地发展创新,已研发修改适用于本司的物流管理系统,经过不断地引进现代化的物流设备,使得仓库向智能化、自动化方向转型。

案例21:江苏苏汽国际物流集团

一、总经理致辞

甩挂运输试点顺应了道路运输企业政策引导的要求和运输组织模式创新的行业发展趋势,也是传统道路运输企业加快转型、实现模式和服务产品创新、增强市场竞争能力的迫切需求,对于江苏苏汽国际物流有限公司而言,坚定不移地推进甩挂运输的试点,本身就是企业生存与发展的需要,试点多年以来,虽然遇到一些困难,但甩挂运输这种先进的作业模式,在公司试点实践中,对于市场竞争能力提升、运输效率提高、经济效益多赢、社会综合效益收益的作用,已经得到显现。2016年公司将在甩挂运输推广上,一是扩大试点的领域与规模,二是完善甩挂服务的功能与配套,三是做好交邮合作与甩挂运输标准化探索,四是以供应链思维、创新增值服务产品与手段。

二、企业发展概况

(一)企业简介

江苏苏汽国际物流有限公司(以下简称"苏汽物流")是苏州汽车客运集团有限公司(以下简称"苏汽集团")投资设立的子集团。公司成立于2010年12月,注册资本金为2.5个亿,是由苏汽集团投资24750万元、苏州交通快速汽车客运公司投资250万元组建的有限责任公司。截至2015年年底,公司总资产6.64亿元。苏汽物流定位于"基础物流、城市配送和供应链金融"服务3大经营板块,下设16个控股子、分公司。现有员工1544余人、拥有各类营运车辆734辆、计9501.58吨位。

苏汽物流是国家AAAA级综合物流企业、江苏省重点物流企业、江苏省交通物流重点企业、苏州市重点物流企业、苏州市物流商会和生产性服务业协会副会长单位、2011年国家首批甩挂运输试点企业、2015年省级入库甩挂运输试点企业、江苏省质量信誉先进企业。

苏汽物流为加快企业的转型升级、实现运输模式和服务产品的创新，自 2010 年就尝试推进甩挂运输的发展，先后探索尝试以“无水港”为堆场方式的围绕港口集疏运的甩挂运输、以点到点为集点的专线甩挂运输，先后投入车辆近 100 辆、挂车 201 辆。试点以来，由于市场因素、行业间协调、合作难点等多种因素影响，甩挂运输这种先进的运输方式未能达到预期效应，有些项目遇到推进挫折，但公司始终认为它是运输方式转型的发展趋势，也是公司参与市场竞争、形成核心竞争力自在生存和发展要求，同时，随着现代物流理念的变革、物流技术的应用发展、物流运输标准化推进和运输模式和服务产品创新的要求、整合新一轮的行业态势，甩挂运输必定是未来运输方式的走向。

（二）发展历程

苏汽物流自 2010 年即按照行业政策引导开始探索甩挂运输，起先是从港口集疏运开始，尝试“无水港”甩挂运输模式作业，主要是依托苏州港口资源和紧邻上海港区位优势，在企业与港口间建立堆场，满足提还箱、双重配载和引进相关服务功能，集中为制造企业和贸易企业提供便捷式服务。2011 年公司申请成为国家首批甩挂运输试点企业后，加大了甩挂运输站场、车辆、仓储与设备的投入，牵引车投入 100 余辆、挂车 200 多辆，建设和改造以金阊配送中心为核心的若干站场、并投入了车载监控系统、仓储系统、TMS 系统等，开始在传统运输领域探索转型并推进甩挂运输。

从苏汽物流列入甩挂运输试点实践情况看，采用甩挂运输的确是未来节点运输方式的未来趋势，无论是节约车辆投入、提高车辆利用效率还是减少库存达到减少仓储投入，都具有很大的发展空间；其次，甩挂运输方式的应用，可降低运行成本，提升运行效益，同时对道路交通而言，可缓解通行压力，第三甩挂方式的应用，可减少对环境的污染，社会效益显著。

（三）主营业务

苏汽物流主要有 3 大经营板块，分别是基础物流经营板块、城市配送经营板块和供应链金融经营板块。主要经营业务有一体化供应链方案设计；服务于制造和销售企业仓单质押、贸易采购、应收账款保理等物流金融服务业务及产品；服务于商贸和电商企业的共同仓 + 共同配送 + 渠道提供 + 金融服务的业务及产品；打造集城际网、城市网和城乡网三网合一的城市配送及配送服务体系（具体探索做法是，在公司金阊占地 137 亩物流基地上建立配送中心，周边五县市围绕中心设立配送网络仓，培育为中小商贸企业、电子商务企业服务的集聚产业园，以信息化引领提供线上与线下融合,搭建两个平添为集聚企业提供采购渠道服务、共同仓储服务、共同配送服务等,已解决日益扩大的、与民生相关的快速消费品需求);还有支撑上述业务的国际国内货代、集装箱及厢式车运输、仓储及增值服务业务等。

三、甩挂运输发展情况

(一)推进甩挂运输的历程

(1)2011 年,以太仓港为基础探索发展企业—堆场—港口的“无水港”集装箱集疏运甩挂运输,基本组织模式如图 1 所示。

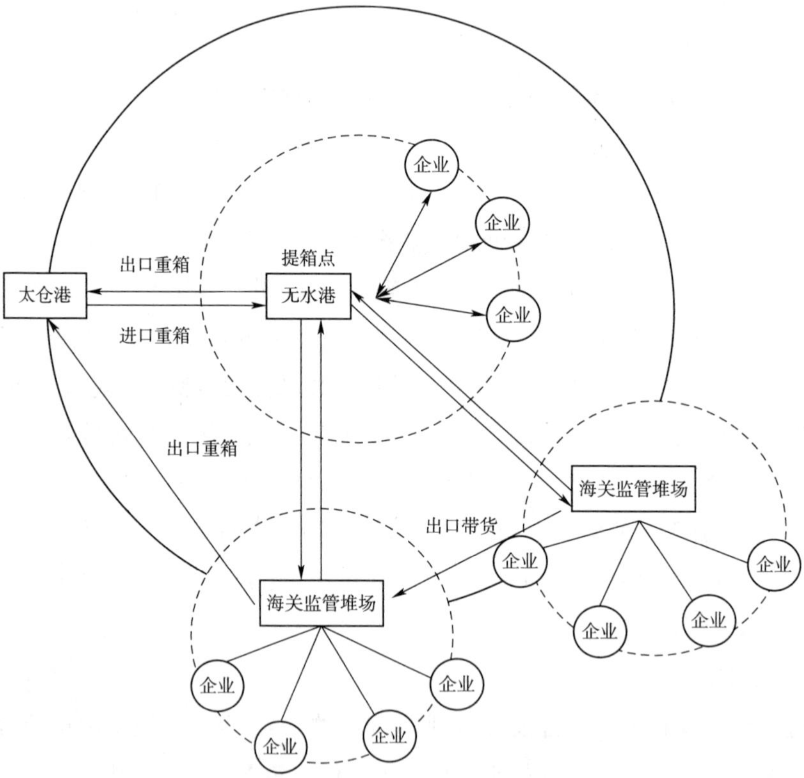

图 1　无水港甩挂运输作业示意图

(2)2012 年到 2013 年先后以上海港为依托,在上海和苏州工业园区核心区,采用租用港外堆场,发展港口干线集疏运甩挂运输,基本组织模式如图 2 所示。

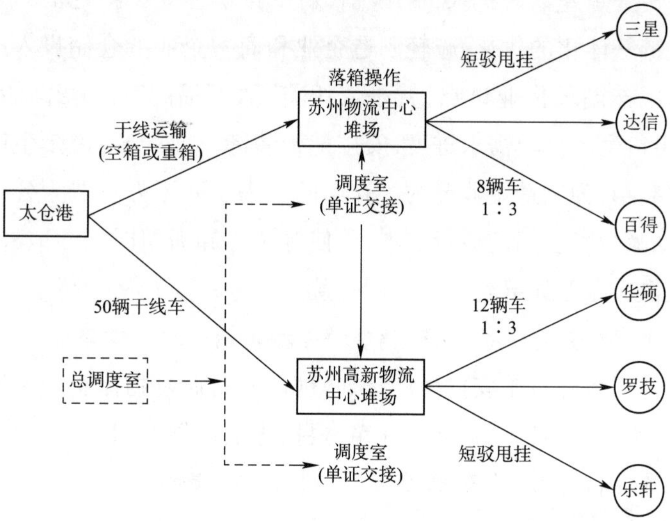

图2　干线甩挂运输作业示意图

(3)2013 年以昆山、上海洋山港、上海外高桥码头为基础,探索推进企业、堆场、港口三点间的循环甩挂运输,基本组织模式如图 3 所示。

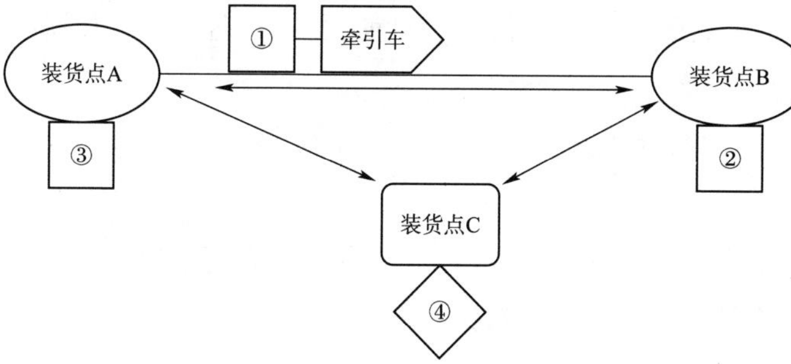

图3　专线循环甩挂运输作业示意图

(二)开展甩挂运输的特点

从公司试点实践看,甩挂运输主要有以下特点:

1. 适应经济发达地区物流节点多种运输发展需求

特别是物流节点城市,由于其产业集聚度高、货源充足,可大大满足甩挂运输作业需求。从苏汽物流实践看,目前主要是要解决节点物流设施的合理规划,建立互利共赢的行业合作联盟,进行资源的有效整合。

2. 减少仓储资源建设的投入,适应现代制造业零仓储需求

通过供应链一体化的优化,减轻制造企业和商贸企业的仓储投入压力。苏汽物流在昆山进行甩挂循环作业试点,就是依托美资“万福阁”企业出口家具的需求依托,根据产品出口生产订单需求进度,安排拖板装卸作业配套,连接生产线完成产品并即时装入集装箱,为制造企业节约了仓储的投入。而厂方免费为公司提供甩挂运输作业场地,也减少了公司的运行成本,并使等装等卸滞留时间缩减,实现了生产制造企业和物流供应企业无缝合作和共同受益。

3. 提高了生产企业产品的生产、销售效率和车辆的运行效率

制造企业根据海外订单安排生产计划,进口原料通过物流企业运输优化及时运抵生产线,产品生产好后即安排装入拖箱,根据进港计划及时出口,生产成本大幅降低。对苏汽物流而言,除减少车辆投入配备收益外,牵引车运行效率由传统运输的每天一趟,提高到现在的每天 1.25 ~2 趟,牵引车运行效率增长 23% ~50%。

4. 实现了生产企业物流成本和运输企业运行成本的双降低

苏汽物流 2015 年投入的 24 辆甩挂牵引车和 68 辆拖板,运行的直接成本为 1135 万元,车辆营收毛利率在 35.6% 以上。采用这种作业方式一方面获得了较好的收益,同时也提高了公司的竞争市场信誉。目前,公司已经成为“万福阁”家具企业的唯一物流供应商。

(三)甩挂运输取得的成效

1. 经济效益

(1)减少了牵引车的投入,从苏汽物流试点情况看,至少可以减少 1/3 以上的牵引车投入,节约了有限的生产资料资源。

(2)减少油耗,2015 年昆山循环甩挂运输全年节约燃油 10.26 万升,车辆百吨公里单耗由过去传统运输方式 33 升,下降到 30 升,有效地节约了资源,减少浪费。

(3)减少了人工成本支出,使运行成本下降显著。2015 年昆山天合公司甩挂运行总成本在 2014 年的基础上,通过优化组织和成本定额挖潜下降了 7%。

(4)为降低客户物流费用带来了空间。2014 年万福阁家具箱公里计价为 11 元/箱公里,2015 年让利箱公里计价调整为 10 元,为万福阁家具制造企业减少物流费用支出,同时企业也通过组织方式的优化加深了与制造企业的合作关系依赖,核心竞争力得以提升,并实现了较好的利润收益。

传统运输模式与甩挂运输模式经济效益对比见表 1 和表 2。

牵引车平均年运量、周转量、营收、利润对比表 表 1

作业方式	年箱量(标箱)	年运量(吨)	年周转量(吨公里)	年营收(万元)	年毛利(万元)
传统运输模式	250	5000	750000	48.75	—
甩挂运输模式	423	8460	1692000	109.98	—
增幅(%)	69.2	69.2	125	125	—

年甩挂运输与传统运输成本对比分析表 表 2

项目	折旧费(万元/年)	燃油费(万元/年)	修理费(万元/年)	保险费(万元/年)	工资(万元/年)	通行费(万元/年)	税金(万元/年)	管理分摊(万元/年)	其他费用(万元/年)	运输成本(元/吨公里)
传统运输模式	100	564.3	78	109.2	562.5	19.8	—	—	—	0.32
甩挂运输模式	100	513	65	63.1	375	19.8	—	—	—	0.26

2. 社会效益

社会效益主要体现在以下 4 个方面:

(1)减少牵引车投入 42 辆,节约了社会资源。

(2)实现循环甩挂运输,实现了双重运输,缓解减少了对道路交通的压力。

(3)2015 年共计节约燃油 10.26 升,为全社会节约了有限资源。

(4)节能减排效应明显。

2015 年苏汽物流下属昆山物流试点采用专线甩挂运输模式后,根据初步统计,车辆里程利用率将从原有的 52% 提高到 85% 以上,从而降低了车辆空驶率。2015 年项目试点共节约燃油消耗 10.26 万升,按 1 公升柴油 =0.86 千克计,节约燃油 45.38吨,减少燃油支出约 26.47 万元。由于总体燃油消耗量的下降,相应带来尾气排放量的降低,按照国家发展与改革委员会目前计算碳排放所确定的值,每升柴油排放 2.72 千克二氧化碳计算,苏汽国际物流集团本试点项目 2015 年共节约燃油 10.26 万升,换算减少二氧化碳排放量 279.1 吨,为减少环境污染做出了社会贡献。

四、企业发展思路

2016 年苏汽物流将以行业政策引领为指导,遵循务实、开放、高远、超越的运作理念,以产业转型、模式机制创新为动力,以丰富甩挂服务产品适应市场需求为根本,以敢于探索、扩大规模为要求,循序渐进地扩大甩挂运输的推广,打造区域行业领先的供应链集团。今后甩挂运输工作仍然本着先行先试的原则,计划从以下4个方面继续推进:

1.进一步扩大专线甩挂运输的规模

(1)复制扩大昆山专线甩挂规模。在条件相对成熟的企业集聚甩挂资源,扩大甩挂运输的应用,能够在2016年年底形成牵引车30辆、挂车78辆的专线甩挂规模。

(2)推进多式联运的甩挂运输应用。苏汽物流交运物流有限公司已经在吴中区场地内,投入50万元改造铁笼甩挂运输作业堆场,为从西部铁路集装罐运输提供中转和产品加热增值服务,目前已经初步形成每月300个标准集装罐的运量,将初步形成具有特色服务的甩挂运输和增值服务。年内预计可形成牵引车10辆、拖板15辆甩挂运输规模。

(3)探索改革配送领域甩挂运输的应用。随着苏汽物流"苏州市城市公共配送枢纽"的建成和投入使用,拟在公共配送发展的基础上,探索推进以城际与城市配送相衔接的甩挂运输应用。

(4)探索交邮合作干线甩挂运输的应用。在地方交通运输局、邮政管理局的引领下,大力度地推进与周边邮政中心局、邮政速递公司、长邮公司的邮路运输合作。拟在干线邮路运输上,改传统的运输为甩挂运输作业。年内计划选择3条长三角区域具备条件的邮路"一级干线",推进甩挂运输试点,待形成示范效应后,上报国家邮政总公司,并向全国推广。

2.项目实施的组织机构、技术支撑和运行监管

苏汽物流对甩挂运输试点,建立了集团统一策划、相关基层单位组织实施、信息中心支撑、管理部门跟踪服务的运行保障体系。其组织机构如图4所示。

3.资金筹措、管理制度的配套安排

近几年,苏汽物流在甩挂运输试点的车辆设备投入较大,根据内部情况在下属交运物流、交运国集、昆山天合3个单位调整甩挂车辆资源,合理利用车辆资源,对于新增车辆(新能源)及辅助设备(如标准化箱笼等)采用两级投入的方式。在管理控制上,公司有完整的经营、管理、投资制度,日常运行中公司进行严格的整体设计、分工实施、层层互保、管控监督。

4.项目的实施进度计划

项目推进安排采用循序渐进式推进的方式。

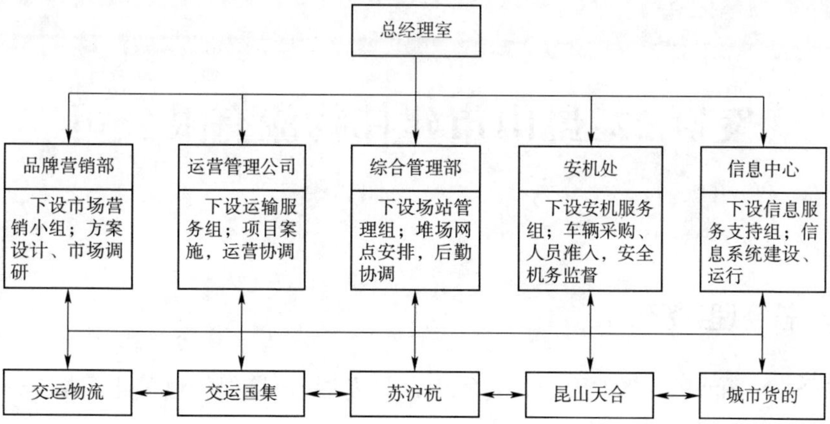

图4　甩挂运输组织机构图

(1)昆山循环甩挂复制推广。根据昆山出口保税区企业的需求特点,拟将“万福阁”甩挂运输模式通过市场化运作,在二季度开始市场营销推进,年内拟牵引车增加到31辆牵引车、30辆以上拖板规模。

(2)多式联运衔接甩挂运输试点。年内苏汽物流将扩大以美克企业为代表、有增值服务一体化需求项目,扩大公铁联运甩挂运输的衔接性试点项目。

(3)商贸业公共配送推广。苏汽物流金阊基地“苏州城市公共配送枢纽”二期工程将于2016年年底竣工投入使用,公司将积极探索在公共配送领域,结合城际与城市配送一体化需求,甩挂运输方式的应用和推广。

(4)2016年年内,拟推进交邮合作甩挂线路3条,明年底争取辐射推广到20条以上的省内邮政干线甩挂运输试点。

案例22:昆山市建伟物流有限公司

一、总经理致辞

当今,环境问题已严重影响人类的生存与发展,环境保护已经上升到全民意识,随着节能减排和环境保护等各项政策的出台,企业也面临着环境保护相关模式的改革创新。昆山市建伟物流有限公司秉承对国家和人民负责任的态度,响应环境保护政策,于2012年6月开始实施甩挂运输,积极实行节能减排,提升运输效率,降低运输成本和油耗排放。2014年,建伟物流有限公司(以下简称"建伟物流")入选成为"公路甩挂运输第四批试点项目",项目致力于提升甩挂运输的组织化程度、效率和盈利水平,提升建伟物流市场竞争力。通过对市场定位的准确把握,对业务流程的精确掌控,建伟物流创造了甩挂运输盈利的新模式,逐步向着甩挂运输的旗帜标杆前进。

二、企业发展概况

(一)企业简介

建伟物流成立于1985年,通过30多年的创新发展,现已成为一家集仓储、配送、运输为一体的大型物流公司,江苏省重点物流企业。物流仓储中心坐落于江苏昆山,拥有近10万平方米的标准仓库,服务单位包括京东商城、大众汽车、通用汽车、马牌轮胎、法国液空等世界500强企业10余家,年销售过亿,固定资产达数亿元人民币。公司拥有各类专业车辆200余辆,在全国各地拥有仓储配送中心20多万平方米。

建伟物流作为建伟控股集团众多产业发展的根基,现已在上海、昆山、合肥、广州、北京、天津、成都、重庆、香港等地设立了多个分拨中心和运营网点。其发展的规模及经验已经成为苏州物流行业的标杆,目前已经成为昆山市物流协会副会长单位、苏州现代化物流业商会会长单位,并建立了以昆山为中心,辐射全国各大、中型城市的物流服务网络,业务辐射全国各地。公司业务主要集中于工业气体、家用电器、快速消费品、汽车配件等行业。

目前建伟物流已形成了运行高效、机制灵活、遍及全国运输网络、满足市场需求的经营体系,通过科学化、规范化的管理使运输、仓储、配送等操作流程满足客户需求。大容量的平面仓与立体仓相结合,先进的仓储管理系统(WMS)和物流管理系统(TMS),为客户提供精准、高效的运输、仓储、配送服务。公司 2001 年通过了 ISO 9001:2008 国际质量体系认证,2011 年被中国物流与采购联合会评估为 AAAA 物流企业,2011 年底"建伟"商标分别被江苏省工商局和苏州市人民政府认定为"江苏省著名商标"和"苏州市知名商标"。

(二)发展历程

2001 年,企业通过 ISO 9001:2008 国际质量体系认证;

2004 年,被评为 AA 级重合同守信用企业;

2005 年,被苏州市政府评为 2004 年度 AA 级重合同守信用企业;

2006 年,诚信等级评估中被中国人民银行南京分行确认的诚信评估机构评为 AAA 级;

2006 年,被评为江苏重点物流企业;

2007 年,被国家发展和改革委员会和国家税务总局确认为物流税收试点企业;

2007 年,建伟物流当选为苏州市物流商会会长单位;

2007 年,光彩之星;

2008 年,苏州市十强货运企业;

2009 年,AAA 物流企业;

2010 年,苏州市物流商会重点合作市场单位;

2011 年,中国物流采购联合会评定为 AAAA 物流企业;

2011 年,江苏省工商局认定"建伟"商标为著名商标;

2012 年,全国先进物流企业;

2015 年,诚信等级物流企业。

(三)主营业务

建伟物流致力于学习国外先进的物流管理与应用,在多年的实践中结合中国国情和本公司的特点,逐步形成了管理注重人才和思想、服务讲究品牌和效果的风格。

科学的管理、严谨的作风、规范的服务已赢得众多客户的首肯，目前为上海大众汽车、上海通用汽车、北京现代汽车、马牌轮胎、韩泰轮胎、正新轮胎、米其林轮胎、邓禄普轮胎、京东商城、杜邦集团、英格索兰集团、法国液空、艾利中国、欧威尔空调等一些知名企业提供优质的服务。

三、甩挂运输发展情况

（一）推进甩挂运输的历程

2015年，建伟物流甩挂运输运输为50万吨，货物日运输量达1390吨，货物周转量为10981万吨公里，同比增长10%，货物实载率100%，公司主营业务收入12000万元，实现利税2000万元。

建伟物流为适应现代化物流的发展需求，全力推广信息化技术的应用，不断完善公司信息化建设，于2015年1月将公司管理系统进行升级，结合GPS车辆全球定位系统的帮助，力争将运输的每个环节做到完美，运行效率明显提升，服务品质不断优化。

（二）甩挂运输组织的模式

由于整车干线运输是公司货运的基本业务，运输主要沿用传统“一线两点”运输模式，大部分货物以汽车配件、工业气体、空调等为主。由于整车干线运输在装卸货要求时间不稳定，而等待装卸的时间高达7～8小时，无法实现整车运输效率的提高，闲置了企业发展空间。为此，建伟物流对现有运输模式进行了改革和完善，加大推进现代物流运输模式即甩挂运输。在甩挂运输模式下，在整车干线运输线路上实施甩挂运输作业，可以极大地节省牵引车的装卸货等待时间，提高运输效率和经济效益。目前，共有牵引车数量46台、挂车数量58台。甩挂运输组织架构如图1所示。

建伟物流采用的模式主要有“一线两点”、“一线三点”、“二线三点”、“干线支线衔接”等甩挂运输作业模式。

1. 模式一：“一线两点”甩挂运输作业模式

“一线两点”即在线路上的两节点处采用甩挂运输模式，以法国液空南通工厂工业气体运输项目为例：法国液空南通工厂至苏州三星，牵引车牵引重罐体T罐箱挂，运往客户苏州三星，在客户苏州三星替换下已经使用完的之前预留的T罐箱甩挂，再前往南通或客户指定的充气站进行充气，主要客户是苏州三星、深圳华星光电、南通中谷等。“一线两点”甩挂的作业运营流程如图2所示。

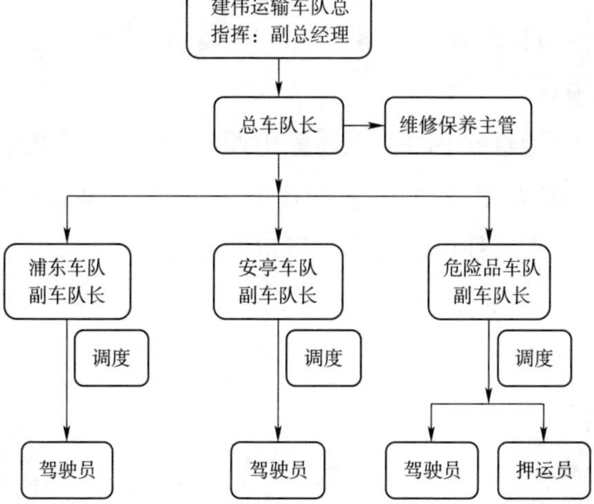

图1 公司组织架构图

图2 “一线两点”甩挂运输作业模式图

步骤1：在苏州三星工厂预留1台挂车（B挂车），挂车上的罐箱气体在工厂使用（用完前），客户苏州三星根据气压，需要提前24小时给出指令和计划，在法国液空南通工厂也预留1台挂车（C挂车），进行充装气作业。

步骤2：牵引车从法国液空南通工厂牵引充气完成C挂车前往苏州三星，路途平均需要1小时，在苏州三星摘下C挂车。

步骤3：随后牵引车在苏州三星换上B挂车，需要1小时，返回南通工厂。

步骤4：在其他区域的工厂，牵引车挂上已经用完的B挂车前往公司指定充气站进行充气。

步骤5：重复步骤1，进行下一个点对点的循环。

2. 模式二:“一线三点”甩挂运输作业模式

“一线三点”短途分拨甩挂运输模式,即一条线路上有两个甩挂运输作业站场,从法国液空工厂站点甩挂运输到各客户工厂,然后到区域充气站,最后返回至客户工厂循环甩挂运输模式。

法国液空南通工厂至扬州中科、至马鞍山圆融,牵引车转载罐体罐箱,分别运往客户扬州中科和客户马鞍山圆融,在客户扬州中科、客户马鞍山圆融分别替换下已经使用完的罐箱甩挂,在前往南通或客户指定的充气站进行充气。“一线三点”甩挂的作业运营组织流程如图3所示。

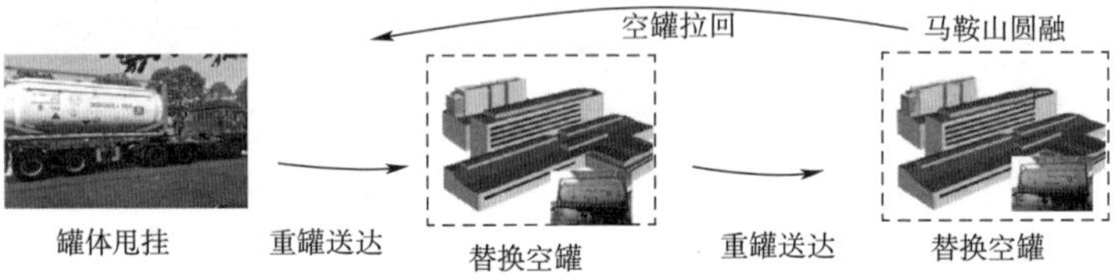

图3 “一线三点”甩挂运输作业模式图

步骤1:在客户扬州中科和马鞍山圆融预留2台挂车(A挂车和B挂车)。

步骤2:牵引车根据指令从法国液空南通充气站,牵引已经充满气体的挂车C,运往客户扬州中科。

步骤3:牵引车到达扬州中科,卸下C挂车。

步骤4:牵引车挂上在扬州中科卸下C挂车后,装上A挂车前往客户指定的充气站。

步骤5:到达充气站后卸下C挂车,替换上气站已经冲完的气罐——D挂车,挂上预先装载好的D挂车,运往客户马鞍山圆融。

步骤6:牵引车到达马鞍山圆融,卸下D挂车,替换B挂车,装上B挂车前往客户指定的充气站。

步骤7:循环作业重复步骤2。

3. 模式三:“二线三点”甩挂运输作业模式

“二线三点”即在线路上三个站点之间循环甩挂的运输模式。主要服务的客户为艾利、特灵等客户,主要产品是快速消费品,在客户工厂预留挂车装货,预先满载的厢式挂车,牵引车牵引的预先卸完的空挂车,前往客户去卸下空挂,换上已经装载满的重挂,直接运往指定的建伟仓储中心。“二线三点”基本流程如图4所示。

步骤 1:在客户艾利、特灵工厂各预留 1 台挂车(A 挂车、B 挂车),预挂车先装好,进行整车的装载作业,需要 3 小时。

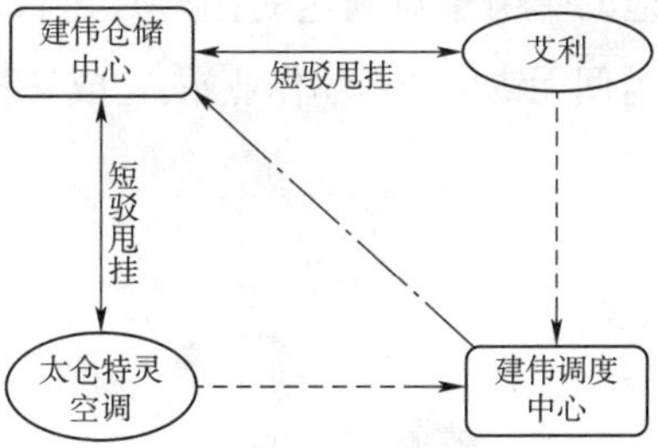

图 4 “二线三点”甩挂运输作业模式图

步骤 2:牵引车从建伟仓储中心,牵引一个已经卸空的挂车 C,前往客户艾利,路程 15 分钟,在客户工厂准备替换。

步骤 3:在客户艾利工厂卸下 C 挂车,装上 A 挂车,然后运往建伟仓储中心。

步骤 4:在建伟仓储中心卸下 A 挂车,装上已经卸完的 D 挂车,前往客户特灵路程 20 分钟。

步骤 5:在特灵工厂卸下 D 挂车,之前预留在工厂的 B 挂车已经预先整车装好货物,装车时间 3 小时。

步骤 6:装上 B 挂车运往建伟仓储中心,替换已卸的空挂,循环作业。

步骤 7:重复步骤 2,进行下一个点对点的循环。

4. 模式四:“干线支线衔接”甩挂运输模式

“干线支线衔接”甩挂运输作业模式(图 5),即一条甩挂干线和若干个甩挂支线构成一个完整的甩挂运输模式,由一个甩挂运输作业站场连接干线与支线进行运作,以上海通用汽车有限公司汽车零配件运输项目为例:上海通用公司运送至无锡甩挂运输作业站,换下预留的挂车,再由无锡甩挂运输作业站分流运送至常熟、常州、苏州、昆山、张家港各地客户。

步骤 1:在上海通用公司和无锡甩挂运输作业站各预留 1 台挂车(分别是 A 挂车和 B 挂车)。

步骤 2:牵引车根据指令从上海通用公司牵引已经满载的挂车 C,运往无锡甩挂运输作业站。

步骤 3:牵引车到达无锡甩挂运输作业站卸下 C 挂车后,装上 B 挂车回到上海通用公司,完成主干线运输。

步骤4:牵引车在上海通用公司换上满载的挂车A循环作业。

步骤5:在无锡甩挂运输作业站由各地的牵引车对到达的挂车C进行装卸分发。

步骤6:牵引车到达当地客户换上空挂返回无锡甩挂运输作业站,完成支线运输。

步骤7:支线运输循环作业。

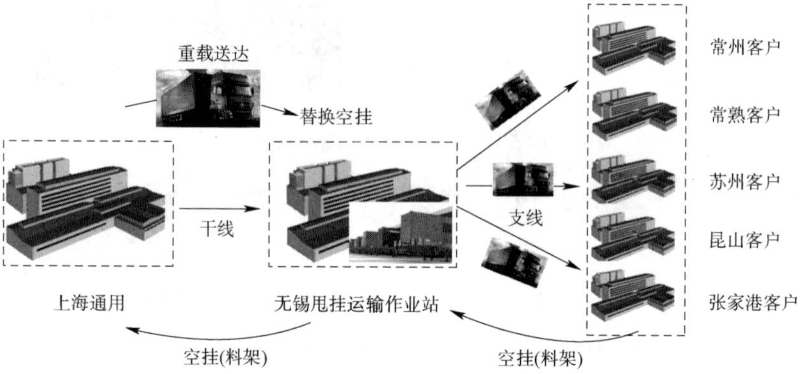

图5 "干线支线衔接"甩挂运输模式图

(三)开展甩挂运输的特点

物流信息化建设是指在物流活动中,通过普遍地应用现代信息技术,深入开发、广泛利用信息资源来推动物流发展的过程。随着信息技术,特别是网络技术的高速发展和广泛应用,信息化已成为各国提高综合国力和国际竞争力,提高国家国际地位的战略措施和手段,建伟物流甩挂运输试点项目的特点在于它已建立了比较完整的信息管理体系。

1.运输管理系统(TMS)

1)TMS系统功能

业务操作信息是由运营系统支持,目前使用的是由华东资讯开发的运输管理系统(TMS)。该系统提供一个开放的、综合的应用软件开发平台和运行环境,该平台有以下特点:提供开放的构架,充分保证其扩展性;以业务逻辑为驱动,提供综合性的开发平台;提供面向服务的架构和工具,提升开发效率;深度灵活、满足动态需求。

TMS系统主要应用于跟踪运输任务的订单处理、调度配载、运输状态跟踪管理、客户信息管理、车辆人员货状态信息的管理(具体功能模块如图6所示)。

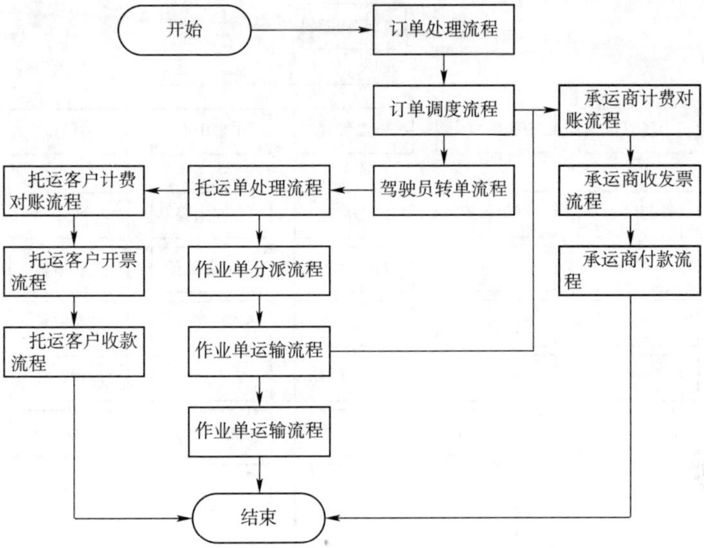

图6 运输管理系统(TMS)系统业务处理流程

2)TMS系统业务处理流程

TMS系统可通过接口与建伟物流使用的仓库管理系统(WMS)、企业资源计划(ERP)、货代管理系统(FMS)系统等进行数据对接,支持订单信息的自动导入,加快处理速度,提高准确性。实时反馈货物状态信息系统会根据不同要求为客户提供定时或实时的货物状态信息反馈,记录货物送达收货人时的有关情况,包括实收数量、有无货损货差情况、货损原因、扣款、签收人以及回单签收的管理等。动态跟踪在途车辆实时了解车辆和货物所处的位置和状态,并及时将信息反馈给客户,以提高客户的满意度,TMS系统业务处理流程如图7所示。

2. 全球定位系统(GPS)

建伟物流针对所有线路的运输车辆都安装了GPS,对车辆进行调度和跟踪,保证行车安全,提高了经济效益。APP信息终端提供货物在途、跟踪、交接、回单,实时在线查询服务,配合GPS使用,公司及客户除了能够在第一时间了解到大量的动态信息外,还可以随时掌握货物的在途情况,确保货物在运输途中实时监控;同时,公司实现全部业务计算机联网,利用互联网平台实现信息快速沟通及物流信息资源共享,以先进的APP终端对接电子商务及物流订单管理系统服务于客户,提高了服务质量,增强了企业竞争力。

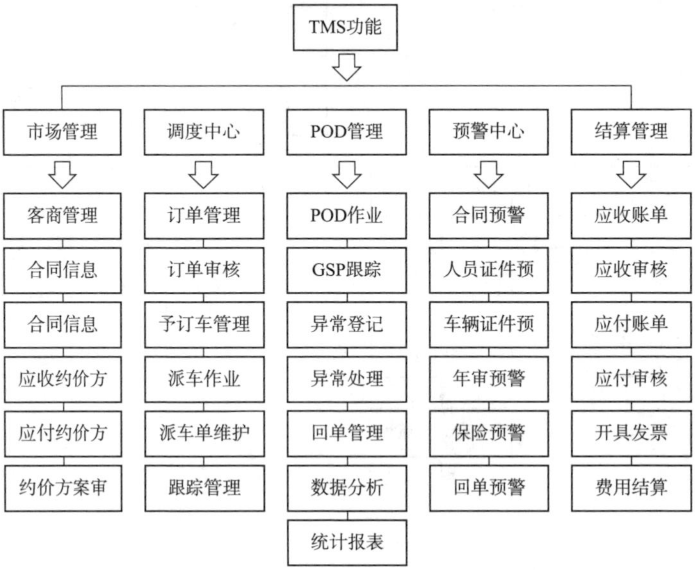

图7　运输管理系统(TMS)系统功能

(四)甩挂运输的成效

1. 经济效益

采用甩挂运输方式后,运输效率的提升主要体现在减少了牵引车的装卸等待时间,从而有效减少牵引车的使用数量,增加单车载重行驶里程以及完成的总周转量。

从数据分析来看,仅客户法国液空工业气体的甩挂运输项目线路项目,就实现了总公里数减少了475200公里,减少耗油180576升(百公里耗油38升来计费),单车营业额收入增加58.8万元/年,比按一车一挂模式效率提升39%,液空甩挂项目推行实现新增年收入为646.8万元。运输效益对比见表1。

液空甩挂项目运输效率对比分析　　表1

运输方式	车辆数量(辆)	投资总额(万元)	单车公里数/年(公里)	单车营业收入/年(万元)
传统运输模式	18	720	132000	92.4
甩挂运输模式	11牵引车/18挂车	524	172800	151.2
增减量	-7(牵引车)	-196	—	+58.8
总公里数增减量(公里)			-475200	

截至2015年年底,牵引车已达到41辆,挂车54辆,单车营业额收入增加58.8

万元/年，比按一车一挂模式效率提升 39%，整体甩挂项目推行实现新增年收入为 2410.8 万元/年。年度整体运输效益对比见表 2。

2015 年整体甩挂项目运输效率对比分析 表 2

运输方式	车辆数量（辆）	投资总额（万元）	单车公里数/年（公里）	单车营业收入/年（万元）
传统运输模式	54	2160	132000	92.4
甩挂运输模式	41 牵引车/54 挂车	1796	172800	151.2
增减量	-13（牵引车）	-364	—	+58.8
总公里数增减量（公里）			-43200	

2. 社会效益

截至 2015 年年底，客户法国液空牵引车达 11 辆，挂车达 18 辆，牵引车数下降 38.9%，总公里数减少 475200 公里，减少耗油 180576 升（百公里耗油 38 升来计费），降低 129473 千克碳排放量（1 升 = 0.717 千克碳的排放量）。

2015 年整体甩挂项目的牵引车已达到 41 辆，挂车达 54 辆，总公里数减少 43200 公里/年，减少耗油 16416 升/年（百公里耗油 38 升来计费），降低 11770 千克/年的碳排放量（1 升 = 0.717 千克碳的排放量）。

3. 预期效益分析

甩挂运营模式不断趋于优化，货类除电子产品、汽车配件、机械设备等，将全面拓展产品范围，预计年货运量 50 万吨，年周转量 15000 万吨公里。计划 2016 年新增牵引车 4 辆达到 45 辆，挂车增加 6 辆达 60 辆。甩挂运输项目的实施，按单车增加 58.8 万元/年来计，可实现年预计新增收入 2646 万元/年，公里数预计减少 144000 公里/年，减少耗油 54720 升/年（百公里耗油 38 升来计费），降低 39234 千克/年的碳排放量。

四、企业发展的前景

根据建伟物流目前站场的实际运作情况，企业未来甩挂运输发展将从以下几个方面开展：

1. 加快从干线、专线甩挂延伸至网络型甩挂

建伟物流是为专门客户服务，整车干线甩挂和仓库短驳线路甩挂是公司的甩挂

运输模式试点项目,目前采用简单的甩挂运输作业模式,难以发挥整体网络化运作的高效益。建伟物流将设多个甩挂运输作业场地,扩大企业甩挂运输的辐射范围和信息化系统建设,通过资源(站场、线路、车辆)的整合,构建起网络型甩挂运输体系,实现从专线甩挂向网络型甩挂的转型,全面提升整体的运作效率。

2. 加强对从业人员培训方面,提高整体素质

甩挂运输作业需要专业化的管理与操作,因此企业员工的专业素质与科技化、信息化建设程度对于甩挂运输作业的顺利进行十分重要。针对建伟物流的现况,公司将组织员工部门间互动,掌握部门业务上下游相关业务知识,并到对应岗位进行适当实习与培训,提升人员整体素质,从而提高员工的业务水平,实现对员工的精细化管理。甩挂运输模式是物流发展的必然趋势,实施甩挂运输可以提高运输时效,减少等待时间,提高物流的运输能力,减少货损货差,减少货损理赔,降低企业与物流的成本,节能环保,实现共利双赢。

案例23:南京远方物流集团有限公司

一、总经理致辞

南京远方物流集团有限公司(以下简称“远方物流”)作为一家南京市本土的物流企业,截至今年已经走过了20年的时光,企业也从一家注册资金仅100万元的小公司成长为总营业额近10亿元的物流集团企业。远方物流自成立以来,坚持以人为本、以市场为导师、以务实奋进为主导的经营管理理念,指导企业迎风破浪、不畏艰难地勇敢前行。近些年,作为部级和省级甩挂运输试点企业,远方物流结合自身业务模式和甩挂理念的运作思维,坚持对甩挂运输进行探索和运作,为企业在成本节约和效益提高方面带来了显著的改善和突破,今后远方物流必将以更出色的服务品质回馈社会。

二、企业简介

(一)企业简介

远方物流于1996年7月注册成立,当前注册资本为人民币5280万元。公司专门从事普通货物运输、货物专用运输(集装箱)、货物专用运输(罐式)以及仓储服务、装卸服务、海陆空运国际货代等工作,是一家在华东地区实力强、信誉好的大型民营物流企业(图1、图2)。试点企业基本情况详见表1。

图1　远方物流集团总部办公楼

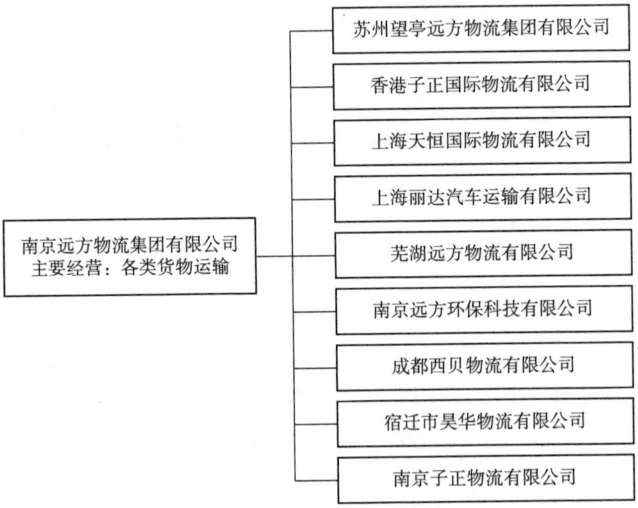

图2　远方物流组织构架图

试点企业基本情况

表1

企业名称	南京远方物流集团有限公司	工商登记号	—
企业（单位）法人代码	—	道路运输经营许可证号	—
法人代表	—	注册资本（万元）	5280
公司性质	有限公司（自然人控股）	登记注册类型	有限公司（自然人控股）
联系人	—	联系电话	—
经营范围	普通货物、货物专用运输（集装箱）、货物专用运输（罐式），仓储服务、装卸服务、海陆空运国际货代		
注册地址	南京市玄武区花园路2号		
邮政编码	210028	资产总额（万元）	47071.7
牵引车数量（辆）	182	挂车数量（辆）	316
2015年货运量（万吨）	600	2015年营业收入（万元）	97651.11
2015年净利润（万元）	4290.7	企业规模	国家4A级物流企业
企业信誉等级（附证明材料）	AAA	企业员工总数（人）	1100

其中，南京子正物流有限公司（以下简称“子正物流”）是远方物流在高新开发区设立独立经营核算的子公司，由远方物流进行实际控制，子正物流将新建南京子正物流有限公司高新区物流仓库基地（以下简称“子正基地”）。

远方物流自 1998 年以来，多次被省、市人民政府授予“优秀私营企业”、“光彩之星”、“重合同守信用企业”、“文明单位”、“中国人民银行 AAA 级信用单位”、“省重点物流企业”等，更荣获国家“中国 AAAA 级物流企业”资质鉴定。公司于 2002 年通过 ISO 9001 国际质量体系认证，2007 年被评为江苏省物流企业 50 强，2008 年被评为中国物流百强企业和 4A 级物流企业，2009 年被评为国家双百强物流企业，2010 年被国家发展和改革委员会评为国家重点物流企业，2011 年入选江苏省发展和改革委员会重点发展扶持企业，同时多项管理纳入 ISO 9001:2000 质量管理体系，2011 年通过 RSQAS 认证，2012 年通过 HSE 和 ISO 14000 认证。从整体上看，远方物流经过近 20 年的积累、发展和变革，已经完成从传统运输企业向现代物流企业的转型，依托庞大的客户资源和遍布全国的网络优势，企业整体的规模化、网络化运作已初具水平，为企业甩挂运输的运作奠定了坚实的基础，企业已然成为南京市的明星物流企业。

（二）发展历程

远方物流成立于 1996 年 7 月，历经 20 年的发展积累，形成了以公路运输为主，辅以仓储干线、仓储配送、多式联运、供应链管理及采购等物流商业服务模式结合，在华东地区享有盛誉的名牌大型第三方综合物流企业。公司与诸多国内外知名企业成为长期合作伙伴，其中有 CHERY、伊利乳业、美的、海螺型材、LG 电子、百事食品、中国石化、巴斯夫化工、UPS、华为、中兴、乐百氏、APP 等多家知名企业。远方物流的主要客户见图 3。

图 3　远方物流主要客户

(三)主营业务

远方物流集团注册的主营业务包括:普通货物运输、货物专用运输(集装箱)、货物专用运输(罐式)以及仓储服务、装卸服务、海陆空运国际货代等。远方物流先后在苏州、上海、北京、天津、唐山、石家庄、深圳、广州、珠海、成都、重庆、武汉、杭州、合肥、芜湖、贵州、云南、呼和浩特等重点经济发达城市设有全资子公司、分公司、办事处共计45个。公司自有大型平板车、海关监管车、集装箱车及各种市内配送车辆500余台,年管理社会车辆流动量达7200余台,年运输能力近600万吨。公司现有标准化室内仓库50万平方米,并拥有各类专业在职人员1200名,管理人员近百名。

三、甩挂运输发展情况

(一)推进甩挂运输发展的历程

自2009年开始,远方物流就已经在上海太仓港研究甩挂运输之甩箱模式。由于港口提箱的道路限制、手续、天气、排队等各种综合因素,公司发现长期以来,车辆的提箱、送箱环节中耗费的时间过多,造成时间成本过高,严重影响周转效率和企业经济收益。为此,公司尝试率先在码头安排一辆牵引车和一名驾驶员专职负责排队提箱、送箱及跑手续等工作,这种尝试使原有车辆的周转效率获得显著提升。以前2天完成一趟的任务,现在1天即可完成;以前1天完成的任务现在半天即可完成,车辆的周转效率提高了百分之百。当年集团的上海分公司在未新增购置一台车辆的情况下,营业额增长了87%,至此也坚定了集团各管理层在各项目组尝试和推广实施甩挂运输的信心。之后,公司于2012年获得省级甩挂运输试点企业资格,2013年又获得了部级甩挂运输试点企业资格。

目前,远方物流共计购置牵引车56台、挂车62台,实现总牵引车与挂车比例为1∶1.95。甩挂运输试点站场苏州、武汉、成都、芜湖、宿迁各1个,南京3个,总占地面积近420亩。2015年6月,公司在原有土地基础上又新增用地38.7亩,并租用120亩,截至目前共约578亩。

为更好地进行甩挂运输,结合公司实际情况以及具体试点安排,远方物流新建站场为子正基地。子正基地为远方物流在南京高新技术产业开发区兴建的物流基地,建设地为南京高新技术产业开发区三期16-2地块,建设场地位于解放路以北、创业路以南,西起创业路中段、东至创新路。该地段处于宁洛公路(328、205 国道)与浦泗路(104 国道)公路的交汇处、南京长江大桥和长江二桥环抱之中,距长江北岸 4 公里,距南京市中心 13.5 公里,距南京禄口机场 50 公里,距我国最大的内河集装箱港新生圩港 20 公里,距江北的铁路南京北站 8 公里,地理位置十分优越,交通运输十分便利,辐射能力十分强大。子正基地主要经营南京—上海线路的货物运输,并辅助承担其他 4 条专线的仓储和运输。该站场的信息见表 2。

子正基地相关信息表 表 2

<table>
<tr><td>站场名称</td><td colspan="2">南京子正物流有限公司物流基地</td><td>经营主体</td><td>南京远方物流有限公司</td></tr>
<tr><td>地址</td><td colspan="4">浦口高新区龙泰路 6 号</td></tr>
<tr><td>投资总额</td><td colspan="2">12537.917 万元</td><td>中转停车场面积</td><td>6572 平方米</td></tr>
<tr><td>装卸专用月台</td><td colspan="2">1100 平方米</td><td>仓库面积</td><td>46799.64 平方米</td></tr>
<tr><td>土地投资及配套设施</td><td colspan="2">80 亩</td><td>物流交易、办公、配套用房</td><td>9257 平方米</td></tr>
<tr><td rowspan="2">设备</td><td>重吊</td><td>堆高机</td><td>标准化托盘(个)</td><td>专用装卸机械总数(台)</td></tr>
<tr><td>0</td><td>0</td><td>8000 个</td><td>35 台</td></tr>
</table>

(二)开展甩挂运输的特点

传统运输模式下,由于缺乏集约化、网络化、信息化的组织,车辆在运营中难以保证及时的回程货源,造成车辆空驶。远方物流通过多年的实践探索,根据客户需求与自身的业务结构,探索出一条甩挂与甩箱双重运输相结合的运输组织模式。这种运作模式的实施,不仅能够节省挂车装卸时间和挂车等待时间,也能有效节省场地占地面积和挂车数量,有效地提高了工作效率和经济效益。同时,甩挂运输通过高度集约化的组织,能够有效减少牵引车的空驶,有效提升企业运输服务效率和业务管理水平,并通过推荐合理车型降低单车百公里油耗,从而降低完成单位周转量的能耗。

1. 甩挂运输作业试点线路及运力现状

远方物流的甩挂运输作业根据实际情况,在 5 条试点线路中采用的主要是“一线多点,客户端专线甩挂”的甩挂与甩箱双重结合的作业模式。远方物流 5 条甩挂运输线路见图 4。

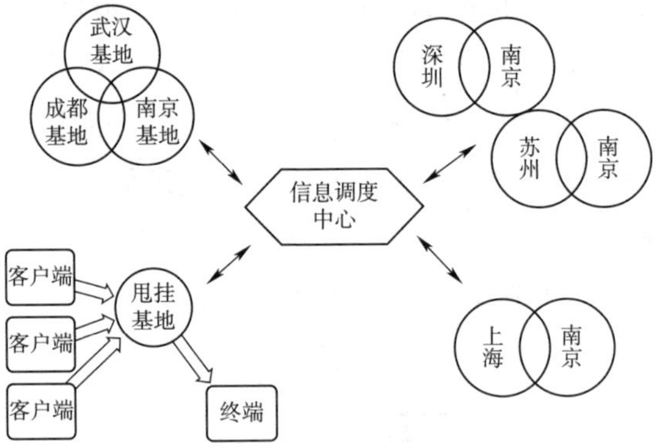

图4　远方物流5条甩挂运输线路示意图

各线路具体构成如下：

线路一：远方物流麒麟门基地—苏州客户—远方物流苏州基地—远方物流麒麟门基地（以下简称"南京—苏州"）。

线路二：远方物流麒麟门基地—武汉/成都客户—远方物流武汉/成都基地—远方物流麒麟门基地（以下简称"南京—武汉—成都"）。

线路三：富士康南京工厂—富士康深圳工厂—富士康南京工厂（以下简称"南京—深圳"）。

线路四：远方物流江北化工基地—客户端仓库—远方物流江北化工基地（以下简称"南京—甩挂基地—目的地"）。

线路五：子正基地—百事上海华东总仓—子正基地（以下简称"南京—上海"）。

2. 甩挂运输作业模式

以南京、苏州线路的干支衔接甩挂运输模式为例。干支衔接作业模式是以各地区营业网点为基地，对基地所属城市及周边地区范围形成辐射，在客户端、营业基地各预留若干挂车。具体操作步骤和案例如下：

步骤1：在主营业基地A预留2个空挂车（A-1挂车、A-2挂车）。在客户A（华新铜厂）、B处（苏州美的家电基地）事先各预留2个挂车用于货物的预先装载作业（A-3挂车、A-4挂车、B-1挂车、B-2挂车）。

步骤2：牵引车X、Y带上空的A-1挂车、A-2挂车前往客户端A处华新铜厂放下，在工厂挂上已完成货物装载的A-3、A-4挂车前往卸货目的地苏州区域（营业基地B所辐射地区范围内）。

步骤3：牵引车X、Y带上挂组A-3、A-4抵达目的地B，卸货(40分钟~1小时，驾驶员可做适当休息)。然后牵引车X、Y带上空挂车A-3、A-4抵达客户端B(苏州美的家电工厂)，卸下空挂车A-3、A-4，换上早已装载完成的挂车B-1、B-2返回目的地A卸货(营业基地A辐射区域)。

步骤4：牵引车X、Y带上挂组B-1、B-2返回营业基地A，进行车辆检查，前往客户A处重复步骤2~4。进行循环。

支线工作：在支线部分的挂车挪动工作，交由现场安排任意临时的车辆以约50元/次的成本进行有偿服务。

步骤的特点：由于减去了漫长的装货时间，承运里程时间充沛，卸货时间较短，给企业带来了收益。首先，无须在日常卸货的目的地A、B处留挂，成本更低，效率更高；其次，由于新模式可控时间充裕，整个环节循环的衔接重复性有了保障，牵引车X、Y还可根据客户与零担订单量互相间的增减做出快速有效的分配调整。从整体上说，比传统方式节约了2台牵引车和2名驾驶员的数量，降低了成本，操作弹性增加，能做到日均/2单的往返。

目前远方物流依靠南京江宁、浦口、六合以及镇江宝华基地为总营业基地，辐射范围包含整个南京和周边地区。同时计划整合社会资源和自由客户资源并结合仓储资源，形成长期、稳定的线路和车辆班次，实现将企业成本降低、效益空间提高的同时，将全市优势资源集中，以达到共同优化客户、企业和社会资源的效果。公司现已经在5条线路上开展甩挂运输运营，取得了较好效果。其中总甩挂量占公司总货运量的比例为6.88%，5条甩挂运输线路2011年的运输状况见表3。

5条甩挂运输线路2011年运营状况 表3

线路 指标	南京—苏州		南京—武汉—成都		南京—深圳		南京—甩挂基地—目的地		南京—上海	
	线路情况（万吨）	占公司总量比例	线路情况（万吨）	占公司总量比例	线路情况（万吨）	占公司总量比例	线路情况（万吨）	占公司总量比例	线路情况（万吨）	占公司总量比例
2011年甩挂运量	19.70	3.31%	8.82	1.48%	0.90	0.15%	11.5	1.93	0.55	0.09

注：南京—上海线为2011年7月开通，此数据为2011年7月~12月数据。

根据远方物流的总体部署，该5条专线参与此次甩挂运输试点。截至2015年年底，线路的运量及运力配置情况见表4。

2015年线路的运量及运力配置情况 表4

线路名称	主要货类	里程(公里)	2015年运量及运力配置情况		
			货运量(万吨)	牵引车(台)	挂车(台)
南京—苏州	电子产品、快消品、工业材料	250	22.83	41	82
南京—武汉—成都	电子产品、快消品、化工原料	650~1850	12.25	15	30
南京—深圳	富士康成品、零配件	1450	2.01	14	28
南京—甩挂基地—目的地	化工原料	5~300	19.75	8	20
南京—上海	电子产品、化工原料、快消品	350	2.61	4	8
合计			59.45	82	168

3. 重视甩挂运输信息化建设

远方物流利用现代管理科学和信息技术建立现代信息网络系统，使企业管理活动各个环节通过信息的快捷流通和有效服务实现资金流、物流、工作流和信息流的整合，达到企业资源的优化配置，提高企业管理的效率和水平，进而提高企业经济效益和核心竞争力。目前已实施的信息化项目如下：

1) GPS定位系统

实时监控：GPS车辆管理系统应用了移动GPRS为监控数据的载体，真正地实现了对车辆的全天候实时监控(速度、方向等)，监控频率可达到1秒级。

行驶信息管理：系统可对车辆以往的行驶数据信息进行下载、回放、保存等。

自建图层：管理员可以通过文字和图像在地图上自行标注公司以及工地的方位；也可以自行构建道路上没有的路线，通过更好地完善地图来管理车辆。

行车线路跟踪：可对单独一辆或是全部车辆进行实时记录行驶路线功能，当车辆驶过后就会在地图上划出一条黑线，管理员可直观地看到车辆的行驶路线。

里程油耗统计：通过系统提供的行驶数据保存功能，可生成某车的在某天某日某一段时间的行车公里数及所耗油量。

2) 远方物流协同管理系统

远方物流业务管理系统由档案设置和日常业务两大模块组成。档案设置下有车辆、驾驶员、路径、油耗、客户等基本信息档案；日常业务下有车辆记录、报销费用、出车记录查询、出车统计查询、发车记录等基本业务信息。目前远方物流已经实现总部的统一管理，所有分公司、分理处同时使用。且经过多次升级，该软件的实用性和创新性在行业内一直保持领先，为远方物流的信息化发展提供了强大的帮助。

3)3G 无线视频监控管理系统

2012 年初，远方物流开始了 3G 无线视频监控管理系统技术改造。通过 3G 无线视频监控管理系统，可把每台车辆所有装料、运输及卸料全过程以视频的方式全天候记录下来，并随时查看或同步查看，弥补了单一 GPS 系统的受控主要停留在数据上、无法实现及时抓到现场的不足，彻底解决了监管部门在工作中取证难、处理难的问题，用现代化高科技的手段杜绝运输过程中物品丢失现象的发生。

通过信息系统的各项功能，可实时监控车辆的运行状态、行驶速度和行驶路线等情况，实现对车辆和驾驶员的现代化管理，最终达到合理调配运力、降低物流总成本的目的。监控人员可以随时查看路况，发生意外事故时，管理人员能第一时间收到消息。跑长途的驾驶员若在服务区休息，监控人员也能帮忙看管货物，保证货物安全，驾驶员也能得到安心休息，减少疲劳驾驶。这样的高技术服务，属嘉兴地区首创，更成为远方物流独有的模式，增强了企业的快速、优质服务的能力，提升了企业形象。

4)仓库管理、订单管理和运输管理系统

支持实时库存监控管理、订单计划管理、运输计划管理、财务管理、后台监控管理、工作人员信息管理、月度数据统计、年度数据统计、人事管理、油耗管理。智能化管理减少了人工管理的误差，提高了管理效率。

远方物流在原有物流信息管理系统的基础上，将进行甩挂运输作业信息系统的更新改造，日后准备重点发展的信息化建设规划见表 5。

信息化建设规划 表 5

名　称	新建或改造	数量(套)
3G 视频监控	改造	1
GPS 调度管理系统	改造(新购车辆安装)	1
站场视屏监控系统	新建	1
仓储管理系统	新建	1
订单管理系统	新建	1

通过测算,远方物流甩挂运输试点项目总计约投入资金1亿元。

(三)甩挂运输取得的成效

远方物流集团具体考核指标见表6。

考核指标表　　表6

指　　标	计划达到目标	
车辆购置	牵引车(新增)(台)	50
	挂车(新增)(台)	50
	牵引车与挂车比例	1∶2.05
	总投入(万元)	1780
站场改造	新建或改造数量(个)	1
	总投入(万元)	9580.517
信息系统	总投入(万元)	210
项目总投入(万元)		11570.517
运输效率	单车年完成周转量(吨公里)	4798080
	甩挂运输总运量(万吨)	59.45
	里程利用率	0.8
节能减排	百吨公里油耗(升/百吨公里)	33(单车)
	共节约燃油(万升)	94.248
	折合标准煤(吨)	1180.95
	减少二氧化碳排放(吨)	2563.55

截至目前,远方物流集团已经全部完成考核指标内容。

1. 主要效益情况

采用甩挂运输方式后,运输效率的提升主要是由于减少了牵引车的装卸等待时间,使得牵引车的使用数量有效减少,单车载重行驶里程增加,以及完成的总周转量增加。从数据分析来看,对于纳入试点的5条专线,线路平均里程340公里,传统运输模式下采用实际载质量21吨的挂车运输效率对比如下:

1)传统运输模式

平均每月约7趟,单车年总行驶里程 $=340\times2\times22\times12=179520$ 公里。

以传统单车运输模式车辆里程利用率一般为0.7计算,牵引车单车年载重行驶里程 = 单车年平均总行驶里程 × 里程利用率 $=179520\times0.7=125664$ 公里。

单车完成周转量＝单车年载重行驶里程×单车载货＝125664×21＝2638944 吨公里。

2）甩挂运输模式

平均每月约 35 趟，单车年总行驶里程＝340×2×35×12＝285600 公里。

以传统单车运输模式车辆里程利用率一般为 0.8 计算，牵引车单车年载重行驶里程＝单车年平均总行驶里程×里程利用率＝285600×0.8＝228480 公里。

单车完成周转量＝单车年载重行驶里程×单车载货＝228480×21＝4798080 吨公里。

因此，采用甩挂运输模式，牵引车单车年总行驶里程提高了 59.09%，单车载重行驶里程以及单车上升了 81.82%。

两种运输方式的运输效率对比分析见表 7。

运输效率对比分析（2015 年）　　表 7

运输方式	车辆吨位（吨）	单车年总行驶里程（车公里）	单车年载重行驶里程（重车公里）	单车完成周转量（吨公里）
传统运输模式	21	179520	125664	2638944
甩挂运输模式	21	285600	228480	4798080
对比分析	—	106080	102816	2159136
	—	50.09%	81.82%	81.82%

注：以下表格中单车均为牵引车。

2. 平均运输成本对比分析

运输成本主要包括固定成本和可变成本，其中固定成本有车辆折旧、修理费、保险费、其他费用和税金等，可变成本一般包括燃油费、通行费和驾驶员工资等。

1）车辆折旧费

传统运输模式下，单车平均价格 36 万元（含 1 挂车），通常货运车辆按照 5 年计提折旧，残值 10%。按照平均年限折旧法，车辆折旧费为 6.84 万元/年。

甩挂运输模式下，单车平均价格 46 万元（含 3 挂车），按 5 年计提折旧，残值 10%。车辆折旧费为 8.74 万元/年。

2）燃油费

传统运输模式下，采用核定载质量 26 吨的普通单车，百公里油耗为 35 升，则单

车年总油耗 = 179520/100 × 35 = 62832 升，以燃油价格 7 元/升计算，年燃油费 = 62832 ×7/10000 =43.98 万元/年。

甩挂运输模式下，采用实际载质量 26 吨的厢式车，百公里油耗为 35 升，则单车年总油耗 =285600 ×35 =99960 升，以燃油价格 7 元/升计算，年燃油费 =99960 ×7/10000 =69.97 万元。

3)修理费

远方物流对于甩挂运输的牵引车维修费限额为 3000 元/月，挂车维修费为 1000 元/月。

传统运输模式下，年维修费 = (3000 +1000) ×12/10000 =4.8 万元。

甩挂运输模式下，年维修费 = (3000 +1000 ×2) ×12/10000 =6 万元。

4)保险费

单车全年保险费包含 5 项，分别为交强险、第三责任险、机动车险、驾驶员意外伤害险和货物险。

传统运输模式下，单车全年(含 1 挂)保险费 =3 万元。

甩挂运输模式下，单车全年(含 2 挂)保险费 =4 万元。

5)工资

在传统运输模式下是一车配 1 人。驾驶员的数量少、在途时间长、驾驶员疲劳度大，工资水平按产值计算。而甩挂运输模式下由于在途时间减少，以一车配 2 人来保证驾驶员的充分休息，工资水平仍以产值计算，甩挂运输模式下的驾驶员工资会有所下降，但其疲劳度下降，员工满意度上升。

传统运输模式下，一车 1 人制，6000 ×12 =7.2 万元。

甩挂运输模式下，一车 2 人制，2 ×6000 ×12 =14.4 万元

6)通行费

结合江苏省、湖北省、广东省、上海市等地目前高速公路采用计重收费的方式，可以得出：

传统运输模式下，平均每部车全年通行费 22 万元。

甩挂运输模式下，平均每部车全年通行费 40 万元。

7)税金

根据远方物流情况，每吨运费收取 115 元，税金按营业收入的 3% 缴纳。

传统运输模式下,单车年税金为22趟×2×12×(115×21)×3%/10000=3.83万元。

甩挂运输模式下,单车年收入为35趟×2×12×(115×25)×3%/10000=7.25万元。

8)管理分摊

传统运输模式下,单车年均摊销管理费用0.42万元。

甩挂运输模式下,单车年均摊销管理费用0.51万元。

9)其他费用(货损货差、随车工具等)

传统运输模式下,单车年平均0.6万元。

甩挂运输模式下,单车年平均0.6万元。

10)运输成本

传统运输模式下,运输成本=(折旧费+燃油费+修理费+保险费+工资+通行费+管理分摊+其他费用+税金)×10000/单车完成周转量=0.351元/吨公里。

甩挂运输模式下,运输成本=(折旧费+燃油费+修理费+保险费+工资+通行费+管理分摊+其他费用+税金)×10000/单车完成周转量=0.313元/吨公里。

通过表8可以看出,从单位运输成本看,传统运输方式成本为0.351元/吨公里,甩挂运输方式成本为0.313元/吨公里,甩挂运输方式成本相比传统运输方式成本节约了0.038元/吨公里,下降了10.79%。

单位运输成本分析 表8

运输方式	折旧费(万元/年)	燃油费(万元/年)	修理费(万元/年)	保险费(万元/年)	工资(万元/年)	通行费(万元/年)	税金(万元/年)	管理分摊(万元/年)	其他费用(万元/年)	运输成本(元/吨公里)
传统运输模式	6.84	43.98	4.80	3.00	7.20	22.00	3.83	0.42	0.60	0.35
甩挂运输模式	8.74	69.97	6.00	4.00	14.40	40.00	6.09	0.51	0.60	0.31

3.社会效益分析

1)能源消耗对比分析

通过甩挂运输模式来提高运输和物流效率,可以减少车辆的空驶率,从而降低单位货物的燃油消耗水平,使企业整体运营成本大幅减少以及运输利润大幅上升。根据远方物流的统计数据:

传统运输模式下,单车百吨公里油耗=单车总油耗×100/单车完成周转量=2.38升/百吨公里。

甩挂运输模式下，单车百吨公里油耗 = 单车总油耗 ×100/单车完成周转量 = 2.08升/百吨公里。

相比传统单车平均行驶里程利用率，甩挂运输单车的里程利用率将从以往的70%提升到80%，减少了12.5%的百吨公里油耗。单车每年可节约燃油14280升。按照远方物流使用66台牵引车计算，每年可节约燃油94.248万升(810.533吨，1升柴油 =0.86公斤)，节约标准煤810.533吨×1.4571 =1180.95吨。单车燃油消耗对比分析表见表9。

单车燃油消耗对比分析表 表9

运输方式	总行驶里程（车公里）	年运输量（吨公里）	年总耗油量（升）	百车公里油耗（升/百公里）	百吨公里油耗（升/百吨公里）	百吨公里碳排放量（千克/百吨公里）
传统运输模式	179520	2638944	62832	35	2.38	6.47
甩挂运输模式	285600	4798080	99960	35	2.08	5.66
增加量	106080	2159136	37128	—	-0.30	-0.81
增加率	50.09%	81.82%	59.09%	—	-12.5%	-12.6%

2）碳排放对比分析

二氧化碳排放量是衡量汽车尾气排放量的重要指标之一，按照国家发展和改革委员会目前计算碳排放所确定的值，1升柴油排放2.72kg二氧化碳计算：

传统运输模式下，采用单车运输，二氧化碳排放量 =2.38 ×2.72 =6.47千克/百吨公里。

甩挂运输模式下，采用甩挂运输，二氧化碳排放量 =2.08 ×2.72 =5.66千克/百吨公里。

从本甩挂项目来看，同传统单车运输方式相比，甩挂运输燃油消耗减少了0.298升/百吨公里，下降312.5%，百吨公里碳排放量减少了0.81千克/百吨公里，下降了2.6%。到试点期结束，远方物流单车将实现平均每年减排4798080/100 ×(6.47 -5.66)/1000 =38.84吨。按甩挂项目运作使用了66辆牵引车来计算，远方物流2015年实现减少二氧化碳排放约2563.55吨。

四、企业发展思路

过去20年，远方物流的业务量一直保持稳定且持续性地增长，2015年全集团完成了总营收9.7亿元的突破,比2014年增长超过20%,预计2016年将突破11亿元营收,并计划在未来三年内完成上市前企业股改,为今后上市工作做出筹备。

在当前竞争激烈的市场环境下,远方物流将从以下几个方面做起,保持企业的持续增长发展:

1. 要重视诚信和合约精神

契约精神和诚信的观念,对于我国社会主义法治国家的构建和社会主义市场经济的良性运转都有着积极作用,远方物流应当建立契约精神和质量诚信文化。

2. 要保持创新精神,通过不断的创新并优化,对原有业务进行改善

远方物流将坚持通过引进和落实创新作业模式(坚持甩挂运输作业模式的推广)提高自身竞争力。通过逐步整合社会资源,逐步扩大企业甩挂运输的辐射范围,通过资源(站场、线路、车辆)的整合,构建起全国区域的网络型甩挂运输体系,全面提升整体的运作效率。

3. 要坚持稳步发展

远方物流在未来将着手布局全国网店的建设,以此完成对全国网络的货源掌握和资源整合。2016年上半年,远方物流集团当前已完成了成都物流基地100亩的收购任务,并将在年底推动建设西安基地150亩,2017年推动化工园区多式联运基地建设200亩。远方物流将根据近些年来产生的甩挂效益,在企业内部进一步推广甩挂运输的作业,积极研究开展成都基地——西安以及化工园区200亩多式联运基地的甩挂运输作业工作,结合互联网思维更新升级现有模式,做出远方物流在物流现代化发展中关键的一步。

案例点评

江苏省内开展干支衔接甩挂的运输企业,主要服务于制造业和商贸企业的货物运输及城市配送,普遍具有货运数量大且稳定的优越条件,在干(专)线运输两端基本都具备一定规模的站场营业网点,便于配送车辆在甩挂运输作业站场与客户端之间进行短途配送、揽货衔接。此模式实践以来,干线牵引车与挂车比例基本达到1∶2,减少了干线牵引车投入数量;通过在支线投入经济性能更佳的牵引车提升干支两端的物流效率,大幅降低了系统资本总投入,节约了资源。

如苏州康诚仓储有限公司提供苏州配送中心(DC)——华东区152家门店的区域甩挂服务,基于干线甩挂和支线甩挂有效衔接,实行“自车+外车”的甩挂运输模式,整合资源的同时节约了双方的成本投入,实现双赢的目的。江苏苏汽国际物流集团尝试企业—堆场—港口的“无水港”集装箱集疏运甩挂运输、干支衔接甩挂,以及以点到点为集点的专线甩挂运输,积极探索与邮政的合作,推进邮路干线甩挂运输试点,逐渐扩大了邮路甩挂应用规模。昆山市建伟物流有限公司坚持整车干线甩挂和仓库短驳线路甩挂,建设多个甩挂运输作业场地,扩大企业甩挂运输的辐射范围和信息化系统建设,全面提升整体的运作效率。南京远方物流集团有限公司主要采用“一线多点,客户端专线甩挂”的甩挂与甩箱双重结合的作业模式,坚持甩挂与甩箱双重运输相结合,在成本节约和效益提高方面带来了显著的突破和改善。